A. R. Luria

A CONSTRUÇÃO DA MENTE

Traduzido por
Marcelo Brandão Cipolla

© **Copyright 2015**

Ícone Editora

Proibida a reprodução total ou parcial desta obra, de qualquer forma ou meio eletrônico, mêcanico, inclusive por meio de processo xerográficos, sem permissão do editor (Lei no 9.610/98).

Produção

Telma L. Vidal

Capa

Anizio de Oliveira

Arte Final

Vladimir Araújo

Dados Internacionais de Catalogação na Publicação (CIP)
(Câmara Brasileira do Livro, SP, Brasil)

Luria, Alexander Romanovich, 1902-1977.

    A construção da Mente / A.R. Luria ; traduzido por Marcelo Brandão Cipolla. — São Paulo : ícone, 2015

    Bibliografia.
    ISBN 85-274-0204-1

    1. Luria, Alexander Romanovich, 1902-1997 2. Neuropsicologia 3. Psicologia —União Soviética I. Título

                       CDD-150.9247
                              -150.947
91-3095   -612.801

Índices para catálogo sistemático:

1. Neuropsicologia 612.801
2. União Soviética : Psicologia 150.947
3. União Soviética : Psicólogos : biografia

Todos os direitos reservados pela

ÍCONE EDITORA

Rua Javaés, 589 - Bom Retiro

CEP: 01130-010 - São Paulo/SP

Fone/Fax: (11) 3392-7771

www.iconeeditora.com.br

iconevendas@iconeeditora.com.br

Índice

INTRODUÇÃO - O CONTEXTO HISTÓRICO	5
A CONSTRUÇÃO DA MENTE	
1. APRENDIZADO	23
2. MOSCOU	35
3. VYGOTSKY	46
4. DIFERENÇAS CULTURAIS DE PENSAMENTO	70
5. DESENVOLVIMENTO MENTAL EM GÊMEOS	97
6. REGULAÇÃO VERBAL DO COMPORTAMENTO	125
7. DISTÚRBIO DE FUNÇÕES CEREBRAIS	144
8. NEUROPSICOLOGIA DURANTE A SEGUNDA GUERRA MUNDIAL	165
9. MECANISMOS DO CÉREBRO	187
10. CIÊNCIA ROMÂNTICA	207
EPÍLOGO - UM RETRATO DE LURIA	224
BIBLIOGRAFIA	268

Introdução

O CONTEXTO HISTÓRICO

Logo após a virada deste século, o psicólogo alemão Hermann Ebbinghaus ponderou que a psicologia "tem um longo passado, mas uma história curta". Ebbinghaus se referia ao fato de que enquanto a teoria psicológica já existe há tanto tempo quanto o pensamento registrado, apenas um quarto de século havia se passado desde a fundação dos primeiros agrupamentos científicos que se denominavam conscientemente "laboratórios de psicologia". Até cerca de 1880, época enfocada por Ebbinghaus, a psicologia jamais havia sido considerada uma disciplina acadêmica independente; era antes uma faceta das ciências "humanas" e "morais", que eram, por sua vez, um ramo da filosofia e o passatempo amador de qualquer pessoa instruída.

Ainda que outros três quartos de século tenham se passado desde a observação de Ebbinghaus, a história da psicologia como ciência ainda é curta o suficiente para que um indivíduo a abarque toda, ou quase toda, ao longo de sua carreira. Esse indivíduo foi Alexander Romanovich Luria (1902-1977), nascido da segunda geração de psicólogos científicos, mas criado em circunstâncias tais que envolveram com as questões básicas que haviam motivado os fundadores da disciplina.

A psicologia científica surgiu quase simultaneamente nos Estados Unidos, na Inglaterra, na Alemanha e na Rússia. Ainda que os compêndios deem a Wilhelm Wundt o crédito pela fundação do primeiro laboratório experimental, em Leipzig, 1879, essa nova abordagem ao estudo da mente não era privilégio de qualquer indivíduo ou país. Quase à mesma época, William James encorajava seus estudantes a realizarem experimentos, em Harvard; na Inglaterra, Francis Galton iniciava as aplicações pioneiras de testes de inteligência; e Vladimir Bekhterev, em Kazan, fundava um laboratório que explorou grande parte das questões que mais tarde predominariam na nova ciência. Mecanismos de aprendizagem, alcoolismo e psicopatologia eram alguns temas investigados no laboratório de Bekhterev, enquanto Luria se criava em Kazan.

Lançando um olhar histórico ao passado, é possível dividir-se a psicologia em eras, de acordo com as ideias dominantes de seus profissionais. No entanto, as mudanças que ocorreram nos primeiros anos deste século, e que em 1920 haviam tornado obsoleta a "nova psicologia" dos anos 1880 e 1890, não foram nem um pouco claras. A insatisfação pela psicologia dominante ainda não resultara numa oposição coerente, com um programa próprio definido. Se a situação já era confusa na Europa e nos Estados Unidos, era ainda mais turva na Rússia, onde a ciência labutava sob o peso da censura governamental, guiada por princípios religiosos conservadores e por uma política autocrática. Só em 1911 foi fundado na Universidade de Moscou o primeiro instituto de psicologia oficialmente reconhecido. Mas mesmo este passo à frente foi truncado pela escolha de um diretor cuja pesquisa baseava-se solidamente na teoria psicológica alemã dos anos 1880.

Nestas condições, um jovem russo que se interessasse por psicologia encontrar-se-ia em meio a uma curiosa distorção temporal. Caso se restringisse a ler em russo, suas idéias a respeito da matéria e do método da psicologia estariam defasadas. Os trabalhos importantes da Europa Ocidental só eram traduzidos na quantidade e nos temas que convinham à censura do Tzar. Devido à pouca literatura disponível na língua russa, a psicologia em Kazan em 1910 estava no mesmo estágio que a psicologia em Leipzig ou Wurzburg, uma geração antes.

Mas se um jovem russo soubesse ler alemão, teria acesso à produção mais recente, especialmente se sua família frequentasse círculos intelectuais cujos membros fossem estudar na Alemanha. Era esse o caso da família Luria. Assim, desde muito cedo, o jovem Luria leu mais sobre a psicologia experimental contemporânea do que o permitiram as traduções russas. Talvez por seu pai ser um médico, interessado em medicina psicossomática, também os novos trabalhos de Freud e Jung na área da psiquiatria chegaram às mãos de Luria. A isto ele somou as ideias filosóficas e humanistas da tradição romântica alemã, em especial aqueles trabalhos que criticavam a psicologia de laboratório como havia sido proposta por Wundt e seus seguidores.

Assim, ainda que, por virtude de seu nascimento, Luria pertencesse à segunda geração da psicologia, começou sua carreira envolvido com os problemas básicos que haviam ocupado seus fundadores, um quarto de século antes. Ao longo de seus sessenta anos de atividades na teoria e na pesquisa, Luria nunca deixou de se ocupar desses problemas fundamentais. Constantemente buscou suas soluções, à luz dos novos conhecimentos acumulados à medida que cada geração de psicólogos operava transformações no material básico herdado de seus antecessores.

A amnésia generalizada que flagela a disciplina histórica da psicologia torna difícil a recuperação dos dilemas que confrontaram Luria na sua juventude. Talvez se encontre algum consolo na noção de que as ideias psicológicas da virada do século apresentam-se hoje tão obsoletas quanto os automóveis que eram fabricados naquela época. Mas a evolução da tecnologia material é uma péssima analogia para o progresso na psicologia científica. Existe uma analogia mais precisa, e que ocupa lugar honroso na história do pensamento russo do fim do século XIX e na literatura marxista dos séculos XIX e XX. Foi proporcionada por Lenin, que, a respeito do progresso nas ciências, observou que se tratava de "um desenvolvimento que repete os estágios já passados, mas os repete de maneira diferente, num plano superior... um desenvolvimento, por assim dizer, em espirais, não em linha reta" (Lenin, 1934, p. 14).

Quando Luria contemplou a paisagem intelectual circundante, no começo de sua carreira, a espiral da psicologia encontrava-se num estado de disputa. A grande discordância que dividia os acadêmicos encontrava sua expressão em diversos argumentos aparentemente independentes. Primeiramente, discutia-se se a psicologia poderia ou não ser uma ciência objetiva e experimental.

O elemento "novo" da "nova psicologia" de 1880 foi a experimentação. Havia pouca inovação nas teorias e categorias psicológicas propostas por Wundt, cujos principais conceitos poderiam ser encontrados, passando pelos filósofos empíricos, como Locke, até em Aristóteles. Wundt, como os filósofos inclinados à psicologia que o precederam, tomava como mecanismo básico da mente a associação de ideias, que surgem do ambiente na forma de sensações elementares. A inovação de Wundt foi ter declarado que poderia verificar essas teorias, baseado em observações controladas levadas a termo em experimentos de laboratório cuidadosamente programados. A introspecção subsistia como parte essencial de seus métodos - mas tratava-se já de uma introspecção "científica", que poderia produzir as leis gerais da mente, e não de uma especulação diletante.

As colocações teóricas específicas de Wundt não deixaram de ser desafiadas. Encontraram oposição, dentro da nova psicologia, da parte de uma série de eruditos, cujas pesquisas suscitaram a construção de teorias alternativas para a explicação dos eventos mentais. As discordâncias frequentemente centravam-se num questionamento da validade dos relatos subjetivos e grandes controvérsias eram geradas sobre os assuntos mais prosaicos. Finalmente, o fracasso na resolução destas questões e a suspeita de que elas fossem insolúveis em princípio, por referirem-se a relatos individuais e interiores e não a eventos sujeitos à observação não-tendenciosa, trouxeram a termo esta primeira era da psicologia científica.

Muitas discussões sobre este período *(e.g.* Boring, 1925-1950) escamoteiam o fato de que os debates científicos entre Wundt e seus críticos faziam parte de uma discussão mais ampla, que questionava a validade da experimentação em si. Enquanto Wundt e seus seguidores acumulavam fatos e prestígio para sua ciência nascente, os céticos lamentavam a perda dos fenômenos que haviam originalmente tornado a mente humana um importante tópico de estudo. Esta crítica foi elegantemente capturada por Henri Bergson, ao citar a frase de Shakespeare: "Assassinamos para dissecar". Ou, mais tarde, as escolhas colocadas por G. S. Brett: "Um caminho levará a uma psicologia científica, mas artificial; o outro levará a uma psicologia natural, mas que não pode ser científica, sendo, no fim, uma arte" (Brett, 1930, p. 54).

A objeção colocada à experimentação por seus críticos era que a restrição da psicologia ao laboratório automaticamente restringiria os fenômenos mentais que se pretendia investigar. A vida é algo mais que as sensações elementares e suas associações; e o pensamento é algo mais do que aquilo que pode ser inferido dos experimentos que medem o tempo de reação. Mas, aparentemente, só esses fenômenos elementares seriam passíveis de investigação em laboratório. Wundt não reagiu às críticas com indiferença. Reconheceu que o método experimental tinha seus limites, mas decidiu confrontar seus oponentes fazendo uma distinção entre funções psicológicas elementares e superiores. A psicologia experimental seria a conduta correta para o estudo dos fenômenos psicológicos elementares, ao passo que as funções superiores não poderiam ser estudadas experimentalmente. Na verdade, provavelmente não haveria possibilidade de averiguar-se, por qualquer meio, o processo funcional da psicologia superior. No máximo, seria possível estudarem-se os produtos das funções superiores, pela catalogação de artefatos culturais e do folclore. E Wundt de fato entregou o estudo das funções psicológicas superiores à disciplina da antropologia, como a conhecia. Dedicou muitos anos a essa tarefa, que denominou *Volkerpsychologie*.

A escolha básica entre métodos experimentais e não experimentais foi central para Luria no começo de sua carreira, mas ele não se ligou a qualquer uma das opções prontas que lhe confrontaram. Por todos os lados via formulações tendenciosas, nenhuma das quais lhe satisfazia. A exemplo de Wundt, Bekhterev, e outros, acreditava firmemente na necessidade da experimentação; mas também simpatizava com os críticos de Wundt, em especial com Wilhelm Dilthey, que havia buscado a reconciliação entre as simplificações acarretadas pelo enfoque experimental de Wundt e as análises humanistas de ações e emoções humanas complexas. Dilthey, com o tempo, perdeu as esperanças, respeitando a experimentação como uma forma para os estudos dos processos psicológicos humanos. Luria, pouco dado ao desespero, tomou outro caminho. Buscou um novo método que, sintético, reconciliava a arte e a ciência, descrição e explicação. Afastaria a artificialidade do laboratório, mantendo seu rigor analítico. Tendo feito sua escolha, defrontou-se com uma série de novas opções, relacionadas ao método e à teoria, que tornariam possível sua tentativa de síntese científica.

Como muitos dos psicólogos que o antecederam, Luria acreditava que um entendimento completo da mente teria que incluir visões do conhecimento das pessoas a respeito do mundo, e das motivações que fornecem energia à aplicação desse conhecimento. A importância estava em conhecer os processos básicos de obtenção de conhecimento, e as regras que descrevem a mudança. O conceito de mudança, para Luria, referia-se aos novos sistemas em que os processos básicos poderiam se organizar. Sua tarefa, gigantesca, e até hoje irrealizada por qualquer teoria psicológica, era tentar elaborar uma estrutura geral e um conjunto de mecanismos específicos, para descrever e explicar todos os sistemas de comportamento que surgem a partir da atividade dos inúmeros subsistemas que compõem o indivíduo vivo.

A partir dessa caracterização global da mente humana, Luria teve que verificar quais dos métodos experimentais existentes poderiam embasar sua abordagem, evitando o vazio da palavra pura. Na arena do conhecimento, as principais técnicas eram elaborações da noção básica de que as estruturas das ideias poderia ser identificada à estrutura de suas associações. Laboratórios alemães haviam passado a usar cronômetros mecânicos, dos quais se esperava uma medida temporal precisa das associações mentais. Esta tecnologia havia avançado ao ponto de muitos pesquisadores acreditarem na possibilidade de registrarem o tempo necessário para a ocorrência de diferentes tipos de eventos mentais. Os debates centravam-se na definição das unidades de atividade mental, e perguntava-se, se o que estava sendo "medido" eram elementos ou atos mentais.

Simultaneamente, eruditos com orientação médica, como Jung e Freud, usavam as respostas associativas com um propósito bem diferente. Mesmo reconhecendo que as associações de palavras davam pistas das relações entre ideias, não estavam interessados num mapeamento dos sistemas conscientes de conhecimento, ou na cronometragem das respostas associativas, mas no aproveitamento das associações para a descoberta de informação desconhecida pelo paciente. Ainda mais importante era a possibilidade de as associações de palavras informarem a respeito dos motivos ocultos à consciência que estariam fornecendo energia a um determinado comportamento, de outra maneira inexplicável.

Nessas diferentes abordagens ao método de associação de palavras - uma experimental e outra clínica - Luria entreviu a possibilidade de enriquecer o estudo do conhecimento e da motivação, que ele acreditava estarem inextricavelmente combinados em qualquer processo psicológico. Seus esforços para a criação de uma psicologia unificada da mente representaram, desde o começo, o tema central de seu trabalho. Sua disposição em trabalhar com os conceitos de motivação, como expostos pela escola psicanalítica, poderia tê-lo colocado à margem da psicologia acadêmica, mas isso não aconteceu, por uma série de razões. Primeiro, Luria estava comprometido com o método experimental. Outro fato igualmente importante era sua confiança no uso de fatos objetivos como a base da teorização.

Quando muitos psicólogos passaram a exigir não só que o comportamento observável representasse a matéria básica da psicologia, mas também que as teorias psicológicas apelassem a eventos não-observáveis, Luria colocou sua objeção. Antecipando uma posição tomada por Edward Tolman muitos anos depois, Luria tratava a consciência e o inconsciente como variáveis interpostas, isto é, como conceitos que organizavam os padrões de comportamento obtido.

Outro tópico que confrontava os psicólogos na virada do século era sua atitude em relação ao conhecimento "mais básico" que despontava na fisiologia, na neurologia e na anatomia, uma área hoje conhecida como "neurociências". As grandes conquistas da biologia e da fisiologia no século XIX haviam tornado impossível ignorar as importantes ligações entre o sistema nervoso central e os fenômenos mentais que eram o tema central dos psicólogos. Mas a questão colocada era se a psicologia deveria se restringir aos fenômenos descobertos nos laboratórios de fisiologia. Aqui as opiniões dividiam-se em duas correntes importantes.

Muitos, psicólogos rejeitaram, por uma questão de princípios, que a mente pudesse ser reduzida à "matéria em movimento", e que essa matéria pudesse ser estudada no laboratório do fisiologista. De acordo com esta visão, a mente deveria ser estudada introspectivamente, usando a si mesma como ferramenta de investigação. No extremo oposto, alguns cientistas afirmaram que a psicologia não era mais que um ramo da fisiologia, que proporcionaria uma teoria unificada do comportamento. Esta posição foi assumida pelo fisiologista russo I. M. Sechenov, cujo *Reflexos do cérebro* continha um programa explícito que explicava os fenômenos mentais como elos centrais do arco reflexo.

Entre essas posições extremas, muitos psicólogos, Luria inclusive, acreditavam num desenvolvimento da psicologia que fosse coerente com as neurociências, sem depender delas integralmente. Eles aceitavam a noção de que os fenômenos psicológicos, como parte do mundo natural, estão sujeitos às leis da natureza. Mas não aceitavam necessariamente como corretos qualquer um dos modelos que se propunham a explicar a ligação entre o cérebro e os processos psicológicos, em especial os processos complexos. Assim, a psicologia deveria prosseguir sozinha, com um olho na fisiologia. Luria incluiu-se entre alguns poucos psicólogos que buscaram a expansão das áreas de coerência entre as duas disciplinas, confrontando deliberadamente os fatos e teorias da psicologia e das neurociências. Quarenta anos depois de ter iniciado essas atividades, um novo ramo, híbrido, da psicologia e das neurociências, chamado "neuropsicologia", ganhou reconhecimento como disciplina científica.

Outra divisão básica da psicologia estava relacionada a como os psicólogos viam os "tijolos" básicos da construção da mente. Um grupo, associado a nomes como Wundt, E. B.

Titchener, John Watson e Clark Hull, procurava identificar os elementos básicos do comportamento como sendo sensações que, combinadas segundo as leis de associação, construiriam ideias elementares ou hábitos. Outro grupo, no qual podemos incluir Franz Brentano, William James e os psicólogos da Gestalt, resistiria a esse "elementarismo". Suas análises sugeriam que os processos psicológicos básicos sempre refletiam propriedades de organização que não poderiam ser descobertas nos elementos isolados. Essa ideia era expressa por termos como "corrente da consciência", "inferência inconsciente", e "propriedades do todo". A essência dessa posição era que a redução da mente a seus elementos destruía as propriedades do organismo vivo e intacto, propriedades essas que não poderiam ser recuperadas uma vez operada a redução.

Nessa controvérsia, Luria colocou-se claramente contra os elementaristas, mas sua insistência em que as unidades básicas de análise retivessem suas propriedades emergentes não se reduziam aos argumentos e fenômenos então explorados pelos psicólogos da Gestalt. Luria desde cedo fez questão de afirmar que as unidades básicas de análise psicológica eram funções, cada uma das quais representativa de um sistema de atos elementares que controlavam as relações entre o organismo e o meio.

Inserido num meio intelectual constituído por uma série de opções excludentes e pretensas reivindicações de legitimidade científica, Luria não pode ser ligado a qualquer uma das correntes então em voga. Em relação a cada uma das questões sistemáticas então colocadas à psicologia, Luria tomou posições claras, escolhidas do mesmo leque de possibilidades assumido por seus contemporâneos, mas a combinação de suas escolhas formou um padrão único, singular, que ao mesmo tempo o ligava e o diferenciava das principais correntes psicológicas do princípio da década de 20.

O novo amálgama que Luria desenvolveu com a colaboração de Lev Vygotsky conservou-se diferenciado até 1960. O interesse de Luria no papel da motivação na organização do comportamento, sua disposição de falar de "complexos ocultos", o uso que fazia das técnicas de livre associação (ainda que conjugadas à cronometragem do tempo de reação), e sua promoção das ideias psicoanalíticas nos tentam a classificá-lo como um freudiano experimental primitivo. Mas mesmo seus primeiros textos sobre o tema já desbancariam esse rótulo. Seu interesse primeiro não era a descoberta da natureza inconsciente, e o grande valor que conferia ao meio social como determinante do comportamento individual humano o deixava pouco à vontade com o enfoque biologizante que Freud dava à mente.

Desde o começo, Luria defendeu cuidadosamente uma metodologia segundo a qual os dados objetivos como respostas verbais, movimentos, ou indicadores psicológicos - eram, na psicologia, os únicos dados aceitáveis. Isto bastaria para classificá-lo entre os behavioristas, não fosse sua disposição em falar dos estados não-observáveis da mente, e sua insistência no uso dos indicadores objetivos como portadores de informações sobre esses estados. Sua classificação entre os behavioristas também seria dificultada pela forte relação existente entre o behaviorismo primitivo e a teoria dos reflexos, ou de estímulo-resposta. Para Luria, a associação de palavras era uma ferramenta extremamente útil no desvendar do funcionamento de um sistema psicológico complexo, mas ele nunca aceitou a noção de que as associações de ideias, ou de estímulos e respostas, representassem uma teoria do funcionamento da mente.

Ele não era favorável à identificação entre a teoria de estímulo-resposta e a teoria da "central telefônica", que comparava o papel do sistema nervoso central na organização do comportamento ao de uma gigantesca mesa de distribuição elétrica. Observou, com repugnância, que "seria um trabalho muito interessante o acompanhamento da história completa das analogias na ciência natural do século vinte... daqueles modelos que são aceitos como uma base para a formulação de ideias acerca das formas e mecanismos da atividade vital humana. Esta história revelaria alguns princípios de pensamento extremamente ingênuos... Esta tendência de introdução de conceitos simplistas, explicando o sistema nervoso com base em analogias com coisas artificiais, é mais comum no estudo do comportamento do que qualquer outro lugar" (Luria, 1932, p. 4). No lugar da central telefônica, Luria sugeriu um sistema organizado de forma dinâmica, composto por diversos subsistemas, cada um dos quais contribuindo para a organização do todo. Na década de vinte, isto poderia ser entendido como uma versão de psicologia da Gestalt, mas os psicólogos cognitivos não foram pegos de surpresa quando, mais de trinta anos depois, Luria acolheu o *Planos e a Estrutura de Comportamento,* de Miller, Galanter e Pribram - um esforço pioneiro da aplicação da análise de sistemas computacionais à psicologia - como um trabalho semelhante ao seu no que tocava à crítica às limitações da teoria de estímulo-resposta, e como uma analogia mecânica que, apesar de suas próprias limitações, começava a aproximar-se da sua concepção dos sistemas humanos.

Seria também possível classificar Luria como um psicólogo fisiologista, devido ao seu contínuo interesse pelas bases cerebrais do comportamento, mas, para ele, o estudo do cérebro, isoladamente nunca revelaria como o comportamento é organizado. Luria sempre teve em mente que as propriedades do sistema integral não poderiam ser obtidas de maneira confiável a partir de um estudo da operação isolada de suas partes. O cérebro fazia parte de um sistema biológico maior, e mais, de um sistema ambiental circundante, no qual a organização social era uma força importantíssima. Consequentemente, uma teoria psicológica do organismo intacto, que preservasse, no estudo, sua história de interações com o meio e suas tarefas, era um complemento necessário da investigação fisiológica ou anatômica pura.

Esse conjunto de princípios, já encontrados nos textos que Luria escreveu na década de vinte, constroem a imagem de um psicólogo prematuramente moderno, cuja vida começou antes que suas ideias encontrassem confirmação na tecnologia e nos dados disponíveis. Mas não é possível, ou apropriado, classificar as ideias de Luria nos termos puramente psicológicos ou neurofisiológicos. Sua carreira também foi moldada, desde o princípio, pelo fato de ele ser um intelectual russo, ativamente envolvido na construção da psicologia e da ciência soviéticas.

A partir da Revolução soviética, pelo tempo aproximado de uma década, houve muita experimentação e improvisação na condução da ciência, da educação e da política econômica soviéticas. Muito menos conhecidas que as lutas políticas que se sucederam à morte de Lenin são as experimentações com novos padrões escolares, agricultura de mercado livre, modernos meios de expressão nas artes e novos ramos da ciência. Durante a década de vinte, praticamente todos os movimentos psicológicos existentes na Europa Ocidental e nos Estados Unidos encontraram adeptos na União Soviética. Talvez pelo fato de a psicologia, como disciplina acadêmica, encontrar-se num estado embrionário no ocaso da era dos czares, havendo um único instituto dedicado ao que se entendia então como psicologia, era muito grande a variedade de pontos de vista e de atividades que competiam pelo direito de determinar os padrões da nova psicologia soviética. Educadores, médicos, psiquiatras, psicanalistas, neurologistas e fisiologistas realizavam com frequência reuniões nacionais para a discussão da pesquisa e da teoria.

No decorrer da década, três tópicos principais passaram a dominar essas discussões. Em primeiro lugar, havia a crescente ênfase em que a psicologia soviética se assumisse conscientemente como marxista. Ninguém sabia exatamente o que isso significava, mas todos contribuíam na discussão com suas próprias propostas. Em segundo lugar, vinha a necessidade de a psicologia ser uma disciplina materialista; todos os psicólogos seriam obrigados a buscar as bases materiais da mente. E em terceiro lugar, a psicologia deveria ter um papel relevante na construção de uma sociedade socialista. A exortação de Lenin para que a teoria fosse posta a teste na prática era uma questão urgente, tanto na economia quanto na sociedade. Ao final da década de vinte, a discussão havia chegado a um ponto em que havia concordância em torno de certos princípios gerais, mas as principais conclusões não indicavam qualquer abordagem científica como modelo para as demais. Simultaneamente, com o advento da rápida coletivização da agricultura, e com a aceleração crescente do desenvolvimento industrial pesado, o país passava por novas agitações sociais e econômicas. As escolas psicológicas não supriam as demandas sociais de contribuições práticas nesses setores.

Uma reorganização deliberada da pesquisa psicológica ocorreu em meados da década de trinta, como resultado das deficiências ideológicas e de desempenho. A nível particular, os eventos relacionados com essa reorganização surgiram da insatisfação advinda do uso de testes psicológicos na educação e na indústria, mas o resultado geral foi um declínio da autoridade e do prestígio da psicologia como um todo.

Durante a Segunda Guerra, muitos psicólogos, Luria entre eles, concentraram seus esforços na reabilitação dos feridos. A psicologia educacional e a médica, se mesclavam livremente, face à devastação provocada pela guerra moderna. Estes mesmos tópicos continuaram prevalentes na psicologia soviética do pós-guerra, no período da reconstrução. A psicologia enquanto disciplina independente permaneceu em hibernação, e a pesquisa psicológica era tratada, de uma maneira geral, como um segmento particular de outros empreendimentos científicos.

O interesse pela psicologia foi renovado no final dos anos quarenta com a atenção focalizada no trabalho do conhecido fisiologista russo Ivan Pavlov. Muitos americanos conhecem Pavlov como um psicólogo, talvez porque seus métodos para o estudo dos reflexos condicionados foram adotados pela psicologia americana dos anos vinte aos sessenta como uma metodologia-chave e um modelo teórico, mas Pavlov negou uma associação com a psicologia pela maior parte de sua vida. Os psicólogos soviéticos retribuíram-lhe a gentileza: estavam muito dispostos a reconhecer a preeminência de Pavlov no estudo da base material da mente; mas reservavam para si o campo dos fenômenos psicológicos, em particular aqueles relacionados à "psicologia superior", como a memória e a atenção voluntária, e a solução de problemas lógicos.

Como neste país, muitos fisiologistas soviéticos que estudavam as relações entre o cérebro e o comportamento viam com desagrado essa divisão de trabalho científico. Na verdade, consideravam a psicologia completamente científica. Quando tiveram oportunidade, essas pessoas, muitas das quais eram estudantes de Pavlov, se deliciaram em fazer do estudo da "atividade nervosa superior" um modelo a ser seguido pela psicologia. Após uma série extraordinária de reuniões, levadas a termo sobre os auspícios da Academia de Ciências Médicas em 1950, os psicólogos passaram a dedicar mais energia e atenção à aplicação de conceitos e das técnicas de Pavlov ao seu trabalho. Importância especial foi conferida à idéias de Pavlov sobre a linguagem, que era, é claro, uma área de interesse dos psicólogos.

No último quarto de século, a psicologia soviética cresceu muito em grandeza e prestígio. Avanços importantes da ciência ocidental, em particular o estudo do funcionamento do cérebro e a tecnologia dos computadores, foram adotados pela ciência soviética, tendo se tornado parte do *corpus* científico autóctone. A psicologia, além de estabelecer sua reputação como uma disciplina científica independente, foi incluída entre as disciplinas que integram a prestigiada Academia Nacional de Ciências.

Ao longo das primeiras seis décadas da psicologia soviética, Alexander Luria trabalhou para torná-la mais próxima do sonho de seus fundadores: um estudo marxista do homem, a serviço do povo de uma sociedade democrática e socialista. Na busca desse objetivo, Luria viveu experiências pioneiras no contato com problemas e *insights* acumulados pela psicologia em todo o mundo, desde o seu princípio, há cem anos atrás. Seu trabalho é um monumento à tradição intelectual e humanista, ápice da cultura humana, que ele buscou entender e aperfeiçoar.

A CONSTRUÇÃO DA MENTE

1. Aprendizado

Comecei minha carreira nos primeiros anos da grande Revolução Russa. Este acontecimento único e importantíssimo influenciou decisivamente a minha vida e a de todos que eu conhecia.

Comparando minhas experiências com as de psicólogos americanos e ocidentais, vejo uma importante diferença. Muitos psicólogos europeus e americanos possuem dons pessoais e extraordinários. Como outros bons cientistas, realizaram descobertas importantes. Mas muitos passaram suas vidas num ambiente externo relativamente calmo e constante. Suas histórias refletem o curso de seu trabalho, e as pessoas e os fatos que os conformaram: seus pais, seus professores e colegas, e os tópicos intelectuais com que estiverem envolvidos. Seu trabalho acadêmico consiste em pesquisar e, às vezes, mudar de universidade.

A diferença repousa nos fatores sociais e históricos que nos influenciaram. Desde o começo, era aparente que eu teria pouca oportunidade de buscar aquela educação sistemática e ordenada que é a pedra de fundação da maioria das carreiras científicas. Ao invés, a vida me ofereceu a atmosfera extraordinariamente estimulante de uma sociedade ativa e em rápida mudança. Toda minha geração foi inspirada pela energia da mudança revolucionária aquela energia libertadora que as pessoas sentem quando fazem parte de uma sociedade que pode realizar um progresso tremendo num intervalo de tempo muito pequeno.

Eu era um jovem de 15 anos quando irrompeu a Revolução de 1917. Nossa família residia em Kazan, uma velha cidade universitária de 140.000 habitantes, situada sobre o Rio Volga, 600 milhas a leste de Moscou. Meu pai era médico, especializado em doenças do estômago e do intestino, e lecionava na escola de medicina de Kazan. Depois da Revolução, tornou-se um influente colaborador da medicina soviética. Fundou em Kazan um instituto independente para estudos médicos avançados, e depois de alguns anos mudou-se para Moscou, onde foi vice-diretor do Instituto Central de Estudos Médicos Avançados. Minha família era típica daquilo que na Rússia era conhecido como "a intelligentsia". Consideravam-nos progressistas e não tínhamos tradição religiosa. Embora simpáticos ao movimento revolucionário, não éramos com ele diretamente envolvidos.

As opressivas restrições do período tzarista são de difícil compreensão para as pessoas modernas. A sociedade na Rússia pré-revolucionária era composta por classes rigidamente divididas: trabalhadores e camponeses, intelectuais (médicos, professores e engenheiros), comerciantes e homens de negócios, e a alta classe (a aristocracia e os altos funcionários governamentais). A natureza repressiva do regime se refletia no sistema educacional, elaborada para assegurar que cada um permanecesse em seu lugar "natural" e que nada mudasse. Para ter certeza disto, o Ministério da Educação determinou que o ginásio e as escolas preparatórias para o ginásio "fossem esvaziados da frequência de filhos de condutores, criados, cozinheiros, lavadeiras, pequenos comerciantes e outras pessoas de situação semelhante, cujas crianças, excetuando-se talvez as extraordinariamente dotadas, não devem ser encorajadas a abandonar o ambiente social a que pertencem".

Claro está que a Revolução mudou tudo isto. Pôs abaixo as barreiras entre classes, e deu a todos nós, independentemente da classe social, novas perspectivas e novas oportunidades. Pela primeira vez na história da

Rússia as pessoas puderam escolher a própria carreira, independentemente de sua origem social.

A Revolução nos libertou - especialmente a geração mais jovem - para a discussão de novas ideias, novas filosofias e sistemas sociais. Nem eu nem qualquer um de meus amigos tínhamos intimidade com o Marxismo ou com a teoria do socialismo científico. Nossas discussões não haviam ido além dos esquemas socialistas utópicos, em voga naqueles tempos. Eu não tinha ideia das causas reais da Revolução, mas meus amigos e eu nos atiramos imediatamente, de corpo e alma, no novo movimento, porque percebemos as oportunidades que oferecia. Meu entusiasmo advinha principalmente de um forte sentimento emocional e romântico pelos acontecimentos da época, e não de uma apreciação intelectual profunda de suas raízes sociais.

Nosso conteúdo e estilo de vida mudaram quase imediatamente. Ao invés da cuidadosa procura de um apoio para pôr os pés sobre a vida, nos defrontamos repentinamente com muitas oportunidades de ação - uma ação que ia muito além de nosso pequeno círculo familiar e de amizades. Os limites de nosso restrito mundo particular foram estilhaçados pela Revolução, e novas paisagens se abriram perante nossos olhos. Fomos arrebatados por um grandioso movimento histórico. Nossos interesses pessoais foram consumidos em favor das metas mais amplas de uma nova sociedade coletiva.

A atmosfera que se seguiu imediatamente à Revolução proporcionou a energia para muitos empreendimentos ambiciosos. Uma sociedade inteira havia sido liberada para direcionar seus poderes criativos à construção de uma nova vida para todos. A excitação geral, que elevava a atividade a níveis altíssimos, não conduziu, todavia, à investigação científica sistemática e altamente organizada.

Estas novas condições mudaram imediatamente o curso de minha educação. Em 1917, havia completado seis anos de um curso ginasial de oito. Hoje só me recordo, dentre esses anos de educação clássica formal, das cinco horas por semana e lições de latim, nas quais aprendíamos a escrever extemporaneamente sobre diversos assuntos. A prática do latim me foi útil no aprendizado do inglês, francês e alemão. Não completei o curso ginasial regular. Ao invés, consegui meu diploma em 1918, junto com muitos colegas, fazendo um curso reduzido.

Entrei então na Universidade de Kazan, onde a situação estava especialmente caótica. As portas da universidade haviam sido abertas a todos os graduandos das escolas secundárias, sem levar em conta quão bem ou mal preparados estavam. Milhares de estudantes entraram, mas a universidade não estava em condições de dar-lhes educação. Naqueles tempos, havia escassez de todos os gêneros. Talvez a mais importante fosse a escassez de professores preparados para ensinar sob as novas condições. Alguns professores mais velhos e conservadores se opunham à Revolução. Outros, que se dispunham a aceitá-la, não tinham ideia de sua importância em relação ao que era ensinado, e como.

O currículo tradicional incluía disciplinas como a História do Direito Romano e a Teoria de Jurisprudência para a sociedade pré-revolucionária, e que agora, é óbvio, haviam se tornado inadequadas. Mas ninguém havia ainda decidido como seriam os novos programas, e nossos professores estavam confusos. Recordo-me dos esforços patéticos empreendidos por um professor de Direito Romano, na tentativa de adaptar-se à nova situação. Ele mudou o nome de sua disciplina para "As Bases Sociais do Direito", mas as tentativas que fez no sentido de modernizar as aulas foram completamente infrutíferas. A confusão era pequena nas escolas de medicina, física, matemática e química, mas era gritante nas ciências sociais, onde eu estudava.

Neste contexto, as discussões estudantis e os projetos preparados por estudantes passaram a dominar as aulas dos professores. Havia inúmeras reuniões de grupos de estudantes e associações científicas, onde eram discutidos assuntos gerais, especialmente política e a conformação da sociedade futura. Participei de muitas destas atividades; sob esta influência passei a me interessar pelo socialismo utópico, imaginando que me ajudaria a compreender os progressos posteriores.

Estas discussões acerca da história contemporânea também se envolveram com certas questões relativas ao papel do homem na conformação da sociedade: de onde vêm as ideias sociais? Como se desenvolvem? Como se alastram? Como podem tornar-se uma força motriz do conflito e das mudanças sociais?

Procurei livros que tratassem destas questões. Lembro-me de um livro de Petrazhiskis sobre as raízes psicológicas da lei e da emoção. Também me lembro de ter lido o *A Teoria dos Impulsos Humanos,* do economista L. Brentano. Cheguei a traduzi-lo para o russo e a publicá-lo pela Associação Estudantil de Ciências Sociais. Estes dois volumes me levaram a querer desenvolver uma abordagem psicológica concreta dos eventos da vida social. Cheguei a elaborar um ingênuo plano para escrever um livro sobre estes assuntos. Esse tipo de projeto era típico da época, e embora não houvesse a menor chance de que eu realmente escrevesse tal livro, este tipo de ambição deu forma a meu desenvolvimento intelectual.

Pouca coisa de valor encontrei na seca psicologia acadêmica pré-revolucionária, que então prevalecia nas universidades, e que era fortemente influenciada pela filosofia e pela psicologia alemãs. Muitos psicólogos estavam ainda elaborando os problemas propostos, havia já muitos anos, por Wilhelm Wundt, pela escola de Wurzburg e pelos filósofos neokantianos. Os psicólogos ainda conservavam a ideia de que o objeto da psicologia era a experiência imediata. Para estudarem a experiência imediata, colhiam relatos introspectivos dessas experiências vividas por pessoas em montagens laboratoriais cuidadosamente controladas. As afirmações destas pessoas sobre o que haviam sentido eram então analisadas, na tentativa de se descobrirem os elementos básicos da mente e sua forma de combinação.

Esta abordagem conduzia invariavelmente a intermináveis discussões, em parte porque não havia acordo acerca do que eram os elementos mentais básicos, independentemente do cuidado tomado na condução dos experimentos. Esta psicologia não me atraía por outras razões também. As teorias clássicas alemãs acerca da combinação de associações tinham uma ligação muito forte com as ideias de leis de associação, que se originaram com os antigos gregos. Recordo-me de ter simpatizado com Harold Hoffding, que propunha que as leis de associação não explicavam a memória. Seu argumento era forte: se dois elementos, *a* e *b,* são associados por ocorrerem simultaneamente, através de que mecanismo poderia uma nova experiência *A* evocar a memória de *b?* Wundt diria que *A* é associado a *a,* e por isso evoca a memória de *b.* Mas se *A* está ocorrendo pela primeira vez, como poderia ser associado *a a? A* resposta seria que *A* e *a* são de alguma maneira «semelhantes». Mas não haveria base para que se estabelecesse a relação de semelhança até que as associações entre *A* e *a* já estivessem estabelecidas!

Mesmo criticando os pontos fracos do associacionismo simples, Hoffding aceitava os métodos, então em voga, de coleta e análise de dados psicológicos. Eu concordava com suas críticas, mas não as achava suficientemente fortes. Deprimia-me constatar quão áridos, abstratos e afastados da realidade eram aqueles argumentos. Eu queria uma psicologia que se aplicasse às pessoas de fato, na sua vida real, e não uma abstração intelectual num laboratório.

A psicologia acadêmica era para mim terrivelmente desinteressante, porque não via qualquer ligação entre a pesquisa e o lado de fora do laboratório. Queria uma psicologia relevante, que conferisse alguma Substância a nossas discussões sobre a construção de uma nova vida.

Insatisfeito com as contradições acerca dos elementos da mente, procurei alternativas naqueles acadêmicos que criticavam a psicologia de laboratório. Neste ponto recebi influência dos neokantianos alemães, homens como Rickert, Windelband e Dilthey. Dilthey me interessou particularmente, porque se preocupava com as reais motivações que energizam a vida das pessoas, e com os princípios e ideias que guiam suas vidas. Ele me introduziu à *Reale Psychologie,* na qual o homem seria estudado como um sistema dinâmico e unificado. Para ele, o perfeito entendimento da natureza humana seria a base daquilo a que ele se referia como *Getsteswissenschaften,* ou "ciências sociais". Esta não era a psicologia dos compêndios, e sim uma psicologia prática, baseada num entendimento do ser humano vivo e interagindo com o mundo. Era uma psicologia que descrevia os valores humanos, mas não se arvorava a explicá-los em termos de seus mecanismos internos, assumindo que seria impossível realizar uma análise fisiológica do comportamento humano.

Ao mesmo tempo em que estas ideias me atraíam, os problemas ligados à sua implementação tornaram-se claros para mim, pela leitura das críticas à obra de Dilthey feitas por Windelband e Rickert. Eles perguntavam-se se a psicologia era uma ciência natural, como a física ou a química, ou uma ciência humana, à semelhança da história. Assim, faziam uma distinção entre as leis das ciências naturais e as das ciências humanas. As leis da ciência natural eram generalizações que se aplicavam a uma multiplicidade de eventos individuais. As leis que descrevem a queda dos corpos, em geral, também descrevem a queda de um corpo em particular. Estas leis eram classificadas como "nomotéticas", em oposição ao pensamento "idiográfico", pelo qual os eventos e as pessoas são estudados individualmente, e não como exemplos de alguma lei natural ou científica. Os fatos ou pessoas estudados pela história são bons modelos de abordagem idiográfica. Por exemplo, um historiador estudaria Pedro o Grande como um tsar que ocidentalizou a Rússia, e não como um representante de toda a classe dos tsares, e nem mesmo de todos os tsares progressistas.

Animava-me a ideia, colocada por Dilthey, de uma psicologia realista, que refletisse aquilo que conheço como verdadeiro das complexidades de uma pessoa real, mas eu estava convencido de que seu enfoque descritivo não era suficiente. Queria uma psicologia que superasse esse conflito; que descrevesse os fatos concretos da vida mental do indivíduo humano, gerando simultaneamente leis explicativas.

Enquanto lutava com este conflito, travei contato com as obras primitivas da escola psicanalítica. O *A Interpretação dos Sonhos,* de Sigmund Freud, havia sido traduzido para o russo, com uma série de seus primeiros trabalhos. Outros escritos seus, assim como de Alfred Adler e C. G. Jung (inclusive seu *Estudos de Associações em Diagnóstico*), estavam disponíveis em alemão. Muitas das ideias de Freud me pareceram especulativas e um pouco fantásticas, mas o uso do método associativo no estudo dos conflitos emocionais e dos complexos me pareceu promissor. Pensei: aqui está uma abordagem científica que combina uma forte explicação determinista do comportamento individual concreto com uma explanação das origens das necessidades humanas complexas nos termos da ciência natural. Talvez a psicanálise servisse como base de uma *Realepsychologie* científica, que superasse o dualismo nomotético-idiográfico.

Aos vinte anos, quando completava minha educação formal, comecei a escrever um livro sobre estas ideias. O projeto não foi além da cópia manuscrita que está hoje em meus arquivos. Ainda que este trabalho não tenha valor científico, vale a menção à minha tentativa, pois minhas ambições eram características da geração jovem da época.

Também era característica a maneira pela qual mergulhei na pesquisa psicanalítica. Para começar, fundei um pequeno círculo psicanalítico. Cheguei a encomendar papéis timbrados com os dizeres "Associação Psicanalítica de Kazan" impressos no cabeçario em alemão e em russo. Mandei notícias da formação do grupo ao próprio Freud, e com surpresa e agrado recebi sua resposta, endereçada ao "Querido Sr. Presidente". Freud expressou sua satisfação em saber que um círculo psicanalítico havia sido fundado numa cidade tão remota da Rússia. Esta carta, em caligrafia gótica alemã, está ainda em meus arquivos, na companhia de uma outra em que Freud autorizou a publicação da tradução russa de um de seus livros menores.

Neste primeiro estágio, meus esforços me levaram a alguns estudos exploratórios em pacientes do Hospital Psiquiátrico de Kazan, que fazia parte da escola de medicina, e nada mais. Curiosamente, um dos pacientes com quem trabalhei era a neta de Fiodor Dostoyevsky. Preenchi meus cadernos com suas associações livres, mas não estava em posição de capturar "a realidade concreta do fluxo de ideias". Vendo a coisa colocada desta maneira, torna-se claro por que este enfoque não levaria a parte alguma.

Anos depois, publiquei alguns artigos baseados nas ideias psicanalíticas, e escrevi o esboço de um livro que dava um enfoque objetivo à psicanálise, que nunca foi publicado. Mas finalmente concluí ser um erro acreditar que pudéssemos deduzir o comportamento humano de um conhecimento das "profundezas" biológicas da mente, excluindo suas "alturas" sociais.

Quando me graduei na Universidade de Kazan, em 1921, meu futuro na ciência não estava de modo algum definido.

Meu pai me incitava a entrar na escola de medicina. Mas minha ambição primordial era tornar-me um psicólogo. Queria participar da criação de um enfoque objetivo do comportamento, que se concentrasse em eventos da vida real. Então, me comprometi a abraçar as duas carreiras simultaneamente.

Naquela época, era possível estudar simultaneamente em mais de uma escola. Comecei então a ter aulas de medicina, e cheguei a completar dois anos de escola médica antes de interromper meus estudos, que só seriam retomados muitos anos depois. Ao mesmo tempo, frequentava o Instituto Pedagógico e o Hospital Psiquiátrico de Kazan.

A despeito de todos estes contatos institucionais, não foi fácil adquirir experiência no uso de técnicas de laboratório. Não havia laboratório ativo na Universidade de Kazan ou no Instituto Pedagógico. Um dos primeiros laboratórios psicológicos russos, fundado no final de 1880 por V. M. Bekhterev, no Hospital Psiquiátrico da Universidade de Kazan, havia desaparecido sem deixar rastros. O único equipamento de laboratório que encontrei na universidade foi um cronoscópio Hipp para medida de tempo de reação, velho e fora de uso.

Enquanto procurava uma oportunidade de tomar contato com métodos de laboratório, lia todos os livros de psicologia que encontrava. O *Estudos das Associações em Diagnóstico,* de Jung, que sugeria maneiras totalmente novas de se aplicarem métodos objetivos no estudo dos processos psicológicos, me impressionou sobremaneira. Também me marcou o trabalho de William James, *As Variações da Experiência Religiosa,* que considerei uma brilhante descrição das formas concretas de um processo psicológico.

Foi nesta época, enquanto elaborava estas leituras, que descobri alguns artigos de Bekhterev e de I. P. Pavlov. O fato de ambos proporem abordagens objetivas a problemas que os psicólogos só podiam discutir subjetivamente me impressionou de imediato. Os experimentos de Pavlov com condicionamento me entusiasmaram especialmente. Atualmente, aceitamos como uma verdade simples sua demonstração de que é possível medirem-se os processos de excitação e inibição do sistema nervoso central, que medeiam o caminho entre um estímulo periférico e o reflexo da salivação. Na época, porém, isto tinha implicações revolucionárias.

Agarrei uma oportunidade de colocar minhas ideias em prática, aceitando o cargo de assistente de laboratório no Instituto de Organização Científica do Trabalho de Kazan, que havia sido estabelecido no imediato período pós revolucionário. Usando o cronoscópio Hipp que havia encontrado na universidade, iniciei um estudo sobre os efeitos do trabalho pesado sobre a atividade mental. Meus sujeitos eram os trabalhadores de uma fundição. Tentei medir a influência de instruções verbais sobre seu tempo de reação. Os resultados que obtive eram rudimentares e não muito interessantes, mas, tentando publicá-los, embarquei num caminho que acabou me levando a Moscou.

Tendo lido muito da obra de Bekhterev, e conhecendo o largo espectro de seus interesses, meus colegas e eu decidimos fundar um jornal, na esperança de que Bekhterev integrasse o conselho editorial. O nome que escolhemos para esta empreitada foi "Problemas de Psicofisiologia do Trabalho", e eu fui o escolhido para ir a Petrogrado (hoje Leningrado) para convidar Bekhterev a participar.

Minha primeira visita a Petrogrado foi uma grande aventura. Bekhterev, então um senhor já idoso, com uma longa barba branca, me conduziu por seu Instituto do Cérebro, que ainda hoje leva seu nome. Impressionaram-me sua grande energia e aquele mundo, totalmente diferente do que eu conhecia em Kazan.

Bekhterev concordou em tornar-se membro do nosso conselho editorial, com uma condição: teríamos que anexar ao título as palavras "e Reflexologia", o nome que ele havia dado a seu sistema psicológico. De pronto aceitamos, e Bekterev tornou-se um dos editores-chefes. O outro era um venerável fisiologista da Universidade de Kazan, N. A. Mislavsky, que na verdade nada tinha a ver com psicologia, trabalho ou reflexologia. Havia escassez de papel naquela época, e eu emprestei alguns pacotes de papel amarelo de uma fábrica de sabão para imprimir a primeira edição do jornal. Esta atividade empreendedora acadêmica teve consequências que eu não havia previsto: o final de meu "aprendizado" científico em Kazan e um convite para ir a Moscou.

Neste período de minha vida, tateava ingenuamente. Mesmo assim, cinquenta anos depois sinto que muitas daquelas atividades foram significativas para meu desenvolvimento enquanto psicólogo. Ao longo dos anos, a aparência superficial de meu trabalho mudou bastante. Mas os temas centrais que haviam guiado meus primeiros esforços subsistiram.

2. Moscou

Em 1923 o professor K. N. Kornilov, o recém-empossado diretor do Instituto de Psicologia de Moscou, convidou-me a integrar sua equipe. Havia me escolhido porque necessitava de colaboradores jovens de orientação objetiva, que se dispusessem a envolver-se com psicologia experimental. Meus primeiros artigos, publicados em papel de sabão, e que utilizavam métodos objetivos para estudar o efeito da fadiga nas reações motoras, haviam atraído sua atenção.

Encontrei em Moscou uma cidade que, como Kazan, estava entusiasticamente engajada no trabalho de reconstrução. Mas, à diferença de minhas condições de trabalho em Kazan, os psicólogos moscovitas tinham metas bem estabelecidas e meios adequados à pesquisa especializada. Reuni-me a um pequeno grupo acadêmico, cuja tarefa era reconstruir a psicologia russa, a fim de aproximá-la das metas revolucionárias. Mas aqui é necessário fazer uma pequena digressão, para deixar claro qual era o contexto que me esperava em Moscou.

Os primeiros laboratórios psicológicos da Rússia foram criados por Bekhterev na década de 1880, primeiro em Kazan e depois em São Peters burgo. Só em 1911 foi fundado um Instituto de Psicologia, por I. G. Chelpanov, um filósofo e lógico mentalista que também havia lecionado psicologia. Já familiarizado com a pesquisa psicológica que se realizava no ocidente havia algum tempo, Chelpanov previu a utilidade, em Moscou, de um instituto semelhante. Um edifício especial foi construído no campus da Universidade de Moscou, e foi montada uma excelente coleção de instrumentos experimentais alemães (incluindo o meu colega, o cronoscópio Hipp). Chelpanov foi o primeiro diretor do instituto. Em essência, o trabalho que era desenvolvido lá consistia numa tentativa de replicar o conteúdo dos compêndios de Wundt e E. B. Titchener e até da «psicologia empírica» de Hoffding (que, naquela época, já havia adquirido um valor simbólico negativo para mim, devido ao seu tedioso conteúdo).

Chelpanov havia publicado um compêndio de psicologia para escolas secundárias, que na época da Revolução

já estava quase na vigésima prensagem. Este grande volume, intitulado Cérebro e Mente, era consagrado à discussão da relação entre a experiência subjetiva e o mundo material. Nele, Chelpanov abordava o mais sério problema da psicologia europeia da época: é o cérebro um lugar de interação entre mente e matéria, ou as duas apenas funcionariam paralelamente? A posição adotada por Chelpanov era a de que um enfoque materialista da mente seria inútil. A ideia de separar o cérebro da mente era tão arraigada que até mesmo Pavlov deu as boas-vindas ao instituto de Chelpanov, quando este se integrou ao círculo científico russo. Numa carta endereçada a Chelpanov, quando da abertura do instituto, Pavlov observou que as atividades do cérebro eram tão complexas que demandavam métodos de estudo tão intensivos quanto variados, e assim "qualquer um que exclua totalmente de seu laboratório qualquer menção a estados subjetivos congratula-se cordialmente com o Instituto de Psicologia e com seu fundador". Esta carta, escrita em 1914, só foi publicada em 1955.

Se a pesquisa no Instituto houvesse continuado como começou, não se chegaria a qualquer resultado muito importante, salvo pela evidência adicional nos campos de limiares da sensação visual ou da abrangência da memória, e nos estudos descritivos do pensamento. Aparentemente, não havia como unir a psicologia acadêmica aos problemas sociais da prática. Havia pesquisa neste último campo, como a realizada pelo neurologista G. I. Rossolimo e pelo psiquiatra A. N. Bernshtein, que estavam empreendendo uma importante investigação em psicologia médica, mas não havia nada do tipo dentro do Instituto.

Depois da Revolução, o trabalho do instituto foi reavaliado. A psicologia isolada numa torre de marfim foi considerada antitética às metas da Revolução, e em 1922 foram iniciadas as mudanças que ligariam as atividades do Instituto a uma reconstrução científica da vida.

Kornilov, um dos estudantes de Chelpanov, havia desenvolvido uma técnica que, segundo ele, poderia medir o esforço mental. Trabalhando com variações sobre o paradigma do tempo de reação, Kornilov servia-se de um engenho que media a força e a duração de reações motoras. Ele supunha que um organismo possuía uma medida fixa de energia, que seria partilhada pelos sistemas mental e motor. Quanto maior a energia despendida no componente mental de uma ação, menor seria a fração destinada ao componente motor. Kornilov ingenuamente supôs que sua técnica poderia medir esta "energia". Previu que a força motora seria máxima nas reações simples, menor nas reações durante as quais o sujeito teria que escolher entre dois estímulos, e menor ainda nas respostas que envolvessem escolhas associativas complexas. É claro que Kornilov nunca mediu a energia mental diretamente. Simplesmente afirmou tê-la medido, baseado em suas suposições.

Também afirmou ter criado uma abordagem materialista do estudo da mente, que, ele supunha, englobava toda atividade humana e era coerente com Marx e Engels. Ainda que sua abordagem, que ele denominou "reactologia", fosse ingênua, naturalista e mecanicista, parecia conter uma alternativa à psicologia abertamente idealista de Chelpanov. Assim, em 1923, Chelpanov desistiu do cargo de diretor do instituto, e Kornilov foi nomeado o novo diretor.

A filosofia marxista, um dos sistemas de pensamento mais complexos do mundo, foi assimilada lentamente pelos eruditos soviéticos, entre os quais me incluo. Para falar a verdade, nunca cheguei a dominar o Marxismo tanto quanto desejava. Ainda considero esta uma das maiores falhas de minha educação. Não deve surpreender, portanto, que embora naquela época muitas discussões evocassem o Marxismo, elas não se davam num terreno lá muito sólido. De qualquer maneira, a meta de reconstruir a psicologia sobre bases materialistas, colocada explicitamente por Kornilov, foi na época um passo à frente. Tornou possível dar ao trabalho no Instituto um sentido mais produtivo, e arregimentar hordas de jovens acadêmicos para ajudar na indispensável reconstrução da psicologia. Assim, a razão pela qual meu trabalho era atraente para Kornilov deve ficar clara: viu em mim um reflexo de seus próprios preconceitos.

Quando cheguei, a situação do Instituto era de fato muito peculiar. Os nomes de todos os laboratórios haviam mudado, de modo a incluírem o termo "reações": havia um laboratório de reações visuais (percepção), um de reações mnemônicas (memória), um de reações emocionais, e assim por diante. O objetivo de tudo isto era eliminar quaisquer traços de psicologia subjetiva, e substituí-la por um tipo de behaviorismo.

O pessoal era novo e inexperiente. Ninguém tinha mais que vinte e quatro anos, e poucos haviam passado por um treinamento apropriado; mas o entusiasmo era geral, e era muito grande a variedade de trabalhos feitos sobre as mais diversas reações: ratos albinos percorriam labirintos. estudavam-se cuidadosamente as reações motoras de adultos, e era dada atenção a problemas de educação.

Em conjunto com este ativo programa de pesquisa, havia o ensino, já que o instituto era também um campo de treinamento para os futuros psicólogos. Os jovens estudantes compunham-se de novatos como eu e dos que restavam do currículo de Chelpanov. Eu tinha a mesma idade e sabia tanto quanto muitos de meus alunos, então passava as noites preparando textos e demonstrações para as aulas do dia seguinte, na esperança de me manter pelo menos um dia a frente de meus estudantes. Foi nesta época que conheci o jovem Alexei N. Leontiev, a quem desde então estive estreitamente ligado. Entre meus alunos estavam I. M. Soloviev e L. V. Zankov, que se tornariam importantes forças intelectuais da psicologia soviética.

Talvez a única maneira segura de caracterizar meus sentimentos à época do começo da minha vida profissional seja dizer que eram altamente ambíguos. Tinha grande simpatia pelos esforços do instituto em desenvolver métodos objetivos de pesquisa. Não conferia grande importância às tentativas de medida de energia mental. O esquema mecanicista de Kornilov era sem dúvida uma hiper simplificação. Mas o interesse que eu já tinha pela psicanálise me ajudou a superar esta ambivalência e a encontrar algo útil para fazer. Cheguei a dar uso a um "dinamoscópio", um tubo de vidro em forma de U repleto de mercúrio, que era usado por Kornilov para registrar a força de um movimento numa tira de papel.

Nos meus primeiros experimentos em Kazan, havia utilizado um instrumento semelhante para medir a intensidade de reações motoras, e na época havia registrado um fenômeno curioso. Se criássemos condições em que os sujeitos experimentassem a sensação de dúvida, como, por exemplo, fazê-los decidir entre apertar ou não um botão, a linha que registrava seus movimentos assumia uma forma descontínua; a curva suave que era geralmente obtida se distorcia de uma maneira que parecia refletir a incerteza do sujeito. Decidi tentar transformar estas observações-piloto num estudo objetivo e experimental do conflito, da tensão e das emoções fortes. Em outras palavras, decidi dar início à minha própria "psicanálise experimental", usando a distorção de respostas motoras como um indicador objetivo de conflitos emocionais internos.

Um dos componentes da técnica que desenvolvemos era a associação livre, como a usada por Jung em seu *Estudos de Associações em Diagnóstico* (1910). Demandávamos do sujeito que se engajasse numa resposta motora simultânea à resposta associativa verbal. Enfatizo a palavra "simultânea" porque a lógica de nossa abordagem dependia de que os componentes verbais e motor de uma determinada resposta constituíssem um sistema funcional unitário. Só a partir de sua simultaneidade poderíamos confiar que uma reação emocional se refletiria numa quebra do padrão estabelecido pela componente motora do sistema.

Demos início a um intensivo período de pesquisas que se prolongaria por muitos anos. Primeiramente, Leontiev e eu conduzimos estudos com estudantes que se preparavam para seus exames. Instruíamos cada sujeito a apertar um pequeno bulbo de borracha com sua mão direita, enquanto mantinha sua mão esquerda relaxada segurando outro bulbo, e simultaneamente expressando a primeira palavra que vinha à sua mente em resposta a nosso estímulo verbal.

Apresentamos dois tipos de estímulo verbal. Primeiro, havia os estímulos "neutros", palavras comuns que imaginávamos não ter qualquer significado especial para alguém que enfrentaria seus exames. Entremeados a esses, havia os estímulos "críticos", palavras como "exame", "fórmula", e "passou", que estavam ligadas à difícil experiência pela qual passariam os estudantes. Quando estudávamos as associações livres ou os tempos de reação do estudante, sem lançar mão de qualquer outro dado, tínhamos dificuldades em distinguir suas respostas às duas classes de estímulos. Mas se levássemos em conta o componente motor, que mostrava como o movimento voluntário de apertar um bulbo era abalado pela emoção criada por um determinado estímulo, podíamos distinguir com segurança as palavras críticas para aquele sujeito.

Então decidimos tentar usar esta técnica para descobrir os "complexos ocultos" de pessoas. O fenômeno que tínhamos em mente era aquele pelo qual se interessavam Freud e a escola psicanalítica: experiências carregadas de emoção, situadas muito além dos limites da experiência em si, que motivam e guiam o comportamento das pessoas. Começamos por desenvolver um modelo do problema em laboratório, de acordo com o que, imaginávamos, ocorria na vida real. Para isto, precisávamos distinguir confiavelmente entre respostas a estímulos críticos ou neutros.

Nosso modelo experimental funcionava como exposto a seguir. Meu assistente criava uma estória que era contada a diversos sujeitos. Uma das estórias, por exemplo, era sobre um ladrão que arrombava a janela de uma igreja e roubava um candelabro de ouro, um ícone e um crucifixo. Os sujeitos eram instruídos a lembrarem-se da estória, mas não falarem sobre ela. Então, pedíamos a estes e a outros sujeitos que não haviam ouvido a estória que participassem de um experimento, em que responderiam a uma lista de cerca de setenta palavras - dez das quais eram críticas em relação à estória - apertando um bulbo com a mão direita durante as associações livres. Minha tarefa era determinar, a partir dos registros combinados das respostas motoras e verbais, quais eram as palavras críticas, quem conhecia e quem não conhecia a estória, e que estória era essa. Esse modelo de laboratório funcionou bem. No decorrer do tempo, a aplicação mais extensiva desta técnica fora de nosso laboratório se deu ligada ao sistema de justiça criminal.

Em princípio, os psicólogos interessados no estudo das emoções sempre buscaram maneiras de produzir estados emocionais com duração e estabilidade suficientes para serem estudados. Muitas das tentativas anteriores ao nosso estudo, no entanto, não haviam obtido sucesso. Via de regra, estados emocionais agudos, como medo ou repugnância, eram evocados artificialmente no laboratório, disparando-se de surpresa um revólver atrás do sujeito, ou apresentando fezes perante seu nariz. Estes métodos tinham dois inconvenientes. Em primeiro lugar, a emoção não fazia parte da situação real do sujeito, sendo apenas um acidente artificial sem qualquer relação com seus propósitos e motivações. E em segundo lugar, estados agudos evocados desta maneira são rapidamente dissipados.

Decidimos que uma maneira de superar essas inadequações de nossas pesquisas prévias, e das de outros cientistas, era trabalhar diretamente com pessoas que estavam experimentando emoções fortes na vida real. Escolhemos trabalhar com criminosos confessos ou suspeitos. Imaginamos que se pudéssemos estudar criminosos logo após sua prisão, e a diversos períodos de tempo depois da prisão, como por exemplo na véspera do julgamento, poderíamos observar as emoções fortes que são parte integrante da vida de uma pessoa. Tais situações geralmente produzem diversas emoções intensas: aquelas provenientes do próprio crime, aquelas provocadas pela detenção e pelo encarceramento, e as evocadas pelo medo da punição. Também imaginamos que se tivéssemos oportunidade de estudar sujeitos que mais tarde fossem julgados inocentes, teríamos um grupo contrastante, no qual o medo da prisão e as emoções advindas da incerteza da situação estariam presentes, mas que não teriam qualquer conhecimento dos detalhes do crime. Estes detalhes poderiam ser usados como estímulos críticos no teste motor combinado, e poderíamos utilizar os dados resultantes no sentido de reconstituir os acontecimentos e determinar o culpado.

Não éramos os primeiros, é claro, a conceber tal trabalho com criminosos, mas os pesquisadores anteriores haviam se restringido a trabalhar com criminosos culpados, somente após a libertação destes. Nós tínhamos a liberdade de trabalhar com sujeitos desde a prisão até após o julgamento. Durante diversos anos de estudo, coletamos dados experimentais de mais de cinquenta indivíduos, a maioria dos quais eram assassinos suspeitos ou confessos. Uma das primeiras coisas que descobrimos neste trabalho é que as emoções fortes impedem os sujeitos de formar respostas verbo motoras estáveis e automáticas, ao passo que sujeitos de inteligência equivalente, operando em circunstâncias consideradas normais, conseguem obter estas respostas após poucas tentativas. Aparentemente, os sujeitos influenciados por emoções fortes se adaptavam a cada nova situação de maneira única, e nunca atingiam um padrão estável de reação. Os sujeitos não só apresentavam respostas verbais motoras instáveis, quando consideradas separadamente, como também pareciam incapazes de criar um sistema funcional único que incluísse os componentes verbais e motores, atrasando frequentemente o componente verbal de suas respostas.

A difusão descontínua do comportamento organizado era um impedimento à descoberta da presença ou ausência de uma fonte localizada de emoção, que seria esperada de um criminoso que tivesse conhecimento específico do crime; a base de comparação era por demais variável. Em todos os casos, adotamos o procedimento de comparar as respostas do sujeito a diversos estímulos: aqueles que certamente eram neutros, aqueles cuja neutralidade era duvidosa, e aqueles que estavam estreitamente vinculados ao crime. Utilizando este procedimento de comparar as respostas de um só sujeito a diferentes estímulos, frequentemente constatávamos a possibilidade de descobrir o criminoso entre os suspeitos. Como obtivemos permissão para realizar este trabalho antes do interrogatório formal, podíamos utilizar a evidência criminal posterior para verificar nossas hipóteses.

Este trabalho apresentou valor prático para os criminologistas, que obtiveram um modelo primitivo do detector de mentiras. Para nós representou a realização do objetivo que eu tinha me proposto quando vim a Moscou: aplicar métodos objetivos ao estudo de situações emocionais que fossem parte integral da vida das pessoas. Ainda que fundamento teórico de grande parte deste trabalho fosse por demais simplista, eu o considerava muito mais empolgante que a "reactologia" de Kornilov, que continua a desligada dos problemas da vida real.

Talvez pelo fato de o estilo deste trabalho ser muito característico da época, a pesquisa granjeou interesse fora da Rússia. Max Wertheimer publicou um de meus primeiros artigos na *Psychologische Forschungen*. Mais tarde, esta linha de pesquisa chamou a atenção de pesquisadores americanos, um dos quais, Horsely Gantt, que havia traduzido o livro de Pavlov sobre os reflexos condicionados, traduziu meu trabalho sob o título de A *Natureza dos Conflitos Humanos* - que foi publicado nos Estados Unidos em 1932. Agradou-me particularmente que o prefácio fosse escrito pelo eminente psiquiatra Adolph Meyer, que dizia de nosso trabalho: "Luria nos apresenta uma verdadeira psicologia, e não tautologias neurologizantes, num contato extraordinariamente próximo com o trabalho de Lashley e de outros pesquisadores americanos, verdadeiramente ocupado dos problemas humanos. Ele demonstra uma aplicabilidade dos métodos do laboratório ao ser humano muito mais ampla do que aquela que é geralmente esperada em nosso ambiente intelectual, sem entregar-se a conceitos meramente psicologizantes". Encontrei Meyer pela primeira vez muitos anos depois. Agora, quarenta e cinco anos após a publicação do livro, permaneço agradecido a este grande psiquiatra pelo apoio moral que deu à primeira fase do meu trabalho.

Com a perspectiva de quase meio século, percebo nessa pesquisa valores e limitações. Com ela, atingi minhas primeiras metas, e ao mesmo tempo abri para mim novos caminhos de pesquisa, como as que fiz sobre a afasia e o desenvolvimento infantil, que assumiriam importância central no meu trabalho posterior. Mesmo assim, minhas aplicações iniciais do método motor combinado tinham um valor limitado. Ao mesmo tempo em que representavam uma síntese das técnicas e abordagens que existiam separadas antes de nossos estudos, não levaram a uma reconstrução básica da psicologia enquanto ciência. Esta tarefa gigantesca, que estava além de minha limitada capacidade, se apresentou a mim, inesperadamente, no ano de 1924. Nesse ano conheci Lev Semionovitch Vygotsky. Este acontecimento representou um ponto de virada em minha vida e na de meus colegas da psicologia soviética.

3. Vygotsky

Não é exagero dizer que Vygotsky era um gênio. Em mais de cinco décadas de trabalho no meio científico, nunca mais encontrei qualquer pessoa cujas qualidades se aproximassem das de Vygotsky: sua clareza mental, sua habilidade na identificação da estrutura essencial de problemas complexos, a extensão de seu conhecimento em vários campos, e a capacidade que tinha de antever o desenvolvimento futuro de sua ciência.

Conhecemo-nos no início de 1924, no Segundo Congresso Psiconeurológico, em Leningrado. Esse era, na época, o fórum mais importante para os cientistas soviéticos que trabalhavam com psicologia em geral. Kornilov trouxe vários colegas mais jovens do Instituto de Psicologia, entre os quais me incluía.

Quando Vygotsky se levantou para dar sua palestra, não portava consigo qualquer texto impresso, e nem mesmo notas. No entanto, falava fluentemente, e parecia nunca ter que vasculhar a memória à procura da próxima ideia. Fosse prosaico o conteúdo de sua fala, esta seria admirável pelo encanto de seu estilo. Mas sua fala não foi, de modo algum, prosaica. Ao invés de atacar um tema menor, como talvez fosse conveniente a um jovem de vinte e oito anos que está falando pela primeira vez aos decanos de sua profissão, Vygotsky escolheu como tema a relação entre os reflexos condicionados e o comportamento consciente do homem.

No ano anterior, Kornilov havia usado esse mesmo pódio para desferir um ataque às teorias introspectivas da psicologia. Seu ponto de vista havia prevalecido, e sua abordagem objetiva e reactológica era dominante no nosso instituto. Era muito conhecida a posição de Bekhterev e Pavlov à psicologia subjetiva, na qual o conceito de "consciência" era fundamental. Mesmo assim, Vygotsky defendeu a permanência do conceito de "consciência" na psicologia, mas propondo que fosse estudada por métodos objetivos. Ainda que ele não tenha conseguido convencer a todos da consistência de seu ponto de vista, tornou-se claro que este homem, de uma cidade provinciana do Oeste da Rússia, era uma potência intelectual que não podia ser ignorada. Decidiu-se que Vygotsky seria convidado a integrar a jovem equipe do novo Instituto de Psicologia de Moscou. No outono daquele mesmo ano, Vygotsky chegou ao Instituto, e iniciamos então uma colaboração que duraria até sua morte, uma década depois.

Antes do congresso de Leningrado, Vygotsky havia lecionado num colégio de professores em Gomei, uma cidade do interior, não muito longe de Minsk. Era um crítico literário, por formação e sua dissertação sobre o *Hamlet* de Shakespeare é até hoje considerada um clássico. Nesse seu trabalho, assim como nos estudos que havia feito em torno de fábulas e outras obras de ficção, revelava-se uma capacidade impressionante de realizar análises psicológicas. Havia sido influenciado pelos eruditos que se interessavam pelos efeitos da linguagem nos processos de pensamento. Remetia-se aos trabalhos do russo A. A. Potebnya e de Alexander von Humboldt, que havia formulado pioneiramente a hipótese de Sapir-Whorf acerca da relatividade linguística. O trabalho de Vygotsky na escola normal o colocara em contato com crianças que sofriam de defeitos congênitos - cegos, surdos e deficientes mentais — e também com a necessidade de ajudar essas crianças a realizarem suas potencialidades individuais. Procurando soluções para esses problemas, interessou-se pela psicologia acadêmica.

Quando Vygotsky chegou em Moscou, eu ainda estava realizando experimentos com o método motor combinado junto com Leontiev, um antigo aluno de Chelpanov com quem estou associado desde então. Reconhecendo suas raras habilidades, Leontiev e eu nos regozijamos quando conseguimos incluí-lo em nosso grupo de estudo, que chamávamos a "troika".

Tendo Vygotsky como nosso líder reconhecido, empreendemos uma revisão crítica da história e do *status* da psicologia na Rússia e no resto do mundo. Nossa meta, excessivamente ambiciosa à maneira característica da época, era a criação de uma nova abordagem abrangente dos processos psicológicos humanos.

Desde o princípio, compartilhávamos a opinião de que nem a psicologia subjetiva proposta por Chelpanov nem as tentativas de reduzir a atividade consciente como um todo a esquemas simplistas baseados nos reflexos, representava um modelo satisfatório da psicologia humana. Era necessária uma nova síntese das verdades parciais existentes até então. Vygotsky foi o primeiro a antever o esboço dessa nova síntese.

Estudando intensivamente textos alemães, franceses, ingleses e americanos, Vygotsky desenvolveu uma análise daquilo que denominava a crise na psicologia. Discutiu essas ideias em diversas conferências, e chegou a transformá-las em texto no ano de 1926, quando foi hospitalizado para tratamento de tuberculose. Infelizmente, esse trabalho nunca foi publicado; o manuscrito foi perdido durante a Segunda Guerra, e não se encontrou qualquer cópia até 1960, ocasião em que o trabalho retornou a seus arquivos.

De acordo com a análise de Vygotsky, a situação da psicologia mundial no início do século vinte era extremamente paradoxal. Durante a segunda metade do século dezenove, Wundt, Ebbinghaus e outros haviam conseguido transformar a psicologia numa ciência natural. Estratégia básica de seu enfoque era a redução de eventos psicológicos complexos a mecanismos elementares que pudessem ser estudados no laboratório através de técnicas experimentais exatas. Desconsiderava-se o "sentido" ou "significado" dos estímulos complexos, com o propósito de neutralizar a influência de experiências extra laboratoriais, que o experimentador não poderia controlar ou avaliar. Sons e luzes isolados e sílabas desprovidas de significado eram os estímulos mais usados para deflagrar o comportamento. A meta dos pesquisadores passou a ser a descoberta das leis reguladoras dos mecanismos elementares que possibilitavam esse tipo de comportamento em laboratório.

Mesmo reconhecendo o sucesso de tal iniciativa, Vygotsky indicava que a consequência essencial dessa estratégia era a exclusão de todos os processos psicológicos superiores, como a ação consciente, a atenção voluntária, a memorização ativa e o pensamento abstrato, da esfera da ciência. Tais fenômenos eram ignorados (como nas teorias derivadas dos princípios dos reflexos) ou abandonados à descrição idealista (como na noção de percepção, formulada por Wundt).

Os psicólogos naturalistas, ao fracassarem na tentativa de incorporar ao seu trabalho as funções humanas complexas, estimularam Dilthey, Spranger, e outros, a buscarem uma abordagem alternativa. Estes tomaram como objeto de estudo exatamente aqueles processos que os cientistas naturais não conseguiam abarcar: valores, vontade, atitudes, raciocínio abstrato. Mas todos esses fenômenos eram tratados de maneira puramente descritiva e fenomenológica. Arguia-se que a explicação era impossível em princípio. Para enfatizar essa dificuldade, colocariam a questão: "Podemos perguntar POR QUÊ a soma dos ângulos de um triângulo é 180°?"

Examinando essa situação, Vygotsky observou que a divisão de trabalho entre os psicólogos de ciências naturais e os psicólogos fenomenológicos havia levado a um acordo tácito em torno da ideia de que as funções psicológicas complexas, as mesmas que distinguem o ser humano dos outros animais, não podiam ser estudadas cientificamente. Os naturalistas e os mentalistas haviam desmembrado artificialmente a psicologia. A criação de um novo sistema que sintetizasse essas abordagens conflitantes era seu objetivo, e nossa tarefa. Provavelmente não é possível avaliar tudo que nos influenciava em 1925, quando realizamos essa grandiosa revisão da psicologia. Mas conheço algumas das nossas fontes. Para a base científica natural, nos voltamos para o estudo de Pavlov a respeito da "atividade nervosa superior". Pavlov e seus colaboradores estavam então estudando as unidades estruturais básicas que produziam mudanças de adaptação ao meio ambiente, em sua estação experimental próxima de Leningrado. A psicofisiologia pavloviana era o fundamento materialista de nosso estudo da mente.

Vygotsky sentia-se particularmente impressionado pelo trabalho do russo V. A. Wagner, um eminente especialista no estudo comparativo do comportamento animal. Wagner era um cientista que aplicava um amplo enfoque biológico ao comportamento animal. Suas ideias sobre a evolução impressionaram muito a Vygotsky, e os dois mantiveram uma extensa correspondência.

Líamos muito de psicologia propriamente dita. Mesmo discordando de muitas de suas ideias teóricas, víamos muito mérito no trabalho de nossos contemporâneos alemães, especialmente Kurt Lewin, Heinz Werner, William Stern, Karl e Charlotte Buhler e Wolfgang Kohler, muitos dos quais são muito pouco conhecidos por meus colegas americanos. Aceitávamos sua ênfase na natureza emergente das complexidades de muitos fenômenos psicológicos. Os reflexos pavlovianos serviam como fundação material da mente, mas não refletiam a realidade estrutural do comportamento complexo, ou das propriedades dos processos psicológicos superiores.

Mesmo sabendo que a água é composta por dois átomos de hidrogênio e um átomo de oxigênio, não podemos pretender deduzir daí o conjunto de suas propriedades. Da mesma maneira, o conhecimento dos mecanismos celulares de reação a estímulos estranhos não é suficiente para esclarecer completamente as propriedades de um processo psicológico, como a atenção voluntária. Em ambos os casos, as propriedades do "sistema" - água ou atenção voluntária - devem ser vistas como sendo qualitativamente diferentes das propriedades de suas unidades componentes.

Também mostramos que comportamentos aparentemente semelhantes não refletem necessariamente os mesmos mecanismos psicológicos. No estudo de crianças de diferentes idades ou de pessoas de diferentes culturas, era necessário um cuidadoso exame da natureza e do desenvolvimento dessas aparências superficiais, para verificar a possível existência de diferentes sistemas determinantes.

Quando tomamos conhecimento do *Linguagem e Pensamento Infantil,* de Piaget, estudamo-lo cuidadosamente. Uma diferença fundamental, referente à interpretação da relação entre pensamento e linguagem, distinguia nosso trabalho do desse grande psicólogo suíço. Mas consideramos o estilo de sua pesquisa altamente compatível com nossa meta de descobrir as diferenças qualitativas entre crianças de diferentes idades - especialmente o uso que fazia do método clínico no estudo dos processos individuais de cognição.

Vygotsky também era nosso principal teórico marxista. Em 1925, quando publicou a aula que deflagrara sua vinda a Moscou, incluiu nela uma citação de Marx, que era um dos conceitos-chave do *corpus* teórico que nos apresentou:

"A aranha realiza operações que lembram as de um tecelão, e as caixas que as abelhas constroem no céu podem tornar sem graça o trabalho de muitos arquitetos.

Mas mesmo o pior arquiteto se diferencia da abelha mais hábil desde o princípio, em que, antes de construir com suas tábuas uma caixa, ele já a construiu na sua mente. No final do processo de trabalho ele obtém algo que já existia na sua mente antes que ele começasse a construir. O arquiteto não só modifica as formas naturais, dentro das limitações impostas por essa mesma natureza, mas também realiza um propósito próprio, que define os meios e o caráter da atividade à qual ele deve subordinar à sua vontade" (*Capital*, Parte 3, Capítulo 7, seção 1).

Claro está que esse tipo de afirmação geral não era suficiente para definir um conjunto detalhado de procedimentos para a criação de uma psicologia experimental das funções psicológicas superiores. Mas, nas mãos de Vygotsky, os métodos de Marx desempenharam papel vital na formação da nossa trajetória.

Influenciado por Marx, Vygotsky concluiu que as origens das formas superiores do comportamento consciente estavam nas relações sociais do indivíduo com o meio externo. Mas o homem não é só um produto de seu meio ambiente; também é um agente ativo na criação desse meio ambiente. O vão existente entre as explicações científicas naturais dos processos elementares e as descrições mentalistas dos processos complexos não poderia ser transposto até que descobríssemos como os processos naturais, como a maturação física e os mecanismos sensoriais se interligavam com os processos culturalmente determinados para produzir as funções psicológicas adultas. Precisávamos, por assim dizer, tomar uma certa distância do organismo, para descobrir as fontes das formas especificamente humanas de atividade psicológica.

Vygotsky gostava de chamar essa abordagem de psicologia "cultural", "instrumental" ou "histórica". Cada um desses termos refletia uma característica diferente da nova abordagem que ele propôs para a psicologia. Cada qual enfatizava uma das facetas do mecanismo geral pelo qual a sociedade e a história social moldam a estrutura daquelas formas de atividades que distinguem o homem de outros animais.

O termo "instrumental" se referia à natureza basicamente mediada de todas as funções psicológicas complexas. A diferença dos reflexos básicos, que podem ser caracterizados como um processo de estímulo-resposta, as funções superiores incorporam estímulos auxiliares. O adulto não se limita a responder aos estímulos apresentados por um pesquisador ou por seu ambiente natural; modifica ativamente esses estímulos, fazendo destas modificações um instrumento do próprio comportamento. Os costumes populares, como, por exemplo, o hábito de se amarrar um fio no dedo para evitar o esquecimento, nos proporcionam algum conhecimento dessas modificações. Mas muitos exemplos bem menos prosaicos desse mesmo princípio foram revelados nos estudos que fizemos das mudanças no pensamento de crianças de três a dez anos.

O aspecto "cultural" da teoria de Vygotsky tinha a ver com os modos socialmente estruturados pelos quais a sociedade organiza as tarefas que são propostas à criança, e com as ferramentas, físicas e mentais, que são oferecidas à criança para que domine essas tarefas. Um dos instrumentos-chave inventados pela humanidade é a linguagem, e Vygotsky conferia à linguagem um lugar muito importante na organização e no desenvolvimento dos processos do pensamento.

O elemento "histórico" fundia-se ao cultural. As ferramentas usadas pelo homem para dominar seu meio ambiente e seu próprio comportamento não surgiram, completamente prontas, da mente de Deus. Foram inventadas e aperfeiçoadas no curso da história social do homem. A linguagem carrega em si os conceitos generalizados que são o repositório da cultura humana.

Determinados instrumentos culturais, como a escrita e a aritmética, expandiram extraordinariamente os poderes do homem, tornando a sabedoria do passado analisável no presente e aperfeiçoável no futuro. Este raciocínio tinha uma implicação: se estudássemos a maneira pela qual as diversas' operações do pensamento se estruturam em sociedades cuja história cultural não tivesse produzido uma ferramenta como, por exemplo, a escrita, encontraríamos uma organização diferente dos processos cognitivos superiores, mas uma estruturação semelhante dos processos elementares. Tive a oportunidade de avaliar estas ideias no princípio da década de 30.

Os três aspectos da teoria são aplicáveis ao desenvolvimento de crianças. Desde o momento do nascimento, as crianças estão em constante interação com adultos, que ativamente procuram incorporá-las à sua cultura e a seu *corpus* de significados e condutas, historicamente acumulados. No princípio, as respostas da criança ao mundo são dominadas por processos naturais, ou seja, aqueles proporcionados por sua herança biológica. Mas, através da intervenção constante de adultos, processos psicológicos mais complexos e instrumentais começam a tomar forma. De início, esses processos só se dão no transcorrer das interações entre a criança e os adultos. Como disse Vygotsky, os processos são interpsíquicos; isto é, são compartilhados entre indivíduos. Neste estágio, os adultos são agentes externos que medeiam o contato da criança com o mundo. No decorrer do crescimento da criança, os processos que antes eram compartilhados com os adultos passam a se dar no interior da própria criança. Isto é, a resposta mediada ao mundo se transforma num processo intrapsíquico. A natureza social do indivíduo se imprime em sua natureza psicológica através desta interiorização dos modos historicamente determinados e culturalmente organizados de operar com informações.

Quando começamos esse trabalho, nós três - Vygotsky, Leontiev e eu - costumávamos encontrarmo-nos uma ou duas vezes por semana no apartamento de Vygotsky, para planejar a pesquisa que seria necessária para desenvolver suas ideias. Revíamos cada um dos principais conceitos da psicologia cognitiva - percepção, memória, atenção, fala, solução de problemas e atividade motora. Dentro de cada uma dessas áreas, tínhamos que criar novos arranjos experimentais, que incorporassem a noção de que a formação dos processos superiores acarreta numa modificação global do comportamento.

Nessa época, eu era diretor do Laboratório de Psicologia do Instituto Krupskaya de Educação Comunista, que recebera esse nome em homenagem à esposa de Lenin, que, após a Revolução, dera um apoio extraordinário ao trabalho educacional na URSS. O instituto era vizinho do que era então conhecido como Segunda Universidade de Moscou (hoje Instituto Pedagógico). Chamando estudantes da universidade, formei um círculo estudantil de psicologia, onde discutíamos as ideias de Vygotsky. Cada um dos estudantes e colegas de Vygotsky tomou para si a tarefa de inventar modelos experimentais do comportamento instrumental.

O desenvolvimento da memória tornou-se incumbência especial de Alexei Leontiev. Trabalhando com crianças normais e retardadas, de diversas idades, Leontiev concebeu uma atividade onde o sujeito poderia usar estímulos auxiliares para ajudá-lo a lembrar-se de uma série de estímulos apresentados pelo experimentador. Além disso, Leontiev demonstrou que o domínio da memória voluntária vem de um processo longo e difícil. A criança nova, de início, quando defrontada com estímulos evocadores explícitos de cerca de uma dúzia de palavras simples, como, por exemplo, a figura de um trenó para ajudar na lembrança da palavra "cavalo", não dá qualquer atenção a esses estímulos auxiliares. Essas crianças podem até recordar duas, três ou quatro palavras, mas de maneira assistemática, e sem aparentar engajar-se numa atividade que garanta o processo de lembrança. Chamamos esse tipo de comportamento de "lembrança natural", uma vez que o estímulo parece ser recordado através de um processo de impressão simples e direto, não mediado.

Com um pouco mais de idade, a criança pode começar a prestar atenção nos "estímulos auxiliares". Os estímulos auxiliares alguma vezes ajudavam a criança; mas, com igual constância, não cumpriam o papel de evocar o estímulo para o qual foram designadas. Ao invés, a criança a incorporaria a uma corrente de associações. Dessa maneira, o estímulo-auxiliar "trenó" poderia sugerir à criança a palavra "neve", e não "cavalo". Crianças um pouco mais velhas passariam a utilizar esses evocadores de maneira bem eficiente, mas esse processo de uso de estímulos auxiliares ainda era externo à criança, pois a conexão entre os estímulos a serem recordados e os evocadores ainda era feito pelo sentido convencional das palavras, isto é, pela cultura. Só bem mais tarde, com uma idade de nove ou dez anos, começaríamos a observar a mediação internalizada, quando a criança passava a criar seus próprios estímulos evocadores, de modo que praticamente qualquer estímulo auxiliar teria sucesso em assegurar a recordação. Essa ideia de usar dois conjuntos de estímulos - um conjunto primário, que tem de ser dominado, e o outro, um conjunto auxiliar que pode servir como um instrumento para o domínio sobre o primeiro conjunto - tornou-se a ferramenta metodológica central de nossos estudos.

Os experimentos anteriores que procuravam descobrir como são feitas as escolhas complexas empregavam adultos treinados, a quem se pedia que apertassem uma ou mais teclas de telégrafo quando defrontados com um estímulo. Comparando a velocidade de uma resposta simples a um estímulo simples com o tempo necessário para escolher entre dois ou mais estímulos, muitos pesquisadores esperavam estudar a psicologia da escolha única, e distinguir o processo de escolha dos outros processos, como a diferenciação entre estímulos e a organização de uma resposta motora. Vygotsky criticava severamente esse tipo de trabalho, apontando as contradições existentes nos estudos típicos, que sugeriam a necessidade de um novo modelo que explicasse os processos de escolha.

Ao invés de utilizar dados de adultos treinados, Natalia Morozova estudou o desenvolvimento das escolhas complexas em crianças pequenas. Em seus experimentos, uma criança de três ou quatro anos receberia uma instrução simples: "Aperte o botão quando vir um cartão vermelho". Então exibia-se simultaneamente para a criança dois ou três cartões, e ofereciam-se três botões para apertar. Quando essas complicações eram introduzidas o desenrolar sistemático da resposta da criança se desintegrava. A criança frequentemente esquecia qual cor se relacionava com cada botão. Mesmo se a criança lembrasse que tecla apertar em conexão com cada estímulo, o método de resposta era totalmente diferente daquele dos adultos. Quando o estímulo era apresentado, a criança começaria a responder, mas a resposta não tinha qualquer direção em especial. Não era feita uma escolha entre as alternativas apresentadas. Ao invés, a criança apresentava uma movimentação titubeante, como que escolhendo entre os próprios movimentos e não entre os estímulos.

Os estudos de Morozova sobre a escolha logo fundiram-se com a pesquisa sobre memória que Leontiev fazia na época. Estava demonstrado que era difícil para a criança lembrar-se de que resposta dar a cada estímulo. Assim, Morozova passou a introduzir estímulos auxiliares em seu experimento de reações à escolha. Mostrar-se-ia à criança a figura de um cavalo, com a figura de um trenó colada sobre a tecla correspondente. Ao identificar a maneira pela qual as crianças começaram a usar os estímulos auxiliares como um guia para suas escolhas, ela constatou que as regras que governavam a aquisição da memória mediada também se aplicavam à atividade de memorização necessária ao experimento da escolha.

R. E. Levina estudou a função planejadora da fala. Na superfície, este trabalho aparentava ser bem diferente daquele conduzido por Leontiev e Morozova, mas a ideia subjacente era exatamente a mesma. Estávamos impressionados pelos estudos de Piaget sobre as relações entre linguagem e pensamento na criança nova, mas discordávamos fundamentalmente de sua ideia de que a fala primitiva na criança não é importante para o pensamento. Segundo Vygotsky, as fases no desenvolvimento da relação fala-pensamento sucediam-se, aproximadamente, como exposto a seguir. De início, os aspectos verbais e motores do comportamento da criança estão unidos. A fala envolve elementos referenciais, conversação orientada para os objetos, expressões emocionais, e outros tipos de fala social. Como a criança é rodeada pelos mais velhos, a fala passa a adquirir cada vez mais características demonstrativas, que permitem à criança indicar o que está fazendo e quais são as suas necessidades. Depois de um tempo, a criança, usando a fala para estabelecer diferenciações para os outros, passa a fazer diferenciações para si mesma, internamente. Dessa maneira, a fala deixa de ser um meio de guiar o comportamento dos outros, e passa a servir à função de auto orientação.

Levina demandou, de crianças de três a quatro anos, que resolvessem problemas análogos àqueles propostos por Wolfgang Kohler a seus chimpanzés: procurar obter objetos desejados, colocados fora de seu alcance. Por exemplo: um doce era colocado em cima de um armário, fora do alcance da criança, e uma vara de madeira era deixada por perto, no chão.

Observou-se numa criança o seguinte comportamento, durante o qual a criança falava consigo mesma:

"Esse doce está tão alto. (Aqui, a criança sobe no divã e pula para cima e para baixo) - Tenho que chamar a mamãe para pegá-lo para mim (pula mais). Não tem jeito de pegar, ele está tão alto. (Aqui, a criança pega a vara, olhando para o doce.) Papai também tem um armário grande, e às vezes ele não alcança as coisas. Não, não dá pra pegá-lo com a mão, eu ainda sou muito pequeno. Melhor subir no banquinho (sobe num banquinho, agitando a vara, que bate no armário). Toc, toc. (Agora a criança ri. Olhando para o doce, ela pega a vara e o derruba do armário). Aí! A vara conseguiu. Tenho que levar a vara para casa comigo".

Vygotsky dedicava especial atenção ao papel que essa fala aparentemente egocêntrica, em tarefas como esta, desempenhava quanto ao planejamento e ao desenrolar da ação. Num determinado ponto no curso da solução desse tipo de problema, a fala deixa de simplesmente acompanhar a ação, e começa a organizar o comportamento. Em suma, adquire a função instrumental que ele acreditava ser própria das crianças mais velhas e dos adultos.

Essa mesma ideia fundamental foi aplicada, por Alexander Zaporozhets, à reestruturação do comportamento motor que ocorre quando a criança começa a crescer. Ao invés dos movimentos "naturais", controlados pelo meio externo, a criança começa a adquirir controle voluntário sobre os próprios movimentos. Essa mudança de movimentos naturais e involuntários para a movimentação instrumental e voluntária podia ser claramente observada, colocando-se a criança numa situação na qual, para realizar com sucesso uma tarefa, devia se deixar guiar por uma ordem externa.

Queríamos, por exemplo, estudar a aquisição do movimento do pulo. Na criança muito nova, o pulo só ocorre quando o contexto imediato, e isso inclui os próprios desejos da criança, o requer. O pulo "acontece". Não pode ser evocado. Então, aos poucos, a criança começa a utilizar estímulos auxiliares para dominar seus próprios movimentos. De início, esses estímulos auxiliares são de natureza externa; coloca-se uma tábua na frente da criança para guiar seus pulos, ou há um comando verbal dado por um adulto: "Pule". Com o tempo, a criança pode realizar a tarefa com igual êxito, dando num sussurro o comando "pule" a si mesma. Finalmente, pode pensar "pule", e o movimento se desenrola de forma voluntária.

Dando agora um exemplo bem diferente: L. S. Sakharov, um talentoso colaborador de Vygotsky que morreu muito jovem, aplicou este mesmo método a estudos de classificação. Descobriu que a função nomeadora das palavras, que parece ser constante nas diferentes idades pois as características superficiais das palavras permanecem as mesmas -, na verdade, passa por profundas mu danças no curso do crescimento. Nos primeiros estágios, as palavras designam conjuntos complexos de referentes, que incluem não só o objeto mencionado, mas os sentimentos da criança em relação a esse objeto. A seguir, as palavras se referem aos objetos nos seus contextos concretos, e só mais tarde passam a se referir a categorias abstratas. A técnica de classificação de blocos que possibilitou essas observações era conhecida, na época de sua criação, como "Método de Vygotsky-Sakharov"; mas, no decorrer do tempo, com a difusão de seu uso no estrangeiro, passou a ser conhecida como "método de Hanfman-Kasanin", em homenagem aos dois investigadores que traduziram o trabalho de Vygotsky e aplicaram o método.

Em 1929 nosso grupo passou a se dedicar a um estudo que se poderia chamar atividade "significante" precoce. Denominávamos assim a maneira pela qual as crianças se engajam na atividade de dar significado aos estímulos que se lhes exige dominar, criando assim suas próprias atividades instrumentais e mediadas. Desenvolvemos uma ideia que consistia em exigir das crianças que inventassem pictogramas, figuras de sua própria escolha, que as ajudassem a memorizar uma série de palavras abstratas.

Num estágio muito precoce, as crianças são incapazes de produzir um estímulo pictórico que guie seu ato de lembrar. Por exemplo: uma criança de quatro anos, a quem se havia pedido que desenhasse algo que a fizesse lembrar da frase "O professor está bravo", reagiu gargalhando e fazendo no papel um risco simples. Falava sobre a atividade que estava realizando, mas sua fala e seus movimentos não eram guiados pela tarefa de "lembrar", e não apresentavam qualquer relação instrumental um com o outro. Esqueceu-se não só da frase, mas do propósito geral do trabalho.

Observamos um início de produção útil em crianças ligeiramente mais velhas. As crianças desenhavam figuras que capturavam um elemento essencial da frase (um menino surdo foi representado por uma cabeça sem as orelhas), e as descrições tinham um caráter muito interessante. Como Vygotsky assinalou, essas crianças, tendo feito uma figura, dirigiriam-se ao experimentador (sem que se lhes pedisse) e formulariam, como que para um adulto, uma característica do estímulo. Para a frase "velha manhosa", por exemplo, uma criança desenhou uma senhora de olhos grandes. Virando-se para o experimentador, falou: "Olhe como os olhos são grandes". Quando trabalhamos com crianças um pouco mais velhas, constatamos que essa fala, com a função de "chamar a atenção", não era mais dirigida ao adulto. Ao invés, era interiorizada e usada pela criança para guiar sua própria produção.

Os estudos individuais que levamos a termo naquela época, dos quais mencionei alguns, devem ser considerados banais em si mesmos. Hoje, seriam considerados por nós nada além de projetos de estudantes. E isso eles eram, exatamente. Mesmo assim, a concepção geral por trás desses estudos-piloto proporcionou o fundamento metodológico da teoria geral de Vygotsky, e desenvolveu um conjunto de técnicas experimentais que eu usaria pelo restante de minha carreira. Os estudantes que levaram aquele trabalho a termo vieram desempenhar importantes papéis no desenvolvimento da psicologia, generalizando esses primeiros esforços das mais variadas e sofisticadas maneiras.

Meu próprio trabalho foi definitivamente modificado pela minha associação com Vygotsky e pelos ingênuos estudos de nossos estudantes. Ao mesmo tempo em que desenvolvíamos essa nova linha de trabalho, eu ainda conduzia estudos utilizando o método motor combinado, mas, como foi exemplificado no *A Natureza dos Conflitos Humanos, o* foco de meu trabalho começava a mudar. Havia começado minha pesquisa com a intenção de estudar o curso dinâmico das emoções, mas Vygotsky viu nela um modelo para o estudo das relações entre a fala e os movimentos voluntários complexos. Enfatizou em particular o papel da fala como um instrumento da organização do comportamento. Assim, nos últimos capítulos de *A Natureza dos Conflitos Humanos,* incluí alguns de meus primeiros estudos sobre a função regulatória da fala. Só muitos anos mais tarde esse tópico se tornou um foco central do meu trabalho.

É muito difícil, depois de tanto tempo, recapturar o enorme entusiasmo com que realizávamos esse trabalho. O grupo dedicava quase todas suas horas de vigília a nosso grandioso plano de reconstruir a psicologia. Quando Vygotsky ia viajar, os estudantes escreviam poemas em sua homenagem. Quando ele dava uma aula em Moscou, todos vinham ouvi-lo.

Suas aulas eram sempre um grande acontecimento. Não era incomum que se estendessem por três, quatro, ou até cinco horas, sem interrupções. Além disso, ele não usava qualquer tipo de anotação. Boa parte do material que descreve o trabalho de Vygotsky que ainda resta vem das anotações estenográficas feitas naquelas aulas.

Nos primeiros anos de nossa colaboração, nossa postura teórica encontrou pouca compreensão ou entusiasmo. Pessoas perguntariam: "Por que psicologia cultural? Todo processo é um amálgama de influências naturais e culturais. Por que psicologia histórica? Pode-se lidar com os fatos psicológicos sem se interessar pela história do comportamento dos povos primitivos. Por que psicologia instrumental? Todos nós usamos instrumentos em nossas experiências".

No decorrer do tempo, como resultado de muitas e acaloradas discussões em jornais sociais e científicos, o isolamento de nosso pequeno grupo chegou ao fim. Nossos métodos se sofisticaram, nossas teorias tornaram-se mais completas e robustas. Em alguns anos, os conceitos formulados por Vygotsky tornaram-se largamente aceitos, e vieram a formar a base da principal escola da psicologia soviética.

Uma das muitas características do trabalho de Vygotsky, que foi importante na conformação de minha carreira posterior, era sua ênfase em que a pesquisa nunca se limitasse à especulação sofisticada ou a modelos de laboratórios divorciados do mundo real. O contexto para o qual Vygotsky se esforçou em formular um novo tipo de psicologia eram os problemas centrais da existência humana, vividos como eram na escola, no trabalho, na clínica. É muito significativo que, quando Vygotsky obteve seu primeiro emprego, na escola de professores de Gemei, ele tenha devotado sua atenção aos problemas enfrentados na educação de crianças mentalmente deficientes. Ele não se desligou desse interesse. Durante a década de 20, fundou o Instituto Defectológico Experimental (IDE), que hoje se chama Instituto de Defectologia da Academia de Ciências Pedagógicas.

Ao contrário de muitos que haviam estudado as crianças deficientes, Vygotsky concentrou sua atenção na capacidade que as crianças tinham, capacidade essa que poderia formar uma base para o desenvolvimento de seu pleno potencial. Interessava-se principalmente por suas virtudes, e não por seus defeitos. De maneira consistente com sua abordagem global, rejeitava a redução dessas crianças a descrições puramente quantitativas, em termos de traços psicológicos unidimensionais refletidos numa tabela de testes. Ao invés, valia-se de descrições qualitativas da organização especial de seu comportamento. Seus protocolos de diagnóstico, onde analisava crianças com vários tipos de defeitos, foram preservados por seu colaborador, L. Geshelina, mas muitos foram destruídos durante a guerra, e outros perdidos após a morte de Geshelina. Mesmo assim, esse trabalho continuou sendo feito por pessoas muito capazes, entre as quais suas antigas estudantes, Morozova e Levina.

Vygotsky considerava a psiquiatria uma área de trabalho prático tão importante quanto a defectologia. Naquela época, a psiquiatria compartilhava da crise vivida pela psicologia. Suas teorias eram largamente descritivas e altamente especulativas. Com algumas notáveis exceções, seus métodos eram subjetivos e assistemáticos. Vygotsky opunha-se vigorosamente à "psicologia profunda" de Freud, que superenfatizava a natureza biológica do homem. Ao invés, Vygotsky propôs uma psicologia das "alturas", das experiências socialmente organizadas do homem que, segundo ele, determinam a estrutura da atividade humana consciente. De um ponto de vista teórico, a clínica psiquiátrica era mais um local de estudo das funções psicológicas superiores. Aplicou uma série de procedimentos experimentais - alguns, emprestados da pesquisa sobre o desenvolvimento, e outros criados para uma população em especial - na tentativa de evocar um comportamento patológico sob circunstâncias experimentalmente controladas, teve o apoio, nesse trabalho, de Bluma Zeigarnik, que retornava à URSS no final da década de 20, depois de estudar por alguns anos com Kurt Lewin, na Alemanha.

Talvez uma das áreas mais férteis estudadas por Vygotsky, e certamente aquela que teve maior influência em minha própria carreira, foi seu trabalho em neurologia. O interesse pelo campo nos levou a fazer cursos na escola médica. Para mim, este era o retorno à carreira médica, que meu pai havia desejado para mim uma década atrás. Para Vygotsky, foi o começo de um caminho que o tempo não lhe permitiria percorrer.

A neurologia que conhecíamos nos anos 20 era primariamente derivada da neurologia alemã da segunda metade do século dezenove. Conheciam-se alguns grandes "centros" de controle do funcionamento psicológico, como o centro da fala, descoberto por Paul Broca, e os neurologistas ocupavam-se na construção de mapas do córtex cerebral. Esse trabalho foi importante na formulação da base cortical das funções psicológicas. Mas Vygotsky não o considerava suficiente, porque as evidências neurológicas não eram ligadas a nenhuma teoria adequada. Fazia-se necessária a criação de uma neuropsicologia.

Vygotsky tinha como modelos dessa disciplina composta o trabalho de dois outros cientistas russos. Bekhterev havia aplicado métodos da psicologia experimental na clínica neurológica, ainda que Vygotsky não visse a reflexologia como uma teoria das funções psicológicas superiores, ou especificamente humanas. No Instituto Neurológico de Moscou, Rossolimo havia construído uma bateria de testes para o diagnóstico clínico, semelhante àquela que seria desenvolvida alguns anos depois por David Wechsler. Mas os testes que constituíam essa bateria não conseguiam dar uma ideia clara dos mecanismos psicológicos que eram perturbados por desordens neurológicas.

Passando em revista as versões anteriores da neuropsicologia, Vygotsky propôs uma abordagem que se baseasse, na sua própria análise da estrutura do funcionamento psicológico. Procurou, em primeiro lugar, especificar a relação entre as funções psicológicas elementares e superiores, e sua organização cerebral, no adulto normal. Então propôs uma série de princípios gerais que explicasse as mudanças na estrutura do funcionamento psicológico que caracterizavam diversos estados patológicos e o início da ontogênese.

As observações de Vygotsky na clínica neurológica começaram com um distúrbio de linguagem, a afasia. Essa escolha refletia sua convicção de que a aquisição da linguagem tinha um papel decisivo no desenvolvimento dos processos psicológicos superiores. A afasia prometia ser uma condição que, demonstrar-se-ia, afetava aspectos específicos de formas mediadas de atividade cognitiva, em associação com uma lesão neurológica específica. As hipóteses especificamente relacionadas à afasia eram por demais simplistas, mas a proposição de que as explicações neurológicas do comportamento humano necessitavam de uma sofisticada teoria psicológica tornou-se central no desenvolvimento posterior da neuropsicologia soviética.

O enfoque que Vygotsky deu ao estudo da afasia tornou-se um modelo para todas as nossas investigações posteriores na área da neuropsicologia. Partindo de uma evidência prévia relacionada à psicologia e à neurologia desse distúrbio, ele usava observações clínicas de pacientes individuais para formar uma ideia mais clara das diferenças qualitativas entre o funcionamento do indivíduo normal e do afásico. O retrato qualitativo da síndrome nos conduzia por dois caminhos: em direção a um entendimento mais profundo das estruturas cerebrais intimamente envolvidas com o distúrbio, e a uma melhor compreensão das características psicológicas do distúrbio. Em função de a desordem psicológica ser organizada e refletida na linguagem empreendemos um estudo de linguística, com o objetivo de suplementar nossa pesquisa psicológica.

Na breve década compreendida entre a chegada de Vygotsky a Moscou, e sua morte por tuberculose em 1934, sua inteligência e sua energia criaram um sistema psicológico que, sem dúvida, ainda não foi completamente explorado. Praticamente, todos os ramos da psicologia soviética, na teoria como na aplicação prática, foram influenciados por suas ideias. Esses mesmos dez anos alteraram definitivamente o curso de meu trabalho. Sem destruir os impulsos básicos que me haviam atraído à psicologia, Vygotsky me proporcionou um entendimento incomparavelmente mais amplo e profundo do empreendimento em que minha pesquisa precoce se incluía. No final da década de 20, o curso futuro de minha carreira estava terminado. Eu passaria o resto de meus anos desenvolvendo vários aspectos do sistema psicológico de Vygotsky.

De 1928 a 1934, concentrei minhas energias na demonstração da origem social e da estrutura mediata dos processos psicológicos superiores. Os estudos partiam da crença de Vygotsky em que as funções psicológicas superiores do ser humano surgem da interação dos fatores biológicos, que são parte da constituição física do *Homo sapiens,* com os fatores culturais, que evoluíram através das dezenas de milhares de anos de história humana. Na época da sua morte, meus colegas e eu havíamos desenvolvido duas estratégias complementares para revelar a interação dos fatores biológicos e sociais na estrutura das funções psicológicas superiores. A primeira estratégia consistia em investigar o desenvolvimento dessas funções a partir das funções naturais, biologicamente determinadas, que as precediam. A segunda estratégia era o estudo da dissolução das funções psicológicas superiores, como resultado de algum distúrbio que afetasse o organismo.

No período que foi de 1928 a 1934, assim como no final da década de 40, concentrei meu trabalho no primeiro tipo de estratégias, aquelas que enfatizavam as mudanças ao longo do desenvolvimento. De 1936 a 1945, e de meados da década de 50 aos dias de hoje, enfatizei o estudo da dissolução e da restauração das funções psicológicas superiores, nos termos dos mecanismos cerebrais que as controlam.

A pesquisa em desenvolvimento se dividia ainda em três linhas de trabalho, cada uma das quais enfocava a relação dos fatores culturais e biológicos da cognição humana de maneira diferente. Primeiro, numa tentativa de demonstrar as origens sociais das formas particulares que as funções psicológicas superiores adotam em circunstâncias culturais diferentes, empreendemos um estudo em adultos que haviam sido criados em condições diversas das que prevaleciam nos centros industrias da Rússia europeia. A seguir, realizamos um estudo longitudinal de gêmeos idênticos e fraternos. Nós, como outros que haviam se ocupado dos papéis relativos da "natureza" e da "criação" no desenvolvimento humano, utilizamos as diferenças entre gêmeos idênticos e fraternos, já que os gêmeos idênticos, ou monozigóticos, possuem material genético idêntico, enquanto os gêmeos fraternos não. Calculando a diferença no desempenho de gêmeos dos dois tipos, esperávamos separar os fatores "culturais" dos "naturais" no desenvolvimento. Partindo da teoria de Vygotsky, adicionamos nossos próprios refinamentos às técnicas que tínhamos disponíveis na época. Finalmente, empreendemos um estudo do desenvolvimento comparativo de crianças normais e deficientes de vários tipos. Aqui, usamos a distorção biológica ocorrida no curso do desenvolvimento para auxiliar na elucidação da estrutura do funcionamento normal, e no desenvolvimento de meios que compensassem ao máximo as deficiências biológicas das crianças, utilizando currículos educacionais cuidadosamente planejados.

O trabalho que enfatizava a dissolução das funções superiores sempre foi visto como um complemento natural do trabalho com desenvolvimento. De fato, no final da década de 20, não fazíamos uma distinção clara entre as duas abordagens; trabalhávamos simultaneamente em todas as frentes. Tanto o jardim de infância quanto a clínica eram caminhos atraentes que levavam a difíceis problemas analíticos. Mas com o romper da guerra, em 1941, não houve possibilidade de escolha. Todos nossos esforços se concentraram no estudo das bases corticais das funções superiores, e nos difíceis anos que se seguiram levamos nossa limitada teoria à prática, desenvolvendo tanto a teoria como suas aplicações.

4. Diferenças culturais de pensamento

Não fomos os primeiros a perceber que uma comparação das atividades intelectuais de diferentes culturas poderia fornecer informações muito importantes acerca do funcionamento do intelecto humano. Por muitas décadas antes que eu encontrasse Vygotsky, já se debatia amplamente se indivíduos criados em culturas diferentes difeririam nas capacidades intelectuais básicas que viriam a desenvolver enquanto adultos. Já no começo do século, Durkheim colocava que os processos básicos da mente não são manifestações da vida interior do espírito, ou simples resultado da evolução natural; a mente se origina na sociedade. As ideias de Durkheim formaram a base de diversos estudos e discussões. Entre os debatedores, destacava-se o psicólogo francês Pierre Janet. Janet propôs que as formas complexas da memória, assim como as ideias complexas do espaço, tempo e número, tinham sua fonte na história concreta de uma sociedade, e não eram, como acreditava a psicologia idealista clássica, categorias intrínsecas da mente.

Na década de 20, esse debate se concentrava em duas questões: se os componentes do pensamento, as categorias básicas de descrição da experiência, variavam de cultura para cultura; e se o processamento básico intelectual de informação feito pelo indivíduo humano variava de uma cultura para outra. Lucien Levy-Bruhl, que influenciou muitos psicólogos da época, colocava que o pensamento de povos primitivos e iletrados emprega um conjunto diferente de regras e operações daquele empregado pelos povos modernos. Caracterizou o pensamento primitivo como "pré-lógico" e "frouxamente organizado". Dizia-se que os povos primitivos eram indiferentes à contradição lógica, e dominados pela ideia de que forças místicas controlavam os fenômenos naturais.

Seus oponentes, como o psicólogo-etnógrafo britânico W. H. R. Rivers, propunham que o intelecto das culturas primitivas era idêntico ao das sociedades tecnológicas. Rivers sugeriu que indivíduos vivendo em condições primitivas pensam de acordo com as mesmas leis lógicas empregadas por nós. A diferença básica de pensamento estaria em que eles classificariam os fatos do mundo exterior com base em categorias diferentes das utilizadas por nós.

Vários psicólogos da Gestalt também aplicaram suas ideias à questão do pensamento "primitivo". Heinz Werner enfatizou as diferenças de pensamento que distinguem o adulto moderno do primitivo. Especulou acerca da "similaridade estrutural" entre o pensamento de crianças, primitivos e adultos deficientes. Viu o pensamento indiferenciado e "sincrético" como a característica da atividade cognitiva destes grupos. Outros psicólogos da Gestalt enfatizaram as propriedades da mente comuns a todas as culturas. Promoviam a ideia de que determinados princípios da percepção e do pensamento, como "forma fechada" ou "boa forma", eram categorias universais da mente.

Estas propostas, junto com muitos outras, eram de grande interesse para nós. Mas a discussão era conduzida sem o respaldo de quaisquer dados psicológicos apropriados. Os dados usados por Levy-Bruhl e por seus críticos sociológicos e antropológicos - na verdade, os únicos dados disponíveis para qualquer um naquela época - eram eventos anedóticos colhidos por exploradores e missionários que haviam mantido contato com povos exóticos no decorrer de suas viagens. O trabalho de campo antropológico profissional vivia ainda sua infância, e dessa maneira inexistiam dados apropriados de tipo observacional. Eram disponíveis apenas alguns estudos, levados a termo no início do século por psicólogos treinados, acerca de processos sensoriais. Mas estes não estavam ligados aos tópicos em questão, relativos às funções cognitivas superiores e não elementares.

A situação da psicologia teórica não era melhor. A velha divisão da psicologia nos ramos natural (explicativo) e fenomenológico (descritivo) havia privado os psicólogos de uma estrutura unificante, dentro da qual fosse possível o estudo dos efeitos da cultura no desenvolvimento do pensamento. A teoria de Vygotsky nos forneceu essa estrutura, mas ainda carecíamos de dados aos quais pudéssemos aplicar nossas ideias.

Concebemos a ideia de realizar o primeiro estudo aprofundado das funções intelectuais em indivíduos adultos de uma sociedade não-tecnológica, iletrada e tradicional. Além disso, tirando partido das rápidas mudanças culturais que então ocorriam em regiões remotas de nosso país, esperávamos identificar as mudanças no processo de pensamento acarretadas pela mudança social e tecnológica. O início da década de 30 foi uma época muito apropriada para a realização destes experimentos. Na época, muitas de nossas áreas rurais estavam passando por uma rápida mudança, com o advento da coletivização e da mecanização da agricultura. Poderíamos ter conduzido nossos estudos em vilas remotas da Rússia, mas escolhemos como campo de trabalho as aldeias e os assentamentos nômades do Uzbequistão e de Khirgizia, na Ásia Central, onde as enormes discrepâncias entre as formas culturais existentes tendiam a maximizar a possibilidade de detectarmos mudanças nas formas básicas e no conteúdo do pensamento das pessoas. Com o apoio de Vygotsky, planejei uma expedição científica a essas regiões.

O Uzbequistão podia se vangloriar de sua antiga alta cultura, que incluía as extraordinárias realizações científicas e poéticas associadas a nomes como Uleg Bek, matemático e astrônomo, que nos legou um notável observatório perto de Samarkhand, o filósofo Al-Biruni, o físico Alibibsn-Senna (Avicenna), os poetas Saadi e Nezami, e outros. No entanto, e como é típico das sociedades feudais, as massas camponesas permaneciam iletradas e em grande parte isoladas dessa alta cultura. Viviam em aldeias que eram completamente dependentes de ricos proprietários de terras e poderosos senhores feudais. Sua economia baseava-se principalmente na plantação de algodão. Nas montanhas de Khirgizia, adjacentes ao Uzbequistão, prevalecia a criação de animais. Os ensinamentos conservadores da religião islâmica tinham profunda influência sobre a população, e contribuíam para o isolamento das mulheres em relação à vida da sociedade.

Depois da Revolução, essas áreas sofreram profundas mudanças socioeconômicas e culturais. No período em que fizemos nossas observações, assistimos ao início da coletivização da agricultura e de outras mudanças socioeconômicas radicais, além da emancipação das mulheres.

Como o período era de transição, nosso estudo pôde até certo ponto ser feito de forma comparativa. Assim, pudemos observar tantos grupos iletrados e não-desenvolvidos, habitantes das aldeias, quantos grupos já envolvidos com a vida moderna, e que experimentavam as influências do realinhamento social que ocorria.

Nenhuma das populações que observamos havia recebido educação superior. Mesmo assim, eram marcantes as diferenças em suas atividades práticas, modos de comunicação e aspecto cultural. Nossos sujeitos pertenciam a cinco grupos:

Mulheres habitantes de aldeias remotas, que eram iletradas e não se envolviam com qualquer atividade social moderna. Na época em que nosso estudo foi feito, ainda havia um número considerável dessas mulheres. As entrevistas foram conduzidas por outras mulheres, já que só elas tinham direito de penetrar no alojamento feminino.

Camponeses, habitantes de aldeias remotas, de nenhuma maneira envolvidos com trabalho socializado, e que ainda mantinham uma economia individualista. Esses camponeses não eram alfabetizados.

Mulheres, frequentadoras dos minicursos em educação infantil. Via de regra, não tinham educação formal ou qualquer prática escrita.

Trabalhadores, ativos nos *kolhoz* (fazenda coletiva), e jovens que haviam frequentado cursos de curta duração. Estes eram diretores de fazendas coletivas, chefes de outros departamentos em alguma fazenda coletiva, ou líderes de brigada. Tinham considerável experiência no planejamento da produção, na distribuição de trabalho e na administração de estoques. No trato com os outros membros das fazendas coletivas, haviam adquirido uma visão de mundo muito mais ampla que a do camponês isolado. Por outro lado, haviam frequentado muito pouco a escola, e muitos ainda eram semiletrados.

Mulheres, admitidas na escola de professores, depois de dois ou três anos de estudo. Suas qualificações educacionais, no entanto, ainda eram razoavelmente baixas.

Supusemos que só os últimos três grupos, que por participarem na economia socialista haviam tido acesso às novas relações sociais e princípios de vida que acompanhavam a mudança, haviam experimentado as condições necessárias para a alteração radical da forma e do conteúdo de seu pensamento. Estas mudanças sociais os haviam colocado em contato com a cultura tecnológica, com a escrita e com outras formas de conhecimento. Os dois outros grupos não haviam sido suficientemente expostos às condições que considerávamos necessária para uma mudança psicológica fundamental. Assim, esperávamos que eles apresentassem uma predominância daquelas formas de pensamento que se originam de atividades guiadas pelas características físicas de objetos familiares. Também esperávamos constatar que as necessidades de comunicação daqueles que praticavam uma agricultura planejada e coletiva teriam um impacto sobre seu pensamento. No mais, supusemos que poderíamos observar as mudanças ocasionadas pelo realinhamento social e econômico, através de comparação dos processos mentais desses dois grupos.

Um método adequado de pesquisa teria que incluir algo mais que a simples observação, e os métodos que adaptamos se aproximaram de uma investigação experimental completa. Mas um estudo como esse encontraria inevitavelmente uma série de dificuldades. A aplicação de minitestes psicológicos seria altamente problemática nas condições de campo que esperávamos encontrar. Receávamos que, se nós, estranhos, propuséssemos problemas insólitos, que não se relacionassem às atividades de nossos entrevistadores, estes ficariam desconfiados ou perplexos. A administração de "testes" isolados, em tais circunstâncias, poderia fornecer dados que não representassem adequadamente as capacidades dos indivíduos. Então, como a maioria daqueles que fazem trabalhos de campo, principiamos por estabelecer um contato amplo com as pessoas que seriam nossos sujeitos. Tentamos estabelecer relações de amizade, de modo que as sessões experimentais parecessem naturais, e nunca ameaçadoras. Tomamos um cuidado especial para nunca apresentar o material de teste de maneira ríspida ou despreparada.

Via de regra, nossas sessões experimentais começavam com longas conversas, que às vezes eram travadas na atmosfera calma de uma casa de chá, onde os indivíduos passavam a maior parte de seu tempo livre, ou nos acampamentos nos campos e pastagens de montanha, em volta do fogo noturno. Essas conversas frequentemente aconteciam em grupo. Mesmo quando apenas uma pessoa era entrevistada, o experimentador formava com outros indivíduos um grupo de duas ou três pessoas, que ouviam atentamente o indivíduo entrevistado, e às vezes colocavam respostas ou comentários às suas palavras. A fala muitas vezes tomava forma de uma livre troca de opiniões entre os participantes, e um problema em particular poderia ser resolvido simultaneamente por dois ou três sujeitos, cada um colocando uma resposta. Os experimentadores introduziam gradualmente as tarefas preparadas, que se assemelhavam aos "enigmas", familiares à população, e assim se integravam como uma extensão natural da conversação. Tendo o sujeito proposto uma solução para o problema, o experimentador conduzia uma conversa "clínica", para determinar como o sujeito havia chegado àquela resposta, e angariar mais informações sobre seu significado. A resposta de um sujeito levava geralmente a outras questões e algum debate. Para reduzir a confusão na discussão livre que se seguia, e que geralmente era travada em Uzbek, o experimentador delegava o registro da sessão a um assistente, que geralmente se sentava próximo ao grupo de sujeitos, e cuidava em não atrair excessiva atenção. Tomava notas ao longo de toda a sessão. Mais tarde, preparava uma cópia e processava os dados. Cada pequena sessão rendia meio dia desse laborioso procedimento, mas essa era a única prática adequada às condições de campo.

Também tentamos manter a naturalidade do conteúdo das tarefas que apresentamos aos sujeitos. Seria tolo de nossa parte apresentar aos sujeitos problemas que eles considerassem inúteis. Assim, não utilizamos testes psicométricos padronizados. Antes, trabalhamos com testes especialmente desenvolvidos nos quais os sujeitos encontravam significado, e que estavam abertos a várias soluções, cada uma das quais indicava um aspecto da atividade cognitiva. Por exemplo, concebemos nossos estudos de categorização de maneira que pudessem ser resolvidos de forma gráfico-funcional (baseada, por exemplo, no aspecto ou no funcionamento das coisas) ou de forma abstrata e categorizada. O sujeito, para resolver um problema dedutivo, poderia tanto apelar ao conhecimento que tinha do mundo quanto, usando os termos da informação que lhes era dada, transcender sua experiência e deduzir a resposta.

Também introduzimos em nossas sessões algumas tarefas que envolviam aprendizagem. Oferecendo, de alguma maneira, ajuda aos sujeitos, tentávamos mostrar-lhes como e até que ponto poderiam servir-se de nossa assistência para resolver este ou aquele problema, e continuar resolvendo outros sozinhos. Este procedimento nos permitiu explorar as maneiras pelas quais os indivíduos incorporam novos modos de solução de problemas a seu repertório de atividades intelectuais.

Nossa hipótese básica foi testada por técnicas que avaliavam como as pessoas refletiam cognitivamente sua experiência em diversos níveis de análise. Começamos pelo estudo da codificação linguística de categorias básicas da experiência visual, como a cor e a forma. A seguir, estudamos a classificação e a abstração. Finalmente, voltamos nossa atenção para atividades cognitivas complexas, como a resolução de problemas verbais e a autoanálise. Em cada uma dessas áreas, descobrimos uma mudança na organização da atividade cognitiva dos indivíduos, que ocorria de maneira paralela às mudanças na organização social de suas vidas de trabalho.

Uma mudança básica nas categorias da percepção, e que se repetiu em todas as nossas observações, foi encontrada na maneira pela qual sujeitos dos diferentes grupos nomearam e agruparam estímulos geométricos semelhantes aos da figura, que foram numerados para facilitar sua identificação.

Mulheres iletradas, habitantes de vilarejos remotos, tipicamente forneceriam a seguinte lista de nomes:

1. um prato
2. uma tenda
3. um bracelete
4. contas
5. um espelho
6. um relógio
7. um suporte para chaleira

À medida que a experiência de nossos sujeitos com aulas de alfabetização e administração de fazendas coletivas ia crescendo, nomes geométricos abstratos iam se tornando predominantes, e as mulheres da escola normal utilizaram esses nomes de forma exclusiva.

Essa diferença de nomeação era acompanhada por uma nítida diferença de classificação das figuras em grupos "iguais" ou "semelhantes". Para os camponeses mais tradicionais, a semelhança concreta era o modo de agrupamento dominante. Assim, △ e ⌑ eram considerados semelhantes por "serem ambas armações de janela"; △ e ⌑ eram ambos relógios, mas ∪, ● e ⌑ não apresentavam qualquer semelhança.

Interessamo-nos particularmente pelo fato de nossos sujeitos rejeitarem nossas sugestões que pares como ● e eram semelhantes. Essas figuras se assemelhavam muito aos estímulos utilizados por nossos colegas da Gestalt para demonstrar o que consideravam ser leis universais da percepção. Em seus experimentos, que via de regra utilizavam sujeitos instruídos, concluíram que tais figuras eram normalmente colocadas no mesmo grupo por serem ambas "representativas" da classe abstrata dos círculos. Seus sujeitos ignoravam as características "individuais" de cada uma das figuras, isolavam a característica dominante, de "classe geométrica", e decidiam a partir daí. Mas quando perguntamos aos camponeses tradicionais se tais figuras se assemelhavam, recebemos como resposta um não. Eles perceberam as figuras como semelhantes a determinados objetos de seu ambiente, e as classificaram de acordo com essa percepção. "Não podem ser semelhantes", disse um camponês, "porque a primeira é uma moeda e a segunda uma lua". Na verdade, sujeitos ligeiramente mais instruídos classificaram esses estímulos com base em sua configuração geral, mas não podíamos mais atribuir este modo de classificação a qualquer "lei universal da percepção".

Este tipo de percepção por categorias reflete uma forma de classificação de objetos desenvolvida e transmitida historicamente. Sujeitos mais instruídos podem classificar esses estímulos com base numa única propriedade "ideal", mas isso não é um produto natural e inevitável da mente humana.

O homem percebe três milhões de tonalidades de cor diferentes, mas só existem de dezesseis a vinte nomes de cores. Significará isto que a percepção e a classificação dos matizes variam com os nomes das diferentes cores? Ou, será que a linguagem e as atitudes práticas ligadas às diferentes cores evocam diferentes maneiras de percebê-las e classificá-las? Estudamos a percepção e a classificação das cores em vários grupos de nossa população de sujeitos, e os resultados que obtivemos eram análogos aos obtidos no estudo da percepção das figuras geométricas.

Pedimos a indivíduos de nossos grupos básicos que nomeassem e classificassem fios coloridos de lã. Sujeitos não-instruídos, mulheres em particular, e muitas das quais eram excelentes tecelãs, usaram muito poucos nomes de categorias de cores. Ao invés, rotularam as peças coloridas de lã pelos nomes dos objetos de seu ambiente que tinham a mesma cor. Por exemplo, chamaram vários tons de verde pelo nome de diferentes plantas: "a cor da grama na primavera", "a cor das amoreiras no verão", "a cor das ervilhas novas". Quando se pedia a esses sujeitos que agrupassem os fios de cor semelhante, muitos recusaram imediatamente, afirmando que cada fio era diferente. Outros os ordenaram numa série contínua de cores, que crescia no matiz ou na saturação. Esse padrão de resposta particularizada e visualmente dominada desapareceu em nossos outros grupos experimentais, em cujas respostas prevaleciam os nomes de categorias de cores, e que prontamente agrupavam cores semelhantes.

Nossa série seguinte de estudos enfocou a maneira pela qual os indivíduos categorizam e fazem generalizações acerca dos objetos de seu mundo cotidiano. A diferença de um conjunto de fios de lã de cores diferentes, ou de figuras geométricas bidimensionais, os objetos de nossa vida diária são raramente categorizados com base em algum tributo físico comum. Na verdade, podem sê-lo de muitas maneiras, e era nessa variedade que estávamos interessados.

Com base na sua pesquisa em desenvolvimento, Vygotsky elaborou um conjunto de distinções entre os tipos de categorias que, constatou-se, as crianças utilizavam nas diferentes idades. Durante os primeiros estágios do desenvolvimento da criança, as palavras não têm função organizadora da maneira que ela categoriza sua experiência. A criança pequena percebe cada objeto de maneira isolada, não possuindo princípios lógicos de agrupamento. No próximo estágio de categorização, a criança passa a comparar objetos com base num único atributo físico comum, como a forma, a cor ou o tamanho. Mas, fazendo essas comparações, a criança logo perde de vista o atributo originalmente escolhido para a classificação, e escolhe outro atributo. Como resultado, frequentemente associa um grupo ou uma corrente de objetos que não refletem qualquer conceito unificado. Na verdade, a estrutura lógica desses agrupamentos frequentemente reflete uma família, na qual determinado indivíduo é incluído como "filho" de uma figura central, outro como "esposa", e assim por diante. Esse tipo de estrutura de grupo pode ser detectado quando os objetos são incorporados a uma situação geral, na qual cada um participa individualmente. Um exemplo de tal agrupamento seria uma "refeição", na qual a cadeira é usada para sentar-se à mesa, uma toalha é usada para cobrir a mesa, uma faca para cortar o pão, um prato para colocar o pão, e assim por diante.

Esse modo de agrupamento de objetos não é baseado numa palavra que permita o isolamento de um atributo comum, e que denote uma categoria que inclua logicamente todos os objetos. Na verdade, o fator determinante da classificação de objetos em complexos situacionais desse tipo chama-se percepção gráfico-funcional, ou a lembrança das relações concretas entre os objetos. Vygotsky constatou que o agrupamento de objetos de acordo com suas relações nas situações reais é típico de crianças na fase da pré-escola e da escola elementar.

Quando as crianças atingem a adolescência, não fazem mais generalizações com base em suas impressões imediatas. Ao invés, classificam isolando determinados atributos dos objetos. Cada objeto é colocado a uma determinada categoria, sendo relacionado a um conceito abstrato. Depois de estabelecerem um sistema para incluírem diversos objetos numa mesma categoria, os adolescentes desenvolvem um esquema hierárquico conceituai, que expressa graus cada vez maiores de "semelhança". Por exemplo, uma rosa é uma flor, a flor é uma planta, a planta é parte do mundo orgânico. Uma vez efetuada a transição para esta modalidade de pensamento, a pessoa passa a enfocar primordialmente as relações "categóricas" entre os objetos, e não a maneira concreta pela qual eles interagem em situações reais.

É fácil compreender que as leis que governam esse tipo de pensamento taxonômico diferem inteiramente do processo que ocorre quando uma pessoa faz generalizações com base na experiência concreta. O pensamento categórico não é apenas um reflexo da experiência individual, mas é uma experiência coletiva que a sociedade pode veicular através de seu sistema linguístico. Esse uso de critérios sociais amplos transforma o processo de pensamento gráfico-funcional num esquema de operações lógicas e semânticas, nas quais as palavras tornam-se a principal ferramenta de abstração e generalização.

Já que toda atividade se enraíza em operações gráficas, práticas, passamos a acreditar que o desenvolvimento de um pensamento taxonômico e conceituai se apoiaria nas operações teóricas que a criança aprende a efetuar na escola. Se o desenvolvimento do pensamento taxonômico dependesse da educação formal, esperaríamos encontrar formas taxonômicas de abstração e generalização só naqueles indivíduos adultos que haviam sido expostos a algum tipo de educação formal. Como a maioria de nossos sujeitos havia frequentado muito pouco, ou nada, a escola, estávamos curiosos acerta dos princípios que empregariam para agrupar os objetos encontrados na sua vida cotidiana.

Quase todos os sujeitos ouviram atentamente as instruções e lançaram-se com muita disposição ao trabalho. Mas, mesmo no começo, eles frequentemente passavam a escolher objetos que "se adequassem a um propósito em especial". Em outras palavras, rejeitavam a tarefa teórica, e a Substituíam por uma tarefa prática. Essa tendência tornou-se aparente logo no início de nosso trabalho, quando os sujeitos começaram a avaliar objetos isolados e a nomear suas funções individuais. Por exemplo, "este" era necessário para realizar este ou aquele trabalho, e "aquele" para um trabalho diferente. Não viam necessidade de compararem e agruparem todos os objetos, e classificá-los em categorias específicas. Ao longo das sessões, como resultado das discussões e das várias perguntas que fazíamos, muitos sujeitos superavam essa tendência. Mesmo assim, no entanto, tendiam a considerar a tarefa uma tarefa prática, de agrupar objetos de acordo com seu papel numa situação em particular, e não como uma operação teórica de classificá-los a partir de um atributo comum. Como resultado, cada um dos sujeitos agrupava os objetos de maneira idiossincrática, dependendo da situação gráfica particular que tinha em mente. Os grupos concretos que nossos sujeitos criavam com base nesse pensamento "situacional" eram extremamente resistentes à mudança. Quando tentávamos sugerir qualquer outra maneira de agrupar os objetos baseada em princípios abstratos, eles geralmente a rejeitavam, insistindo que tal arranjo não refletia as relações intrínsecas entre os objetos, e que a pessoa que adotara tal agrupamento era "estúpida". Em casos esparsos, consentiam na possibilidade de empregar um tal meio de classificação, e mesmo assim o faziam relutantemente, convencidos de que isso não era importante. Só a classificação feita com base na experiência prática os tocava como sendo apropriada ou importante.

O exemplo seguinte ilustra o tipo de raciocínio que encontramos. Mostraram-se a Rakmat, um camponês iletrado de 31 anos, morador de um distrito distante, desenhos de um martelo, um serrote, uma tora de madeira e um machado. "São todos semelhantes", ele disse. "Penso que todos têm de estar aqui. Veja, se você vai serrar, você precisa de um serrote, e se tem que rachar algo, precisa de machado. Então são todos necessários aqui".

Tentamos explicar a tarefa dizendo: "Veja, você tem aqui três adultos e uma criança. É claro que a criança não pertence a esse grupo".

Rakmat replicou: "Oh, mas o menino precisa ficar com os outros! Os três estão trabalhando, você vê, e se eles tiverem que ficar correndo para buscar as coisas, nunca terminariam o serviço, mas o menino pode buscá-las para eles... O menino aprenderá; isso será melhor, e eles todos trabalharão bem juntos".

"Veja", dissemos, "você tem aqui três rodas e um par de alicates. Sem dúvida, as rodas e o alicate não têm nada em comum, não é mesmo?"

"Não, todos eles se encaixam. Eu sei que o alicate não se parece com as rodas, mas você vai precisar dele se tiver que apertar alguma coisa nas rodas".

"Mas você pode usar uma palavra para as rodas que você não pode usar para o alicate - não é verdade?"

"Sim, eu sei disso, mas você precisa do alicate. Você pode levantar ferro com ele, e é bem pesado, como você sabe".

"Mesmo assim, não é verdade que você não pode usar a mesma palavra para as rodas e para o alicate?" "É claro que não pode".

Voltamos ao grupo original, que incluía martelo, serrote, tora e machado. "Quais destes você poderia chamar por uma palavra?"

"Como assim? Se você chamar os três de 'martelo', isto também não estará certo".

"Mas um camarada pegou três coisas - o machado, o serrote e o martelo - e disse que elas eram semelhantes".

"Um serrote, um martelo e um machado têm que trabalhar juntos. Mas a tora tem que estar aqui também!"

"Por que você acha que ele pegou essas três coisas e não pegou a tora?"

"Provavelmente ele já tenha bastante lenha, mas se nós ficarmos sem lenha, não conseguiremos fazer nada".

"Sim, mas um martelo, um serrote e um machado são todos ferramentas?"

"Sim, mas mesmo se tivermos ferramentas, ainda precisaremos da madeira. Senão, não poderemos construir nada".

Mostraram-se então ao sujeito desenhos de um passarinho, de um rifle, de uma adaga e de uma bala. Ele retrucou: "A andorinha não cabe aqui... Não, este é um rifle. Está carregado com a bala e mata a andorinha. Então você tem que cortar o pássaro com a adaga, já que não há outro jeito de fazê-lo. O que eu havia dito a respeito da andorinha está errado! Todas estas coisas estão juntas!"

"Mas estes são armas. E a andorinha?" "Não, não é uma arma".

"Então quer dizer que estes três ficam juntos e a andorinha não?"

"Não, o pássaro tem que estar aí também. Senão, não haverá nada em que se atirar".

Mostraram-se então a ele os desenhos de um copo, de uma panela, um óculos e uma garrafa. Ele observou: "Estes três estão juntos, mas por que você pôs os óculos aqui, eu não sei. Mas, de novo, eles também se encaixam. Se uma pessoa não enxerga muito bem, tem que usá-los para jantar".

"Mas um camarada me falou que uma destas coisas não pertencia a este grupo".

"Provavelmente esse tipo de pensamento corre em suas veias. Mas eu digo que todos têm seu lugar aqui. Você não pode cozinhar no copo, você tem que enchê-lo. Para cozinhar, você precisa de uma panela, e para enxergar melhor, de um óculos. Precisamos destas quatro coisas, e é por isso que elas foram colocadas aqui".

A tendência de fiarem-se em operações utilizadas na vida prática era o fator de controle entre os sujeitos iletrados e não-instruídos. Os sujeitos cujas atividades eram ainda dominadas pelo trabalho prático, mas que haviam frequentado alguns cursos na escola e participado de programas de treinamento por algum tempo, eram inclinados a misturar modos de generalização práticos e teóricos. O grupo de sujeitos um pouco mais instruídos empregava a classificação categórica como método de agrupamento de objetos, embora tivesse frequentado apenas um ou dois anos de escola. Por exemplo, quando perguntamos a eles quais os três objetos entre os seguintes - um copo, uma panela, os óculos e a garrafa -, que se agrupam, imediatamente respondiam: "O copo, os óculos e a garrafa se agrupam. São feitos de vidro, e a panela é de metal". Da mesma maneira, quando defrontados com a série camelo, ovelha, cavalo e carroça, respondiam: "A carroça está fora. Todos os outros são animais". Poderia dar mais exemplos, mas serão sempre os mesmos; o indivíduo escolhia um único atributo, a partir do qual fazia sua generalização ("vidro", por exemplo), e utilizava um nome categórico que incluísse os diferentes objetos (como "animais").

Uma maneira um pouco diferente de caracterizar estes resultados é dizendo que a função primária da linguagem muda conforme aumenta a experiência educacional. Quando os indivíduos empregam uma situação concreta como meio de agrupar objetos, parecem estar usando a linguagem para ajudá-los a lembrar e reunir os componentes da situação prática, e não para auxiliá-los na formação de abstrações ou generalizações sobre relações categóricas. Isto levantou uma questão: teriam os termos abstratos de sua linguagem, como "ferramenta", "vaso" ou "animal", um significado mais concreto para eles que para os sujeitos instruídos? A resposta foi sim.

Por exemplo, apresentamos a nossos três sujeitos (1-2-3) desenhos de um machado, um serrote e um martelo e perguntamos: "Vocês diriam que estas coisas são ferramentas?"

Os três responderam que sim.

"E uma tora de madeira?"

    1: "Também se agrupa a estes. Fazemos todo tipo de coisa com as toras - maçanetas, portas e os cabos das ferramentas".

2: "Dizemos que o tronco é uma ferramenta porque trabalha com as ferramentas para fazer as coisas. As peças de um tronco entram na fabricação de ferramentas".

"Mas", retrucamos, "um homem disse que uma tora não é uma ferramenta porque não pode serrar ou talhar".

3: "Algum louco deve ter lhe dito isso! Afinal de contas, precisamos da tora para as ferramentas e junto com ferro ela pode cortar".

"Mas posso chamar a madeira de ferramenta?"

3: "Você pode - pode fazer cabos' com ela".

"Mas você realmente pode dizer que a madeira é uma ferramenta?"

2: "E! Postes são feitos com ela, cabos. Chamamos tudo aquilo de que precisamos de 'ferramentas'".

"Nomeie todas as ferramentas que puder".

3: "Um machado, uma charrete, e também a árvore na qual amarramos o cavalo se não há um poste nas imediações. Olhe, se nós não tivéssemos esta tábua aqui, não conseguiríamos manter a água neste canal de irrigação. Então isto também é uma ferramenta, assim como a madeira usada na fabricação de um quadro-negro".

"Nomeie todas as ferramentas usadas para fazer coisas".

1: "Temos um ditado: olhe para os campos e você verá ferramentas".

3: "Machadinha, machado, canga, arreio e a correia usada numa sela".

"Você pode mesmo chamar a madeira de ferramenta?"

2: "É claro! Se não tivermos madeira para usar com um machado, não podemos arar e não podemos construir uma carruagem".

As respostas destes sujeitos são típicas do grupo de iletrados com quem trabalhamos, e indicam que, na tentativa de definir o significado abstrato e categórico de uma palavra, os sujeitos no princípio incluíam objetos que pertenciam à categoria designada. Mas logo extravasavam os limites da categoria, e incluíam objetos que eram simplesmente encontrados junto com os membros da classe designada, ou objetos que eram considerados úteis numa situação imaginária na qual os primeiros itens estariam em uso. As palavras, para estas pessoas, tinham uma função totalmente diferente da que têm para as pessoas instruídas. Não eram usadas para codificar os objetos em sistemas conceituais, mas para estabelecer as inter-relações práticas entre as coisas.

Quando nossos sujeitos já haviam recebido alguma instrução, e participado das discussões coletivas de assuntos sociais vitais, prontamente realizaram a transição para o pensamento abstrato. Novas experiências e novas ideias mudam o modo pelo qual as pessoas usam a linguagem, de maneira a que as palavras se tornem o principal agente de abstração e generalização. Uma vez educados, os indivíduos passam cada vez mais a usar a categorização para expressar ideias sobre a realidade.

Este trabalho sobre a definição de palavras, quando somado ao trabalho sobre classificação, nos levou a concluir que os modos de generalização típicos do pensamento de pessoas que vivem numa sociedade dominada por atividades práticas rudimentares diferem dos modos de generalização dos indivíduos que receberam educação formal. Os processos de abstração e generalização não são constantes em todos os estágios do desenvolvimento socioeconômico e cultural. Na verdade, estes processos são, eles mesmos, produtos do ambiente cultural.

Com base nos resultados que demonstravam essa mudança na categorização que as pessoas faziam dos objetos que encontravam em sua vida diária, especulamos que quando as pessoas adquirissem os códigos lógicos e verbais que permitissem a abstração das características essenciais dos objetos e sua inclusão em categorias, seriam capazes de efetuar um pensamento lógico mais complexo. Se indivíduos agrupam objetos e definem palavras com base nas experiências práticas, poder-se-ia esperar que as conclusões que tirariam de uma dada premissa num problema lógico também dependeriam de sua experiência prática imediata. Isso tornaria difícil, se não impossível, a aquisição por parte desses indivíduos, de novos conhecimentos de modo discursivo e lógico verbal. Tal mudança representaria a transição da consciência sensorial para a racional, um fenômeno que os clássicos do Marxismo entendem como um dos mais importantes da história humana.

A presença de conceitos teóricos gerais, aos quais estão subordinados conceitos mais práticos, cria um sistema de códigos lógicos. À medida que o pensamento teórico se desenvolve, o sistema vai ficando cada vez mais complexo. Além das palavras que adquirem uma estrutura conceituai complexa, e das frases, cuja estrutura lógica e gramatical as permitem funcionarem como a base de julgamentos, este sistema também inclui certos "instrumentos" lógicos e verbais que possibilitam a realização das operações de dedução e inferência, sem a necessidade da experiência direta.

Um esquema específico que surge no curso do desenvolvimento cultural é o raciocínio silogístico, no qual um conjunto de julgamentos individuais dá origem a conclusões objetivamente necessárias. Duas frases, das quais a primeira proporciona a proposição geral e a segunda uma proposição específica, constituem as premissas maior e menor do silogismo. Quando adultos instruídos ouvem as duas premissas de um silogismo, não as percebem como duas frases isoladas e justapostas. Na verdade, "ouvem" as premissas como uma relação lógica que implica uma conclusão. Por exemplo, posso dizer:

"Metais preciosos não enferrujam.

O ouro é um metal precioso".

A conclusão "o ouro não enferruja" parece tão óbvia que muitos psicólogos estiveram inclinados a encarar tal conclusão lógica como uma propriedade básica da consciência humana. Os fenomenologistas, ou adeptos da escola de Wurzburg, falavam de "sentimentos lógicos", e sugeriam que esses sentimentos existiram por toda a história da humanidade. Piaget levantou dúvidas a respeito da ubiquidade de tais "sentimentos lógicos", em seus estudos do desenvolvimento das operações intelectuais. Mas na época em que fizemos nossos estudos, ninguém havia se preocupado em determinar se esses esquemas lógicos são ou não invariáveis nos diferentes estágios da história e do desenvolvimento sociais. Assim, pusemo-nos a estudar as respostas de nossos sujeitos a problemas de raciocínio silogístico.

Para determinar se o julgamento dos indivíduos estava sendo feito com base nas premissas maior e menor do silogismo, ou se tiravam conclusões de sua própria experiência prática, criamos dois tipos de silogismo. Primeiro, incluímos silogismos cujo conteúdo era extraído da experiência prática imediata das pessoas. A seguir, criamos silogismos cujo conteúdo era divorciado dessa experiência, de modo que as conclusões só pudessem ser tiradas com base numa dedução lógica.

Estávamos receosos de que os sujeitos não percebessem as premissas maior e menor como duas partes de um mesmo problema, poderiam esquecer ou distorcer algum desses elementos, de maneira que sua conclusão não mais se basearia na evidência que apresentássemos. Para nos precaver dessa possibilidade, desenvolvemos um procedimento no qual apresentávamos primeiro as premissas maior e menor, e depois pedíamos aos sujeitos que repetissem todo o silogismo. Prestávamos particular atenção a distorções das premissas e quaisquer perguntas dos sujeitos. As distorções se constituiriam em importante evidência de até que ponto os silogismos eram percebidos como um sistema unificado. Depois que um sujeito conseguia repetir corretamente um silogismo, prosseguimos para averiguar se era capaz de efetuar a dedução apropriada.

Uma das primeiras coisas que percebemos foi que os sujeitos analfabetos frequentemente deixavam de perceber as relações lógicas entre as partes do silogismo. Para eles, cada uma das três frases constituía um juízo isolado. Isto tornou-se aparente quando os sujeitos tentavam repetir as diferentes sentenças do problema, porque as relembravam como se fossem não relacionadas e separadas, frequentemente simplificando-as e mudando sua forma. Em muitos casos, as sentenças perdiam virtualmente todo caráter silogístico.

Isto pode ser demonstrado com o exemplo de sujeitos a quem apresentamos o silogismo:

"Metais preciosos não enferrujam.

O ouro é um metal precioso.

Ele enferruja ou não?"

As lembranças dos três sujeitos (1-2-3) foram as seguintes:

1: "Os metais preciosos enferrujam ou não?"

O ouro enferruja ou não?"

2: "Metais preciosos enferrujam.

O ouro precioso enferruja.

O ouro precioso enferruja ou não?"

Os metais preciosos enferrujam ou não?"

O ouro precioso enferruja ou não?"

3. "Estes são todos preciosos.

O ouro também é precioso.

Ele enferruja ou não?"

Estes exemplos demonstram que o silogismo não era percebido pelos sujeitos como um sistema lógico unificado. As diferentes partes do silogismo eram recordadas como frases isoladas e sem conexão lógica. Alguns sujeitos percebiam a forma interrogativa da última frase, e a transferiam para a formulação das duas premissas. Em outros casos, a questão formulada no silogismo era repetida à revelia das premissas precedentes. Assim, não se percebia a relação entre a pergunta e as duas premissas interconectadas.

Estes resultados nos fizeram constatar que a continuidade de nosso estudo de operações lógicas impunha-nos a tarefa de realizar, com nossos sujeitos, um trabalho preliminar sobre silogismos, para enfatizar a natureza universal das premissas e suas inter-relações lógicas, de modo que os sujeitos focalizassem sua atenção nessas relações e se lembrassem melhor do problema básico quando chegasse a hora de realizar uma dedução. Neste último trabalho, contrastamos os raciocínios de silogismos com conteúdo familiar ou não-familiar. Quando os silogismos eram tirados da experiência prática do indivíduo, nossa única transformação era a mudança das condições particulares a que se aplicava. Por exemplo, um silogismo deste último tipo seria assim:

"O algodão cresce bem nos lugares quentes e secos.

A Inglaterra é úmida e fria.

Pode o algodão crescer lá ou não?"

O segundo tipo de silogismo incluía material que não era familiar ao sujeito, de modo que suas inferências só pudessem ser puramente teóricas. Por exemplo:

"No extremo Norte, onde há neve, todas os ursos são brancos.

Novaya Zemlya fica no extremo Norte. De que cor são os ursos lá?"

Os sujeitos que viviam sob condições mais atrasadas frequentemente recusavam-se a tirar inferências até do primeiro tipo de silogismo. Nestes casos, provavelmente declarariam que nunca haviam estado num lugar tão desconhecido, e que não sabiam se o algodão crescia lá ou não. Só depois de uma extensa discussão, quando se pedia que respondessem com base no que as palavras sugeriam, relutantemente concordariam em tirar uma conclusão: "De suas palavras, o algodão não deve crescer lá, se é frio e úmido. Quando é frio e úmido, o algodão não cresce bem".

Tais sujeitos se negaram quase completamente a tirar inferências do segundo tipo de silogismo. Via de regra, muitos se recusavam a aceitar a premissa maior, declarando: "Nunca estive no Norte e nunca vi um urso". Um dos sujeitos nos falou: "Se você quer uma resposta a essa pergunta, deve perguntar a quem esteve lá e os viu". Frequentemente ignorariam as premissas que havíamos fornecido e as substituiriam por seu próprio conhecimento, dizendo coisas do tipo: "Existem diferentes tipos de ursos. Se um urso nasce vermelho, continuará sendo assim". Em suma, em todos os casos evitariam resolver o problema.

Estas reações foram demonstradas em nossa discussão com um aldeão de 37 anos. Propusemos o silogismo: "O algodão só cresce onde é quente e seco. A Inglaterra é úmida e fria. O algodão pode crescer lá?" "Não sei".

"Pense sobre isso".

"Só fui até a terra de Kashgar. Não conheço nada além disso".

"Mas, com base no que lhe falei, o algodão pode crescer lá?"

"Se a terra é boa, o algodão crescerá lá, mas se for úmida e pobre, não crescerá. Se for como a terra de Kashgar, também crescerá. Se a terra for solta, crescerá também, é claro".

O silogismo foi então repetido. "O que você pode concluir de minhas palavras?"

"Se lá é frio, não crescerá. Se o solo for solto e bom crescerá".

"Mas o que minhas palavras sugerem?"

"Bem, nós muçulmanos, nós de Kashgar, somos pessoas ignorantes; nunca fomos a lugar algum, então não sabemos se lá é frio ou quente".

Um outro silogismo foi apresentado: "No extremo Norte, onde há neve, todos os ursos são brancos. Novaya Zemlya fica no extremo Norte, e lá sempre há neve. Que cor têm os ursos lá?"

"Existem diferentes tipos de ursos".

O silogismo foi repetido.

"Não sei. Já vi um urso marrom; nunca vi outros... Cada localidade tem seus próprios animais: se é branca, eles serão brancos; se é amarela, eles serão amarelos".

"Mas que tipo de urso há em Novaya Zemlya?"

"Nós sempre falamos daquilo que vemos, não falamos sobre o que não vimos".

"Mas no que implicam minhas palavras?" O silogismo foi novamente repetido.

"Bem, é assim: nosso tsar não é como o de vocês, e o de vocês não é como o nosso. Suas palavras só podem ser respondidas por alguém que tenha estado lá, e se uma pessoa nunca foi lá, não pode dizer nada com base em suas palavras».

"Mas, com base nas minhas palavras, 'No Norte, onde há sempre neve, os ursos são brancos', você pode concluir que tipo de ursos existem em Novaya Zemlya?"

"Se um homem tivesse sessenta ou oitenta anos, tivesse visto um urso branco e falado sobre isso, poderíamos acreditar nele, mas eu nunca vi um, então não posso falar. Essa é minha última palavra. Os que viram podem contar, e os que não viram não podem falar coisa alguma!" Neste ponto um jovem Uzbek falou, voluntariamente:

"De suas palavras, quer dizer que os ursos lá são brancos".

"Bem, qual de vocês está certo?"

O primeiro sujeito replicou: "O que o galo sabe fazer, ele faz. O que eu sei, eu falo, e nada além disso!"

Os resultados de muitas entrevistas desse tipo parecem particularmente claros. O processo de raciocínio e dedução associado à experiência prática imediata domina as respostas de nossos sujeitos iletrados. Estas pessoas apresentaram excelentes juízos sobre fatos que os tocavam diretamente, e tiraram todas as conclusões implicadas de acordo com as leis da lógica, revelando muita inteligência prática. No entanto, tão logo tinham que mudar para um sistema de pensamento teórico, três fatores limitavam substancialmente sua capacidade. O primeiro era uma desconfiança de premissas iniciais que não fossem oriundas de suas experiências pessoais. Isto tornava impossível que usassem tais premissas como ponto de partida. Segundo, não aceitavam tais premissas como universais. Ao invés, as viam como uma afirmação particular que refletia um fenômeno particular. E terceiro, como resultado desses dois primeiros fatores, os silogismos se desintegravam em três proposições isoladas e particulares, sem lógica unificada, e não havia canal pelo qual pudessem se integrar ao sistema. Na ausência de uma tal estrutura lógica, os sujeitos tinham que resolver os problemas através da adivinhação ou apelando para a própria experiência. Ainda que nosso grupo de camponeses iletrados pudesse usar relações lógicas de forma objetiva se pudessem basear-se na própria experiência, pudemos concluir que não haviam adquirido o silogismo como um instrumento para executar inferências lógicas.

Como em todo o resto de nossa pesquisa, a coisa mudava totalmente de figura quando dirigíamos nossa atenção; aos sujeitos instruídos, que respondiam a esses silogismos; lógicos da mesma maneira que nós responderíamos. Tiravam imediatamente a conclusão correta — e, para nós, óbvia — de cada um dos silogismos apresentados, sem qualquer relação de dependência com a certeza factual das premissas ou sua aplicabilidade à sua experiência imediata.

Descrevi brevemente aqui três tipos de experimentos, de um conjunto muito maior que empreendemos no curso de nossa expedição. Estes experimentos foram seguidos por análises cuidadosas da resolução de problemas e raciocínio, imaginação, e fantasia, e a maneira pela qual os informantes avaliavam suas próprias personalidades. Alcunhamos estas últimas observações de "experimentos anticartesianos", porque constatamos ser a autoconsciência crítica o produto final de um desenvolvimento psicológico socialmente determinado, e não seu ponto de partida, como as ideias de Descartes nos levariam a acreditar. Não vou repetir todos os detalhes desses experimentos, porque os mesmos padrões se repetiam em todos. Em todos os casos constatamos que mudanças nas formas da atividade prática, e especialmente aquela reorganização da atividade baseada na educação formal, produziram mudanças qualitativas nos processos de pensamento dos indivíduos estudados. Além disso, fomos capazes de definir que mudanças básicas na organização do pensamento podem ocorrer num tempo relativamente curto quando existem mudanças suficientemente radicais nas circunstâncias sócio-históricas, como aquelas que ocorreram após a Revolução de 1917.

5. Desenvolvimento mental em gêmeos

A ideia de estudar gêmeos fraternos ou idênticos, com vistas a separar as contribuições da hereditariedade e de ambiente no que toca alguma característica humana em particular, não se originou, de forma alguma, conosco. A época em que empreendemos esse trabalho, no início da década de 30, tínhamos intimidade com o trabalho de K. J. Holzinger, Cyril Burt e outros que haviam começado a investigar as possibilidades de exploração das origens das funções intelectuais humanas que eram inerentes à existência de gêmeos idênticos e fraternos.

A lógica deste tipo de trabalho é hoje bem familiar, de modo que um leve passar de olhos será suficiente para expor os fundamentos sobre os quais nos desenvolvemos. As comparações mais simples envolvem gêmeos idênticos e fraternos criados em casa. Nesse caso, pode-se assumir que o ambiente social dos dois membros de um par de gêmeos é mais ou menos homogêneo, ainda que entre diferentes pares possa também haver grande grau de homogeneidade ambiental, dependendo das circunstâncias de vida particulares das famílias, tais como pais instruídos ou não, ou estabelecidos na cidade ou no campo. No entanto, a similaridade biológica entre dois gêmeos na mesma família dependerá de eles serem monozigóticos (idênticos) ou heterozigóticos (fraternos). Com influências ambientais constantes, podem-se essencialmente assumir capacidades intelectuais idênticas para gêmeos idênticos, uma vez que tanto as causas ambientais como as biológicas são mais ou menos idênticas. Para gêmeos fraternos, pode-se assumir uma variabilidade maior, devida às diferenças de constituição genética. Comparações mais complexas, envolvendo gêmeos separados pouco tempo após o nascimento, o que faria variar os antecedentes ambientais de comportamento, além dos biológicos, também são possíveis, embora na prática tal trabalho seja complicado pelos muitos fatores desconhecidos que adviriam das diferenças entre os ambientes em que estão inseridas as crianças.

No início da década de 30, surgiu uma oportunidade extremamente propícia para a investigação destes assuntos, como resultado de uma pesquisa sobre genética que estava então acontecendo no Instituto Médico-Genético de Moscou. Foi proposto que estabelecêssemos um programa de pesquisa no instituto, que possuía excelentes condições de hospedagem, um ótimo programa educacional, e acesso virtualmente ilimitado a pares de gêmeos de toda a URSS.

Empreendemos esse trabalho a partir de nossa própria perspectiva teórica. A lógica da variação dos fatores ambientais e biológicos, usando gêmeos, era bem clara, mas achávamos que a pesquisa prévia havia sido seriamente prejudicada, não só pelo número limitado de sujeitos de cada um dos grupos cruciais, mas também pela fraqueza das medidas de funções intelectuais que foram usadas para avaliar as influências biológicas e ambientais. Estávamos particularmente insatisfeitos com o uso de testes padrão de QI como indicadores de desenvolvimento intelectual. Estes testes, que haviam sido desenvolvidos a partir de uma concepção puramente pragmática, voltada para a predição do desempenho escolar, nos pareciam na época, como parecem hoje, ser um meio definitivamente opaco e ateorético de observação da estrutura das funções psicológicas superiores.

Partindo dos muitos estudos-piloto dos fins da década de 20, concebemos um conjunto mais complexo de relações entre o desempenho de gêmeos fraternos e idênticos, que dependia simultaneamente da natureza da tarefa específica apresentada, das contribuições teóricas dos fatores naturais (biológicos) e ambientais (culturais) ao desempenho nas tarefas, e da idade da criança.

Os processos naturais e culturais não só advêm de fontes diversas, como mudam de maneira diversa no curso do desenvolvimento. Com o tempo, os processos naturais de uma criança mudam *quantitativamente*. Seus músculos se tornam maiores, suas estruturas cerebrais se mielinizam, seus membros mudam de tamanho; analogamente, seus processos mentais crescem em potência. Mas os princípios básicos de sua ação permanecem os mesmos. Um teste de memória, por exemplo, é um meio de medida da memória natural, porque a criança ainda simplesmente reproduziu o estímulo sem ter que mudar qualquer informação apresentada. A memória involuntária também compartilha da propriedade de que a criança não precisa fazer nada de especial para lembrar-se; o material simplesmente "imprime-se por si mesmo".

Os processos culturais, por outro lado, mudam *qualitativamente*. Tomando como exemplo novamente a memória, não se trata de um mero crescimento da capacidade natural da criança de registrar e recuperar informação; como resultado da influência crescente do meio social, ocorrem mudanças nos princípios segundo os quais a informação é registrada e recuperada. Ao invés de realizar uma lembrança natural, retendo impressões e reproduzindo-as involuntariamente, a criança aprende gradualmente a organizar sua memória e a trazê-la para o controle voluntário, através do uso das ferramentas mentais de sua cultura.

Nossa pesquisa teve como pressuposto que as contribuições genéticas ao comportamento refletir-se-iam mais diretamente naquelas tarefas que demandassem processos cognitivos naturais do que nas que evocassem processos culturalmente mediados. Partindo de nossas ideias acerca do curso do desenvolvimento dos processos naturais, supusemos a existência de uma relação estável entre a hereditariedade e tarefas cognitivas naturais, ao longo da maturação da criança. No entanto, relativamente aos processos culturais, supusemos uma relação mutante. Raciocinamos que no caso de crianças novas, nas quais os processos culturais ainda têm papel subordinado, as crianças geneticamente similares teriam o mesmo tipo de comportamento, uma vez que este estaria ainda baseado nos processos naturais. Mas, à medida que formas culturalmente determinadas de processamento de informação fossem se tornando mais e mais importantes, o ambiente da criança passaria a ter um efeito maior que o do genético sobre o comportamento. Assim, nas crianças mais velhas, um ambiente semelhante levaria a um desempenho semelhante naquelas tarefas que demandassem modos de cognição mediatos e culturalmente influenciados, mesmo se houvesse diferença genética.

A lógica de nossa abordagem exigia de nós que expuséssemos as crianças a tarefas que variassem na predominância dos processos psicológicos naturais e culturais. Também queríamos trabalhar com crianças cujas idades variassem entre o período em que os processos naturais são predominantes (5-7 anos) até o período em que os processos culturais são normalmente predominantes (11-13 anos). Finalmente, precisávamos encontrar um modo de variar os fatores genéticos, mantendo constantes os fatores ambientais. A comparação de gêmeos idênticos e fraternos parecia ser a técnica ideal.

Nossas pesquisas prévias nos ajudaram a determinar a faixa de idade que necessitávamos nas crianças. Nosso grupo mais jovem era composto por crianças de cinco a sete anos. Tínhamos conseguido identificar os primeiros estágios da emergência do processamento de informação culturalmente mediada em crianças dessa idade, especialmente em condições preparadas, mas sabíamos que era pouca a probabilidade que aplicassem processos culturais em resposta à maioria das tarefas. Nosso grupo mais velho era composto por crianças de onze a treze anos, que sabíamos que provavelmente usariam processos culturais, se a tarefa assim o permitisse. Em cada faixa de idade, tínhamos cerca de cinquenta pares de gêmeos, metade idênticos e metade fraternos.

Uma das séries experimentais consistia em três tarefas de memória, extensivamente estudadas por Leontiev em sua pesquisa sobre o desenvolvimento da memória. Na primeira tarefa, apresentávamos nove figuras geométricas para as crianças, e pedíamos a elas que reconhecessem essas figuras dentro de um grupo de trinta e quatro. Considerávamos o reconhecimento visual requerido pela tarefa um bom exemplo de memória natural e direta.

Na próxima tarefa, quinze palavras "difíceis" eram apresentadas, uma por vez, a cada sujeito. Pedíamos que se lembrasse de todas, depois da apresentação de todo o conjunto. Esta tarefa podia ser realizada de maneira simples — simplesmente recordando as palavras -, ou através do uso de processos mediados mais complexos. O sujeito podia, por exemplo, pensar numa palavra que o ajudasse a lembrar de cada uma das palavras apresentadas, ou elaborar uma imagem que o recordasse da palavra pedida. Como as palavras poderiam ser lembradas de forma direta ou mediada, acreditávamos que esta tarefa permitia tanto o processamento cultural como o natural. No entanto, a dificuldade da tarefa tornava provável que os processos naturais predominassem em todas as crianças, exceto talvez as mais velhas e intelectualmente sofisticadas.

Na terceira tarefa, pedimos a cada criança que lembrasse de um outro conjunto de quinze palavras. Quando apresentávamos cada palavra à criança, apresentávamos também uma figura que poderia ser usada como um signo auxiliar na lembrança da palavra. As figuras não estavam ligadas às palavras de maneira óbvia, de modo que a criança tinha que estabelecer laços artificiais entre as duas para que a figura se tornasse um auxílio eficiente. Como no segundo estudo, apresentamos repetidamente as palavras e suas figuras associadas até que a criança se lembrasse de todas as palavras da lista. Então, quando a criança havia memorizado todas as palavras por esse procedimento, mostrávamos as figuras uma a uma e pedíamos à criança que se recordasse da palavra que estava associada a cada uma delas.

Seria difícil constatar qualquer coisa parecida com uma mudança estrutural no procedimento de memória se tivéssemos considerado apenas uma análise quantitativa dos dados. Associados às três tarefas, havia o já conhecido aumento da quantidade de lembranças. Mas a análise qualitativa revelou alguns fatos importantes.

Percebemos que a estrutura da memória visual de figuras geométricas era tão elementar e natural no grupo mais velho quanto no mais novo. Quase nenhum de nossos sujeitos utilizou, numa proporção que fosse observável, processos indiretos ou lógicos para memorizar as figuras geométricas. Em contraste, a análise qualitativa de nossa terceira tarefa, na qual cada palavra apresentada à criança vinha acompanhada de uma figura, apresentou resultados bem diferentes. A maioria das crianças mais novas relembrava as palavras de maneira bem parecida com como lembravam-se das figuras geométricas da primeira tarefa ou das palavras apresentadas oralmente na segunda tarefa. Não conseguiam utilizar os estímulos auxiliares para construir uma conexão lógica entre a figura e a palavra a ser lembrada. Em muitos casos, a palavra memorizada era relembrada sem a presença de qualquer conexão entre ela e a figura. A criança não era capaz de fornecer qualquer informação a respeito da conexão entre a palavra relembrada e a figura que estava sendo vista. Quando questionávamos estas crianças, geralmente respondiam: "Simplesmente lembrei". Não penso que estas respostas refletiam uma carência de introspecção. A lembrança simplesmente não havia sido mediada pela figura.

Também percebemos que a figura era um esquema auxiliar de lembrança muito eficiente para algumas das crianças, não por causa de qualquer conexão lógica entre a palavra e a figura, mas pela similaridade visual. Usando a figura como uma pista para a lembrança, tais crianças não construíam uma conexão lógica, mas tentavam ver a palavra na figura. Uma criança, por exemplo, lembrou-se da palavra "sol" quando defrontada com a figura de um machado. Quando perguntamos como se lembrara da palavra, a criança apontou uma pequena mancha amarela na figura do machado e disse: "Olha o sol aqui". De uma forma ou de outra, prevaleciam os processos naturais.

Quando estudamos as características qualitativas das lembranças de crianças mais velhas, constatamos que o processo de reevocação pelo estabelecimento de similaridades entre a palavra e a figura mudava para a lembrança através da criação de conexões lógicas entre as duas. Nestas crianças, raramente encontramos uma palavra que havia sido lembrada de maneira direta ou elementar, ou por meio de uma conexão visual com a figura. Lembravam-se da palavra "sol", por exemplo, usando a figura auxiliar do machado e criando conexões lógicas como: "Trabalhamos com o machado e as faíscas brilham ao sol", ou "Um homem trabalhou corri um machado num dia ensolarado".

Estas observações confirmaram o sucesso de nossas tarefas na evocação de uma resposta cultural, mediada, em alguns casos, e a de respostas naturais e diretas em outros. Estes resultados forneceram o embasamento do próximo passo de nossa análise, que consistia em tentar demonstrar que a lembrança natural está mais intimamente relacionada à constituição genética da criança, enquanto a forma cultural está mais ligada ao ambiente.

Naqueles momentos raciocinamos da seguinte maneira: O processo natural, geneticamente determinado, deve ser semelhante em gêmeos idênticos; isto é, a diferença de desempenho de tais gêmeos deveria ser pequena. Em particular, deveria ser menor que a diferença entre gêmeos fraternos que compartilhavam de um mesmo ambiente, possuindo uma constituição genética relativamente diversa. Se chamarmos a diferença de pontos em um determinado teste de D, podemos calcular duas contagens D diferentes: D_i é a diferença de pontos entre gêmeos idênticos, e D_f a diferença entre gêmeos fraternos. Nosso raciocínio nos levava a enfocar principalmente a razão entre essas diferenças. Em particular, esperávamos encontrar $D_f > D_i$ para os processos naturais, $D_f = D_i$ para os processos culturais, uma vez que a similaridade genética não é influenciável, e o ambiente dos diferentes tipos de gêmeos devia ser igualmente suscetível a influências culturais.

Os resultados quantitativos em termos da diferença de pontos D_i e D_f para as tarefas naturais e mediadas nas duas faixas de idade foram os seguintes:

Idade	Tarefa Natural (Reconhecimento de Figura Geométrica)		Tarefa de Memória Mediada (Palavras e Figuras)	
	D_f	D_i	D_f	D_i
5 a 7 anos	18,0 > 5,4			4,4 > 1,9
11 a 13 anos	14,0 > 5,6			1,2 = 1,5

Estes resultados estavam de acordo com nossa expectativa prévia. Para. a tarefa dominada pela memória natural e direta, a similaridade dos resultados apresentados por gêmeos idênticos era quase três vezes maior que a apresentada pelos gêmeos fraternos das duas faixas etárias *(e.g., D_f > $\mathbf{D_1}$)*. Na tarefa mediada, o mesmo padrão apareceu nas crianças mais novas embora a superioridade de D_f sobre D_i fosse muito menor; mas, entre as crianças mais velhas, D_f e D_i eram quase idênticas. Este era exatamente o resultado que havíamos predito, supondo que para esta tarefa as crianças mais velhas usariam formas de lembrança mediadas e culturalmente padronizadas. Um relatório desta pesquisa foi publicado na revista americana *Character and Personality*, no final da década de 30.

Os psicólogos, na sua maioria, se interessaram por gêmeos com o objetivo de separar os processos influenciados pelo ambiente daqueles influenciados por hereditariedade, como tentamos fazer no estudo que acabei de descrever. Mas a importância dos gêmeos para a pesquisa psicológica transcende em muito esse conjunto de questões. Como os gêmeos geralmente compartilham um ambiente caseiro muito semelhante - mais que outros pares de irmãos, em função de suas idades idênticas, e pelo fato de sua semelhança física geralmente induzir os adultos a tratá-los de forma parecida - oferecem uma oportunidade muito interessante de estudar os efeitos da variedade ambiental uma vez que os psicólogos podem introduzir essa variação de maneira planejada, em contraste com o ambiente habitual pouco mutável e isso faz seus estudos de detecção de influências ambientais serem maximamente sensíveis.

V. N. Kolbanovsky, A. N. Mirenova e eu colaboramos em uma segunda série de estudos, para ver se conseguíamos projetar jogos educacionais que desenvolvessem as capacidades das crianças de engajarem-se em atividade construtiva. Optamos por concentrar nossos estudos na brincadeira construtiva porque os jogos usados para desenvolver esse tipo de atividade têm amplo uso na pré-escola. Geralmente, consistem de um conjunto de blocos de formas variadas, que a criança pode usar para construir diferentes tipos de estruturas. A maioria dos educadores concorda em que, além de representar uma boa distração, a brincadeira construtiva ajuda a desenvolver a imaginação e os processos mentais elementares da criança, e inclusive a capacidade de discriminar formas e de estimativa visual.

Começamos por levantar os materiais educacionais usados para estimular a atividade construtiva nos pré-escolares, e a maneira pela qual esse material era utilizado pelos professores. Distinguimos dois métodos principais de induzir as crianças à atividade construtiva. Pelo primeiro, os professores pediam às crianças que construíssem estruturas de blocos segundo um modelo. Às vezes, esses modelos eram desenhos de estruturas nos quais apareciam os contornos de todos os elementos necessários à construção da estrutura, de modo que a criança podia copiar o modelo juntando os blocos passo a passo. Este tipo de construção deveria ensinar a criança a perseguir metas específicas, a concentrar-se na tarefa e a analisar os padrões do modelo e discriminar suas partes componentes. No entanto, percebemos que essa tarefa raramente mobilizava a atenção dos pré-escolares. O trabalho de juntar blocos de acordo com um padrão previamente selecionado era tão maçante que muitas vezes os professores tinham que obrigar as crianças a completarem a tarefa.

Talvez como resultado das falhas desse método altamente estruturado, muitos professores permitiam às crianças que brincassem livremente com os blocos, construindo o que bem quisessem. Ao mesmo tempo em que achávamos que essa livre brincadeira poderia conduzir ao desenvolvimento da imaginação criativa da criança, duvidávamos que tivesse quaisquer outros efeitos educativos.

Na verdade, nossa análise sugeriu que tanto um como outro método tinham limitações. De nosso ponto de vista, a atividade realmente construtiva devia dar à criança uma meta cuidadosamente definida. Esta meta seria apresentada verbalmente, ou na forma de um modelo que a criança deveria copiar. Trabalhando para atingir essa meta, a criança devia ter de analisar o problema e encontrar maneiras de solucioná-lo, selecionando blocos compatíveis com as características da estrutura em questão, e rejeitando aqueles que não se encaixam na tarefa. Nenhuma das duas formas de atividade construtiva que encontramos satisfaziam a todas essas condições. Se a uma criança é dado um modelo detalhado para que ela o copie, a criança não tem que analisar o problema. Tudo que tem a fazer é selecionar os blocos que aparecem no desenho e colocá-los em seu lugar. Nada há nesta tarefa que demande raciocínio. O mais que podemos esperar é que a tarefa dê à criança a oportunidade de realizar discriminações elementares, coisa que a criança da idade em questão já realizou extensivamente.

A livre construção dá à criança uma meta muito atraente, mas não diz a ela como chegar lá. A criança tem que encontrar seu próprio caminho, selecionando os blocos e os procedimentos adequados à tarefa. Tanto a tarefa quanto os meios proporcionados para realizá-la são flexíveis. À medida que a criança constrói, a tarefa frequentemente se torna mais sutil e refinada, e novos detalhes aparecem. Devido a essas características, a construção livre geralmente interessa muito à criança e segura sua atenção por um bom tempo.

Não obstante apresente essas características positivas, a atividade de construção livre também tem uma série de falhas de um ponto de vista pedagógico. Formulando uma tarefa de construção numa situação de brincadeira livre, a criança geralmente não se preocupa se realmente vai conseguir construir a estrutura com os materiais que tem em mãos. Outra desvantagem da situação de brincadeira livre é que ela frequentemente deixa de ser uma atividade verdadeiramente construtiva para transformar-se numa brincadeira criativa *ad hoc*. Por brincadeira criativa *ad hoc* quero dizer que a criança confere significado às coisas no momento e de acordo com os propósitos da brincadeira como, por exemplo, pegando um bloco e dizendo que é um carro. Até certo ponto, esse tipo de brincadeira pode continuar sem qualquer análise das propriedades objetivas do material com que a criança está brincando. Ela pode pegar um bloco e dizer: "isto é uma árvore». Outro bloco pode ser um carro, e outro, menor, pode ser um cachorro. Usando os blocos, as crianças, em especial as de idade pré-escolar, dão livre trânsito à sua imaginação criativa. Esse tipo de brincadeira frequentemente é muito atraente, mas não desenvolve as capacidades de observação da criança ou sua capacidade de analisar os problemas e determinar os elementos e as combinações de elementos que são mais apropriados à tarefa construtiva.

Com estas restrições em mente, Mirenova e eu desenvolvemos a seguinte tarefa construtiva. Apresentávamos à criança um modelo, e pedíamos que ela o copiasse com um conjunto de blocos. Os modelos que apresentamos diferiam daqueles normalmente usados nas pré-escolas em que os contornos dos elementos individuais necessários à construção da estrutura não apareciam (ver figura). Conseguíamos isto de duas maneiras: ou dando à criança um contorno bidimensional do modelo que devia construir, ou apresentando-lhe um modelo tridimensional coberto por um papel branco grosso, de modo que o contorno geral fosse visível, mas os componentes individuais não. O modelo típico, no qual cada um dos blocos individuais da estrutura é visível, pode ser copiado pela simples comparação visual entre os blocos disponíveis e aqueles existentes na estrutura que a criança tenta copiar. Mas o modelo de contorno dava à criança uma tarefa específica, sem fornecer-lhe informação explícita de como realizá-la, uma vez que não se apresentava a ela o modo de junção dos diferentes componentes.

Um modelo com todos os elementos visíveis (à esquerda)
e outro modelo com apenas os contornos visíveis.

Em contraste com o tipo normal de tarefa construtiva, o modelo de contorno exigia que a criança descobrisse sozinha quais dos muitos blocos possíveis eram mais adequados à tarefa. Este desafio tornava o trabalho interessante e ajudava a concentrar a atenção da criança.

Nossa tarefa de construção também diferia da brincadeira livre com blocos em que mantinha a criança dentro da estrutura fornecida pelo modelo, através do qual ela podia constantemente monitorar seu progresso. Mesmo as menores discrepâncias de forma ou tamanho tornavam-se evidentes quando a criança comparava a estrutura que havia construído ao modelo. Esta exigência mantinha a criança dentro da estrutura do pensamento construtivo, e impedia uma brincadeira livre.

Sentimos que a brincadeira deste tipo desenvolveria formas complexas de atividade perceptiva na criança. Sua percepção direta e não-analítica do modelo não seria suficiente; teria que organizar sua percepção do modelo para perceber elementos e relações críticas. Tinha livre escolha para ordenar algumas partes da tarefa, mas também tinha que trabalhar sob restrições definidas.

Testamos estas ideias sobre a brincadeira construtiva em cinco pares de gêmeos idênticos que frequentavam a escola do Instituto Médico-Genético. Principiamos por conduzir alguns testes psicológicos para determinar se o desenvolvimento da percepção e da cognição dos gêmeos encontrava-se dentro dos limites normais esperados para suas idades. Também, observamos seu pensamento construtivo visual. Depois desses exames, demos aos dois grupos tarefas-controle. Em uma das tarefas-controle, pedimos à criança que construísse a partir de diagramas que mostrassem os elementos individuais de que se compunha a estrutura; em outra tarefa-modelo, pedíamos que construísse a partir de um diagrama que só exibisse o contorno geral; e na última tarefa, pedíamos que brincasse livremente com os blocos. Estas tarefas-controle nos proporcionaram uma base contra a qual pudemos posteriormente medir as mudanças psicológicas que advieram de nosso programa de treinamento.

Demos a um dos gêmeos de cada par um regime de treinamento baseado no modelo em que todos os elementos eram claramente representados. Este grupo foi designado como o "grupo de construção a partir dos elementos". Ao segundo grupo de gêmeos, demos um regime de treinamento no qual utilizávamos o modelo de contorno, no qual os elementos constituintes da estrutura não eram visíveis. A este grupo chamamos de "grupo de construção a partir do modelo".

Para assegurar que todas as crianças haviam tido a mesma quantidade de experiência com as atividades construtivas que havíamos projetado para elas, escolhemos crianças que estavam vivendo no Instituto Médico-Genético e frequentando o seu jardim de infância especial. Os dois grupos de crianças viviam em alojamentos diferentes, frequentavam jardins de infância diferentes, e só se encontravam em passeios ou momentos em que não havia brinquedos por perto. Cada grupo de crianças foi submetido a sessões de treinamento correspondente às respectivas tarefas construtivas duas vezes por dia por dois meses e meio. No total, cada gêmeo completou cerca de cinquenta sessões de construção.

No começo, ambos os grupos de crianças tinham muita dificuldade em sua atividade construtiva. Com frequência, usavam o tamanho e a forma errada de blocos, e obtinham estruturas que diferiam consideravelmente dos modelos que haviam sido oferecidos para serem copiados. Uma das principais dificuldades apresentadas pelas crianças era a escolha arbitrária de um bloco, acompanhada do anúncio que este representaria determinada característica do modelo, mas sem uma checagem que confirmasse que o bloco realmente se assemelhava à característica. Se o modelo, por exemplo, possuía um telhado pontiagudo, a criança poderia usar uma pirâmide ou dois blocos apoiados um no outro, chamando isso de telhado pontiagudo, mas sem olhar para conferir se essa construção era semelhante ao telhado pontiagudo do modelo. Como resultado as construções dás crianças com frequência tinham pouco em comum com os modelos a partir dos quais deveriam ser elaboradas. No entanto, as crianças descreviam essas estruturas como se fossem réplicas fiéis do modelo e apresentavam pouca ou nenhuma consciência das discrepâncias.

Depois de dois meses de treinamento, aplicamos a cada um dos grupos uma série de testes para determinar se os dois programas de treinamento haviam afetado diferentemente o desenvolvimento de seu pensamento visual e atividade construtiva. No primeiro teste, demos a todas as crianças um modelo a ser copiado, cujos elementos estavam ocultos como no modelo tridimensional. Constatamos que as crianças que haviam sido treinadas na construção de tais modelos construíam estruturas idênticas com muito mais frequência que aquelas crianças que construíam a partir de modelos em que todos os elementos eram representados. A princípio, seria possível que essa diferença refletisse simplesmente um efeito específico da prática. No entanto, quando apresentamos aos dois grupos novos modelos com todos os elementos representados e pedimos às crianças para copiá-los, constatamos que as crianças que haviam treinado com modelos de contorno ainda eram superiores.

O que, na prática do grupo de construção a partir de modelos, havia produzido as diferenças no comportamento das crianças? Tentamos responder a esta questão analisando os erros cometidos pelas crianças no decorrer da construção dos diferentes modelos. Constatamos que as crianças treinadas no grupo de construção a partir de modelos planejavam suas estruturas. A primeira resposta à tarefa era parar e analisar o padrão geral, enquanto as crianças treinadas no grupo de construção a partir dos elementos simplesmente lançavam-se ao trabalho. Também encontramos superioridade na maneira em que o grupo de construção a partir de modelos relacionava os elementos da estrutura ao todo; também tinham melhor articulação para descrever as diferenças entre suas estruturas e o modelo, quando chegavam a um ponto de parada. Quando as crianças do grupo de construção a partir de elementos completavam suas estruturas, frequentemente insistiam em que sua estrutura era idêntica ao do modelo, ainda que fossem aparentes as discrepâncias. Pareciam se referir ao fato de terem escolhido os elementos certos, e pareciam não perceber que esses elementos não continham a proporção correta em relação ao todo.

Depois de completarmos uma análise do desempenho das crianças nas tarefas de treinamento, imaginamos uma série de outros problemas, para tentar explorar as bases das diferenças que observamos. Uma dessas novas tarefas era apresentar à criança um modelo ao qual faltavam uma ou duas peças. As crianças do grupo de construção a partir de modelos pareciam ter pouca dificuldade para escolher os elementos certos e colocá-los nos seus lugares. Já as crianças que tinham aprendido a trabalhar com modelos que especificavam todos os elementos não conseguiam lidar com a tarefa de maneira alguma.

Este resultado nos levou a considerar a possibilidade de que o programa de treinamento do grupo de construção a partir de elementos só havia exercitado a percepção elementar das crianças, de modo que tinham dificuldade em aplicar essa capacidade perceptual a problemas mais complexos. Quando testamos a capacidade dos dois grupos de crianças de discriminarem figuras elementares, não encontramos qualquer diferença entre eles. Também testamos a capacidade das crianças de concentrarem-se, pedindo a elas que estudassem pares de blocos, com o objetivo de determinar qual deles era necessário para completar os próximos passos de uma tarefa. As crianças não apresentaram qualquer diferença no tempo que levavam para concentrarem-se.

Dessas observações, concluímos que as diferenças de desempenho no critério tarefa de construção não eram resultado de diferenças nas capacidades elementares ou na capacidade de atenção. Estavam, na verdade, ligadas à capacidade das crianças de analisarem modelos completos, obtendo seus elementos, e de relacionarem esses elementos no todo. Testamos ainda essa questão apresentando às crianças figuras complexas e pedindo que as reproduzissem de memória. As figuras eram feitas de blocos com formas irregulares que, quando colocados juntos, formavam um todo reconhecível (ver figura). Constatamos que as crianças treinadas no grupo de construção a partir de modelos conseguiam reproduzir o aspecto geral das figuras utilizando os elementos corretos, enquanto as crianças treinadas no grupo de construção a partir de elementos só conseguiam reproduzir os elementos individuais da tarefa, não tendo êxito na compreensão do todo.

Modelo de elementos com formas Irregulares

Apresentamos então às crianças aquilo que chamamos de tarefa do favo de mel (ver figura). Para realizar esta tarefa, as crianças tinham que reconhecer que o lado de cada diamante que compunha o favo de mel era também o lado do diamante adjacente. Como todas as crianças de cinco ou seis anos de idade, os gêmeos com quem estávamos trabalhando acharam esta tarefa difícil. No entanto, as crianças do grupo de modelos construtivos mostraram que eram capazes de criarem regras para reproduzirem o favo do mel, mesmo cometendo erros, enquanto as crianças do grupo de construção a partir de elementos eram completamente incapazes de resolver o problema.

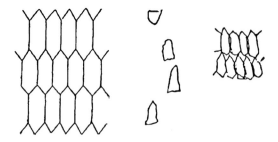

Um modelo de favo de mel (à esquerda) e as tentativas de duas crianças - com treinamento em construção a partir de elementos, a segunda com treinamento em construção a partir de modelos de contornos - de reproduzirem o favo de mel.

Para determinar quão geral era a análise da relação entre os objetos e sua configuração espacial, pedimos a cada criança que imitasse os movimentos de um experimentador colocado à sua frente. Se o experimentador levantasse sua mão direita, a criança deveria também levantar a mão direita, embora a mão que estivesse mais próxima da mão direita do cientista fosse a mão esquerda da criança. Para responder corretamente, em outras palavras, a criança teria que transpor o movimento no espaço. De maneira coerente com nossa análise, as crianças treinadas no grupo de construção a partir de modelos realizavam melhor as transposições espaciais que as crianças do grupo de construção a partir de elementos.

Finalmente, examinamos a qualidade das construções livres dos dois grupos de crianças. Constatamos que as crianças do grupo de construção a partir de elementos não haviam tido qualquer progresso em sua livre brincadeira construtiva. Com frequência se distraíam em meio à construção de alguma coisa, e embarcavam em fantasias que transformavam o significado dos elementos e da própria tarefa. As crianças do grupo de construção a partir de modelos formulavam antes um plano para a construção, e então o levavam a cabo. Achamos que isto refletia uma mudança geral em sua capacidade de planejar e executar uma tarefa construtiva. Em complementos posteriores a este trabalho, chegamos a constatar uma diferença significativa entre as crianças dos dois grupos seis meses depois. Esta pesquisa foi interessante não só por suas implicações gerais teóricas e educacionais, mas também por ter demonstrado que gêmeos idênticos eram sujeitos especialmente úteis, nos trabalhos intensivos com grupos pequenos de crianças.

A atração especial do trabalho com gêmeos levado a termo nas duas séries de estudos descritas até aqui estava nas oportunidades que esse trabalho oferecia de controle sobre as influências genéticas e ambientais do desenvolvimento intelectual. Um terceiro estudo nosso com gêmeos foi baseado na relação social especial que às vezes tem lugar entre eles e seu efeito sobre sua linguagem e subsequente desenvolvimento intelectual.

Não é incomum que pares de gêmeos passem a maior parte de seu tempo juntos. Quando eles são muito jovens, grande parte desse tempo é gasto em brincadeira semi-supervisionada; há um adulto por perto para garantir que nada de mal aconteça às crianças, mas estas ficam se divertindo sozinhas. Enquanto estão juntos, os gêmeos frequentemente desenvolvem figuras de fala que são "particulares, isto é, palavras ou frases que têm um significado especial para eles e para mais ninguém. Na sua forma mais simples, essa "fala particular" é comum em qualquer grupo social, mas geralmente é muito restrita em extensão. Ocasionalmente, no entanto, determinadas circunstâncias que contribuem para isolar ainda mais os gêmeos podem levar a uma «situação geminiana» especial, na qual as duas crianças passam a compartilhar cada vez mais dos significados de certas palavras que não possuem significado identificável para os adultos que as rodeiam.

No curso de nosso trabalho, encontramos um par de gêmeos em que essa situação era visível. Os meninos Yura e Liosha, gêmeos idênticos, possuíam uma deficiência fonética complexa. Não falaram até completarem dois anos de idade. Com dois anos e meio, as únicas palavras identificáveis que emitiam eram "mamãe" e "papai". Com quatro anos, só produziam alguns outros sons, quando brincavam juntos. Quando os meninos tinham cinco anos, proferiam algumas palavras convencionais ao falarem com adultos, mas as brincadeiras de um com o outro não envolviam muita fala, e quando falavam, os sons que proferiam (*aga, nu, ntsa, a, bulbul*) não pareciam ser guiados pela gramática, mas pela ação e pelos gestos. Alguns nomes estáveis foram detectados: as palavras que eles mesmos inventavam, ligeiramente distorcidas, como «pipi», «galinha», e um pequeno conjunto de palavras russas para objetos corriqueiros, partes do corpo, e ações elementares. Os gêmeos também entendiam a fala comum que se referia a eles. Mas quando a fala não se referia diretamente a eles, ou era gramaticalmente complicada, parecia deixá-los indiferentes.

Em casa, os gêmeos passavam a maior parte de seu tempo brincando juntos. Não se lia para eles, nem eram intelectualmente estimulados de qualquer maneira em especial. Apesar de sua fala anômala, pareciam ser intelectualmente normais. Eram matreiros, enérgicos e amistosos. Vestiam-se, comiam à mesa e ajudavam no trabalho leve da casa.

As facilidades do Instituto Médico-Genético proporcionaram uma oportunidade única de estudar estes gêmeos e a relação entre a fala e o desenvolvimento das atividades cognitivas. As crianças foram inscritas no jardim de infância residencial do Instituto e rapidamente se adaptaram ao novo ambiente. Em comparação com a de seus colegas de classe, as brincadeiras construtivas de Yura e Liosha estavam um pouco retardadas. Nunca faziam prédios ou outras estruturas complexas. Brincando com blocos maiores, passavam a maior parte do tempo atirando-os de um lado a outro da sala. Brincavam juntos a maior parte do tempo, raramente brincando ou falando com outras crianças. Quando brincavam com outros, eram geralmente jogos simples de pegador. Nunca brincavam com as outras crianças em atividades criativas, como o desenho ou a modelagem, ou em brincadeiras onde se atribuíam papéis.

Durante o período inicial em que ficaram no jardim de infância, gravamos muitos trechos de suas falas. Ainda que na época, já com cinco anos e meio, o vocabulário tivesse aumentado um pouco, suas falas eram ainda agramáticas. Nunca iniciavam uma conversa com um adulto, e as tentativas de chamá-los a conversar eram geralmente malsucedidas, embora às vezes apontassem para algum objeto mencionado ou usassem alguma palavra idiossincrática para nomeá-lo.

A fala de um com o outro era estreitamente vinculada à ação, e marcava o caráter emocional das atividades. Uma análise de suas falas ao longo de oito sessões de brincadeiras mostrou que cerca de 80% delas consistiam em frases expressivas amorfas, que eram incompreensíveis se não se pudesse ver o que as crianças estavam fazendo. Mesmo usando muitas palavras comuns, o seu significado permanecia instável, lembrando a fala de crianças normais de dois ou três anos de idade. Estas características da fala de Yura e Liosha contrastavam agudamente com a de seus colegas, que haviam progredido muito em seu domínio da gramática e da semântica da língua russa.

Com base em nossa crença que a fala é o mecanismo responsável pela construção e manutenção das atividades cognitivas mediadas e culturalmente determinadas, atribuímos o primarismo das brincadeiras dos gêmeos ao caráter de sua fala, indiferenciada e amarrada às situações concretas. Além disso, e baseados no mesmo princípio, esperávamos observar outras diferenças entre seus comportamentos e o de outras crianças. Enquanto a fala dos gêmeos permanecesse difusa e presa à ação, não serviria ao papel de regular eficientemente seu comportamento. Não usando os significados que os adultos atribuíam às palavras, eles estavam como que isolados das ferramentas de pensamento proporcionadas por sua cultura. Essa característica da fala dos gêmeos transparecia na ausência prática de fala narrativa e de fala com função planejadora, isto é, que pudesse guiar as ações das crianças. As falas planejadoras ou reguladoras mais sofisticadas que ouvimos neste período inicial consistiam em algumas frases curtas, como "Liulia (Yura), atire aqui, você aqui" e mesmo esses poucos exemplos estavam ligados ao que as crianças estavam fazendo na hora.

Quando os gêmeos já haviam se acostumado ao jardim de infância e nós já havíamos feito estas observações preliminares, empreendemos um experimento para ver se conseguíamos transformar o nível da fala deles num tempo bem curto, e assim produzir uma mudança em suas funções mentais. Começamos com um programa de dez meses durante os quais os gêmeos foram separados, o que em si já contribuiu para a quebra da "situação de gêmeos" e para a aquisição de um repertório mais amplo de fala adulta, com o desenvolvimento, paralelo das funções mentais, nas duas crianças. Além disso, demos a Yura, o gêmeo mais fraco e menos desenvolvido, um treinamento especial que havia sido projetado para ajudá-lo a discriminar e articular os sons e a dominar a fala adulta. As lições transcorriam assim: primeiro, a criança era encorajada a responder ativamente a perguntas, repetir frases complicadas e descrever figuras. Essa instrução durou três meses e, depois de uma pausa de dois meses, continuou por outros seis.

A seguir, dois exemplos desse tipo de diálogo, extraídos do começo e do fim do programa de treinamento de Yura:

INSTRUTOR	YURA
"Bom-dia, Yura".	Silenciosamente estende a mão.
"Bem bom dia, Yura".	Silêncio.
"Você veio de bonde?"	Silêncio.
'Yura veio no bonde?"	Silêncio.
'Yura veio com quem?"	Silêncio.
"Com o tio Vania?"	Balança a cabeça negativamente.
"Yura veio com quem? Com Fania Yakovlevna?	Silenciosamente diz que sim com a cabeça.
"Sim, Yura veio com a Tia Fania?"	Mesma reação.

INSTRUTOR	YURA
"O que Yura está usando hoje? Botas?" (APONTA)	Olha silenciosamente.
"O que é isto?" (Mostra uma figura).	"Um esquilo (*pelotska*, em vez de *belochka)*"
"Como você sabe que é um esquilo?"	"O rabo é peludo (*pusistyi* em vez de *pushistyf;*
"Onde ele mora?"	"A floresta".
""Na floresta?"	"Na floresta".
"Mas onde ele mora na floresta?"	Silêncio.
"Ele tem uma casa?	"Ele tem".
"Aonde?"	"Na árvore (*delevo*, em vez de *dereve)*".
"Como assim na árvore?"	"Num buraco (dilke, em vez de *dirke)*".
"Num buraco?"	Silêncio.

No primeiro destes dois exemplos; Yura respondia em silêncio ou simplesmente não respondia ao adulto. Dez meses depois, sua fala, ainda que um pouco distorcida foneticamente, havia adquirido a forma adulta, em termos da gramática, da semântica e da função.

Testamos as crianças depois de três meses e depois de dez meses de treinamento, para ver se a sua separação havia produzido mudanças na sua fala e nas suas funções mentais. Também queríamos verificar se o treinamento especial que havíamos dado a Yura havia produzido mudanças que extrapolavam a experiência de ter sido separado de seu irmão. No começo, os meninos permaneciam a maior parte do tempo em silêncio. Mas a comunicação não-verbal era inadequada para interagir com as crianças e os professores do jardim de infância, e quando os meninos começaram a participar da vida cotidiana do grupo, começaram a falar para expressar suas vontades, participar das brincadeiras e evitar a exclusão. Na época em que empreendemos a primeira avaliação sistemática do nosso programa, três meses depois do início, a fala estreitamente vinculada à ação e a fala agramatical já não eram tão frequentes quanto outras formas de fala apropriadas a crianças daquela idade. Então, embora ainda cometessem erros de gramática e pronúncia, conseguiam balbuciar frases longas, como "Eu queria uma casa, e não consegui" ou "Liosha está fazendo uma mesa".

Depois de três meses, as gravações da fala das crianças evidenciavam que ambas haviam feito grande progresso, mas que Yura havia avançado mais que Liosha. Cerca de 40% das falas dos dois tinham a função de planejar, como "Você pode nos dar os cubos?" ou "Eu vou pegar o caminhão". Mas a fala de Liosha só raramente era narrativa - isto é, ele raramente descrevia suas ações ou as dos outros - e boa parte dela era agramatical e presa às situações. A fala referente a eventos passados e futuros era praticamente inexistente. Este padrão sugeriu que o desenvolvimento da fala planejadora advém das atividades e interações que ocorrem normalmente no jardim de infância, mas o desenvolvimento da fala narrativa depende de um treinamento especial, neste estágio do desenvolvimento da linguagem da criança.

Descobrimos uma segunda diferença, mais sutil, entre as falas das duas crianças, naquela época. Ainda que ambas empregassem a fala com função planejadora em cerca de 40% das frases que gravamos, Yura tinha mais tendência a formular planos que se aplicavam a objetos e ações que estavam fora de seu ambiente mais imediato.

Depois de dez meses, constatamos que Liosha havia desenvolvido mais sua fala planejadora, mas continuava com menos capacidade de planejar coisas que não fossem imediatas.

Essa diferença também era evidente na fala narrativa dos dois gêmeos. Yura aprendeu a usar a fala narrativa antes de Liosha, mas depois de dez meses de separação, a porcentagem total de frases com fala narrativa era maior para Liosha (28%) que para Yura (21%). No entanto, mesmo aí Liosha exibia uma contínua dependência do contexto imediato. Na maior parte, sua fala narrativa descrevia suas próprias ações e percepções imediatas, em contraste com Yura, cuja narração se referia geralmente a eventos que não se ligavam à situação imediata. Partindo destas descobertas, enunciei os papéis respectivos da experiência normal e da prática especial, como se segue:

A necessidade de comunicação levava ao desenvolvimento da fala objetiva, mas um treinamento especial era necessário para que a criança trabalhasse com frases diferenciadas e bem desenvolvidas.

Examinando o desenvolvimento da capacidade dos gêmeos de entenderem a fala adulta, vimos um padrão análogo de desenvolvimento. No discurso normal, era praticamente impossível diferenciarmos os dois gêmeos, porque as circunstâncias imediatas reforçavam o significado de suas falas. Mas em entrevistas especiais constatamos que Yura tinha uma maior capacidade de analisar as construções e inflexões gramaticais complexas, que tanta importância têm em russo, enquanto seu irmão gêmeo experimentava alguma dificuldade na compreensão.

Ainda que a importância dessas mudanças na fala das crianças não fosse pequena, nossa preocupação básica era a determinação de como as mudanças na fala das crianças afetavam a estrutura de seus processos de pensamento. Em particular estávamos interessados em determinar se as mesmas mudanças qualitativas que havíamos observado nos estudos-piloto coordenados pelos estudantes de Vygotsky voltariam a ocorrer no curto intervalo de tempo de nossa intervenção experimental sobre os gêmeos. No início de nossa intervenção, os gêmeos se ocupavam com uma brincadeira primitiva, na qual atribuíam significados condicionais ou de "brincadeira" aos objetos. Mas sua brincadeira nunca integrava esses objetos a um sistema que incorporasse regras verbalmente formuladas, como "Você dirige, eu sou passageiro" ou "Vamos construir um castelo". Quando se permitiu aos gêmeos brincarem juntos depois de três meses de separação havia ocorrido mudanças notáveis na estrutura de seus jogos. Eles principiavam por escolher um projeto e formulá-lo verbalmente. O significado dos objetos não mais mudava no decurso do jogo. Enfim, o jogo tinha um objetivo escolhido de comum acordo, em direção ao qual as crianças se orientavam ao longo de sua brincadeira.

A seguir, observamos como as duas crianças construíam, com argila, objetos de sua própria escolha. Em contraste com seu comportamento anterior, ambas as crianças anunciavam o que pretendiam construir, antes de começar, e se mantinham mais ou menos fiéis ao planejado. As realizações arquitetônicas de nossos gêmeos não eram notáveis por sua beleza, mas pela preconcepção que guiava sua criação. Sendo capazes de planejar e de preconceber, as crianças se tornavam menos distraídas e mais ativamente determinadas a levar a atividade a seu termo.

Ambos os gêmeos se desenvolveram, mas haviam diferenças em seu desenvolvimento intelectual que correspondiam às diferenças linguísticas entre eles. Antes de serem separados, era Liosha quem geralmente dava início à atividade conjunta. Após a separação, ele continuava liderando as brincadeiras que se baseavam na atividade motora, mas Yura tornou-se o líder reconhecido nas atividades que envolviam a formulação verbal.

A preeminência de Yura em tais situações ficava claramente demonstrada em jogo no qual se conferiam "nomes de brincadeira" a alguns objetos, e a criança tinha que inventar uma estória usando esses objetos. Chamávamos, por exemplo, um lápis de "mamãe, um vaso de "a árvore", e uma colher de "o lobo". Fazíamos então uma pequena brincadeira envolvendo "a árvore", "o lobo" e "mamãe". Yura, utilizando o lápis, o vaso e a colher para representar os personagens da estória, imediatamente animava-se e brincava. Mas Liosha, mesmo com pistas gestuais fornecidas pelo adulto, não participava e se negava a chamar os objetos por seus nomes de brincadeira. Era simplesmente incapaz de usar a função nomeadora das palavras de maneira flexível. O conflito entre o significado das palavras e os nomes convencionais dos objetos o impedia de entrar no jogo. Liosha também tinha dificuldade para classificar objetos ou apontar os absurdos de uma figura, enquanto Yura rapidamente dominou estas tarefas. Em cada um dos casos, Yura demonstrou que havia aprendido a usar esquemas culturalmente assimilados para organizar seu pensamento, enquanto o comportamento de Liosha era semelhante ao de crianças menores. Eu poderia fornecer ainda muitos exemplos para consubstanciar estas conclusões, mas as generalizações que apresentei podem facilmente ser verificadas, pela consulta à monografia que escrevi com F. Y. Yudovich, intitulada "A Fala e o Desenvolvimento dos Processos Mentais na Criança".

6. Regulação verbal do comportamento

No final dos anos 40 e princípio dos 50, trabalhamos com o papel da fala na formação do comportamento normal em crianças novas, e na incapacidade da fala de assumir suas funções regulativas normais nas crianças retardadas. O papel da linguagem na formação e na regulação da atividade humana é um tema que me fascinou desde o princípio de minha carreira. É um tema ao qual voltei várias vezes, cada uma de forma diferente. Descrevi, ainda que de maneira breve, os experimentos que realizei na minha juventude em Kazan, que testavam o uso da sugestão verbal para afetar o tempo de reação. Naquele período de minha vida, estava interessado em modificar os estados de fadiga nos trabalhadores. Um pouco mais tarde, concebi estudos onde usávamos respostas motoras a estímulos verbais significativos para investigar a dinâmica dos complexos psicológicos ocultos. Em meados da década de 20, quando estávamos iniciando nosso trabalho clínico, Vygotsky e eu começamos a explorar as maneiras pelas quais a linguagem poderia ser utilizada para reorganizar os processos mentais de pacientes que sofriam de distúrbios neurológicos, como a doença de Parkinson, no sentido de compensar alguns dos sintomas, Na década seguinte nossos estudos se centraram no desenvolvimento dos processos mentais superiores em crianças, gêmeos em especial, e no papel da linguagem na formação destes processos.

Nos anos que se seguiram à Segunda Guerra, houve uma grande retomada do interesse pela fisiologia pavloviana, como um meio de explicação de *todas* as formas de comportamento humano e animal. Esta tendência influenciou meu trabalho por alguns anos. Os pontos fortes da fisiologia pavloviana estavam no uso extensivo que fazia de modelos de laboratório do comportamento, e as sofisticadas formas de experimentação que havia desenvolvido ao longo dos anos. Ainda que o uso que eu fazia dos modelos de laboratório tivesse muito em comum com o que faziam os da escola pavloviana, eu fazia também diversas restrições aos métodos pavlovianos, na forma como eram então aplicados. Em particular, achava que apresentavam uma explicação por demais simplificada e mecanicista do comportamento humano, que atribuía muita importância aos conceitos de reforço e condicionamento, isto é, à formação de conexões temporárias entre estímulos e respostas. Os pavlovianos mais dogmáticos aplicavam esses conceitos como se o comportamento das crianças em diversas idades representasse a mera cumulação quantitativa de princípios simples de estímulo e resposta, enquanto eu e os outros que haviam trabalhado com Vygotsky acreditávamos que o comportamento das crianças sofria mudanças qualitativas ao longo de seu desenvolvimento.

No princípio da década de 50, minha base de operações se transferiu para o Instituto de Defectologia que Vygotsky havia fundado, há muitos anos atrás. Lá iniciei uma série de experimentos, nos quais a fala da própria criança era usada para organizar movimentos simples em resposta a estímulos físicos arbitrários. Estávamos interessados no desenvolvimento da regulação verbal do comportamento. Para aumentar nosso entendimento de como a organização do comportamento nas crianças normais passa de um estado natural e imediato a outro mediado e instrumental ao longo do tempo, fizemos nossos experimentos de forma comparativa. Comparamos a influência da fala na organização do comportamento de crianças normais em diversas idades, e comparamos também o comportamento normal com o de crianças que sofriam de várias formas de retardamento mental.

Quando começamos este trabalho, o mais eminente teórico pavloviano da área, A. G. Ivanov-Smolensky, estava usando uma versão do método motor combinado que eu havia empregado em minhas primeiras pesquisas, como está resumido em *A Natureza dos Conflitos Humanos*. Ivanov-Smolensky utilizava a técnica da seguinte maneira: submetia-se uma criança a uma longa série de testes, durante os quais ela teria que aprender a apertar ou não um bulbo de borracha quando se acendesse uma luz de determinada cor. A criança, que não podia saber do que se tratava a tarefa, teria que descobri-la através do que os teóricos pavlovianos chamavam de um tipo de "reforço verbal", na forma das instruções "aperte" ou "não aperte". IvanovSmolensky fez um paralelo entre as palavras "aperte" e "não aperte" e a apresentação de comida a um cachorro em seguida a algum sinal, e ele encarava a solução deste problema por parte da criança como uma forma de condicionamento pavloviano.

Não deve surpreender a ninguém que eu tenha rejeitado esta interpretação do comportamento da criança, e não tenha ficado muito satisfeito com a maneira pela qual os experimentos eram conduzidos. Na minha opinião, os acadêmicos pavlovianos negligenciavam o fato de que todo estímulo dado a uma criança, especialmente estímulos do tipo "aperte" ou "não aperte", evocava uma generalização derivada de um conceito. Depois de um ou dois testes, a maioria dos seres humanos passariam a formular uma regra geral do tipo "Devo apertar quando surgir uma luz vermelha" ou "Não devo apertar quando a luz for verde". Se era correta minha estimativa da reação do sujeito à essa situação, a criança não estava reagindo aos reforços verbais de um experimento de condicionamento. Na verdade, estaria tentando descobrir uma estratégia geral adequada àquele experimento em particular. Acreditando que esses experimentos com reforço verbal estavam malconduzidos, decidi fazer um estudo dos mecanismos reais subjacentes à formação de tais respostas motoras.

Usando uma estrutura metodológica geral compatível com as técnicas pavlovianas, desenvolvemos um método experimental que, na minha opinião, era mais apropriado ao entendimento do sistema psicológico que estávamos estudando. Começávamos cada sessão experimental dando ao sujeito um conjunto de instruções verbais que deveriam evocar uma reação motora simples. Então, estudávamos até aonde a criança era capaz de seguir estas instruções, e as tarefas foram sendo modificadas de modo que pudemos investigar como crianças de diferentes idades ou características neurodinâmicas vinham a dominar ou não problemas deste tipo.

Descobrimos que crianças normais de dois a dois anos e meio de idade não eram capazes de seguir mesmo as instruções verbais diretas, mesmo as mais simples, se estas forem dadas antes da tarefa em si. Quando instruíamos a criança desta idade: "Quando aparecer a luz vermelha, aperte", elas reagiam livremente à instrução verbal e começavam a apertar o bulbo imediatamente, ao invés de esperar a luz vermelha aparecer. A primeira parte da instrução verbal — "Quando aparecer a luz vermelha" - evoca aquilo que nós, utilizando a terminologia pavloviana, chamávamos de "reflexo orientador". Isto é, a criança começava a procurar pela luz. A segunda parte da instrução verbal - "aperte" - evocava uma reação motora imediata, e a criança apertava o bulbo. O estímulo programado, a luz vermelha, tornava-se na verdade um fator de distração, e crianças que já haviam começado a apertar o bulbo à menção da palavra "aperte" frequentemente paravam de dar qualquer resposta quando a luz se acendia. Além disso, o comando verbal "aperte" não evocava um único aperto de bulbo, mas toda uma série de reações motoras involuntárias que só cessavam gradualmente. Mesmo a instrução negativa direta "Pare" levava frequentemente a uma excitação e a respostas motoras mais fortes e menos controladas.

A coisa começava a mudar de figura quando observamos crianças normais com idade entre três e quatro anos. Em seguida à instrução "Aperte" emitiam, se tanto, algumas respostas discrepantes. No decorrer dos experimentos mais simples, no entanto, aprendiam a ouvir as instruções e esperar pelo aparecimento de estímulo adequado. Chamamos esta capacidade de interromper uma resposta e organizá-la nos termos de uma instrução verbal preliminar de "barreira funcional". Acreditávamos que as crianças estavam verbalmente formulando uma regra geral para si mesmas, que servia como uma barreira contra a tendência de responder diretamente à instrução verbal.

Observávamos nas crianças de três a quatro anos uma clara melhora, mas a regulação verbal das respostas motoras de crianças desta idade ainda podia ser facilmente desorganizada. Para produzir tal desorganização, precisávamos mudar muito pouco as condições do experimento. Ao invés de pedir para a criança responder a rim estímulo único - apertar ou não apertar quando a luz vermelha se acendesse - pedíamos a ela que fizesse uma escolha: "Quando você vir a luz verde, não faça nada. Quando vir a luz vermelha, aperte".

Encontramos dois tipos de desorganização no desempenho de crianças de três a três anos e meio de idade, que tinham que realizar essa forma de escolha. Um grupo de crianças continuava a responder quando um estímulo negativo, a luz verde, se seguia a um estímulo positivo, a luz vermelha. Isto é, o estímulo negativo evocava uma reação motora impulsiva que poderia ser explicada, em termos pavlovianos, como uma "irradiação de excitação". Essa era outra maneira de dizer que a instrução verbal inicial não estava mais controlando as ações da criança porque a primeira parte da resposta, apertar um botão quando aparecesse a luz vermelha, se transferia para a resposta à luz verde.

Um outro grupo de crianças não emitia resposta quando a luz vermelha, o estímulo positivo, se seguia à luz verde, o estímulo negativo. Novamente, usando a terminologia pavloviana, falávamos disto como uma "irradiação de inibição", evocada pelo estímulo negativo procedente. Um fenômeno análogo aparecia quando pedíamos às crianças que reagissem com sua mão direita à luz vermelha e com a mão esquerda à luz verde. Depois de apertarem o botão com a mão direita, as crianças continuariam a usar esta mão para responderem a qualquer estímulo, mesmo tendo a mão esquerda sido especificada pelas instruções preliminares.

Nenhum destes erros ocorreu porque as crianças haviam esquecido as instruções. Depois de cada sessão experimental, pedíamos às crianças que repetissem as instruções verbais. Todas eram capazes de fazê-lo adequadamente, mesmo que fossem incapazes de realizar na prática aquilo que sabiam que deviam fazer. O comportamento das crianças normais só começava a cair sobre o controle verbal com uma idade de quatro anos. Com seis anos, não tinham mais qualquer dificuldade na realização deste tipo de tarefa. Só erravam se pedíssemos a elas que reagissem o mais rápido possível, ou quando surgia a fadiga. Em termos pavlovianos, resumimos este padrão de mudanças, relacionadas ao aumento de idade, nas respostas a instruções verbais, falando do desenvolvimento gradual da seletividade e da plasticidade dos processos nervosos. Dentro do *corpus* teórico desenvolvido por Vygotsky, falamos da formação gradual de modelos complexos de programas de comportamento motor verbalmente controlados.

Quando começamos a conduzir experimentos semelhantes com crianças deficientes mentais, constatamos que com uma idade de sete anos, idade com que as crianças russas normalmente não conseguiam seguir as instruções diretas das mais simples. Se empregássemos nosso experimento de estímulo único, em que as crianças tinham que apertar ou não um bulbo ao acender-se uma única luz, a apresentação das palavras "Quando aparecer a luz vermelha" fazia as crianças começarem a procurar pela luz, enquanto a instrução "aperte" evocava uma resposta motora imediata, e elas apertavam o bulbo. Cada segmento dessas instruções evocava uma resposta motora ou orientadora distinta. Na verdade, os impulsos motores descontrolados evocados pela palavra "aperte" frequentemente não cessavam até que fosse enunciada a ordem «Pare». Em alguns casos, este segundo comando aumentava a excitação do sistema motor da criança e ela respondia mais intensivamente.

Estas crianças deficientes eram completamente incapazes de criar os programas mais complexos de comportamento exigidos pela segunda tarefa, na qual a criança tinha de escolher entre responder ou não. Não conseguiam mudar da resposta motora negativa para a positiva ou vice-versa, e continuavam reagindo ao segundo estímulo da mesma maneira que haviam reagido ao primeiro. Assim, se a luz vermelha positiva se acendesse depois de uma luz verde negativa, elas continuariam não respondendo. Na situação em que se pedia que trocassem de mãos quando mudasse a luz, continuariam usando a mesma mão com que tinham começado. *As* crianças deficientes mais brandas eram capazes de responder corretamente à versão mais simples deste tipo de problema. Seus sintomas às vezes não eram tão claros, e só apareciam nas versões mais complexas da tarefa.

A explicação destes fenômenos numa estrutura conceituai pavloviana não era tarefa fácil. À primeira vista, eram aparentes duas possibilidades. Talvez as dificuldades da criança fossem causadas por um desbalanço entre excitação e inibição, ou talvez fossem causadas por uma plasticidade insuficiente dos processos nervosos. Estas explicações surgiram ligadas aos conceitos fisiológicos pavlovianos, mas a terminologia não deve obscurecer as ideias centrais. Falando de um balanço entre os processos de excitação e inibição, os psicofisiologistas se referiam à possibilidade de que o sistema nervoso possuísse uma inclinação geral, de modo que a excitação ou a inibição poderiam tender a ser dominantes. Se a inibição fosse dominante, a criança rapidamente se fatigaria e seria incapaz de responder; se, ao contrário, prevalecesse a excitação, a criança responderia excessivamente às instruções verbais.

Ainda que na nossa opinião a noção de que o retardamento mental é causado por um desbalanço entre os processos neurais excitatórios e inibitórios não explique os fenômenos que observamos, não poderíamos excluir a possibilidade de ser um fator. Havia já muito tempo, Pavlov havia descrito o desbalanço entre excitação e inibição como um sintoma básico da neurose, e esse fenômeno havia sido estudado por B. M. Teplov e V. D. Nebylitsen em uma série de experimentos. Sua aplicabilidade ao fenômeno do retardamento mental e comportamental de crianças imaturas era, no começo deste trabalho, uma possibilidade significativa.

Das duas explicações, preferíamos aquela que se concentrava na falta de plasticidade e na inércia dos processos neurais das crianças deficientes. Como sabem os professores experientes de crianças retardadas, a mudança de uma lição para outra não é fácil para elas. Depois de uma hora de soletração, as crianças deficientes frequentemente continuam a soletrar mesmo que o assunto mude para aritmética. Pensamos que a mesma explicação pudesse se aplicar aos nossos experimentos. Ao contrário de muitos fisiologistas pavlovianos dogmáticos, no entanto, que pensavam que a combinação de uma falta de plasticidade e de um desbalanço entre os processos excitatórios e inibitórios explicaria o retardamento mental, nós achávamos que essa explicação era insuficiente, e que se fazia necessária uma abordagem mais sofisticada do problema.

Como se pôde prever, usamos a linha de raciocínio adiantada por Vygotsky para discriminar entre as diferentes formas de retardamento comportamental e para constituir um base mais firme para os experimentos sobre os princípios neurodinâmicos do retardamento. A distinção primária era entre um comportamento organizado com base em processos superiores e mediados e um comportamento baseado em processos naturais. Reconhecemos que, ao mesmo tempo em que era possível que os mecanismos neurodinâmicos postulados pela teoria pavloviana, tais como a interação entre excitação e inibição, operassem igualmente nos dois níveis, também era possível que uma condição patológica estivesse presente predominantemente no nível superior ou no inferior de organização. Segundo nossa hipótese, nos casos onde o nível inferior era afetado, seria possível compensar as dificuldades através de mudanças na organização da atividade pelo uso dos níveis superiores, preservados da deficiência. Em outros casos, poderíamos supor que a situação psicofisiológica fosse oposta. O nível superior da organização do comportamento estaria comprometido, e não poderia ser usado para compensar defeitos de comportamento. Em tais casos, só uma compensação que fizesse uso das funções inferiores teria chance de obter sucesso. Para confirmar esta hipótese, necessitávamos de técnicas que nos permitissem estudar as características neurodinâmicas de comportamento de crianças, tanto no que se referia ao nível superior quanto no inferior.

Ainda que nossa abordagem tivesse consistência teórica, obter uma prova disso não seria tarefa fácil. A unidade dos níveis superior e inferior no ser humano não permite uma completa separação dos dois níveis. Na verdade, tínhamos que nos contentar com a construção de situações experimentais que nos permitissem variar a importância relativa dos dois níveis na execução de uma determinada tarefa.

Minha colaboradora E. D. Homskaya e eu usamos o método motor combinado numa série de três experimentos, para estudar as funções diretoras da fala sobre os processos motores e verbais. Pelo uso de respostas verbais em uma situação e respostas motoras em outra, esperávamos atingir a almejada diferenciação entre os níveis de organização do comportamento. Em uma das situações, as crianças eram instruídas a responder a uma instrução verbal com uma resposta motora simples, apertando um aparelho de gravação, como nos estudos anteriores. Na segunda situação, deveriam responder falando a palavra "sim" ao estímulo vermelho e a palavra "não" ao estímulo verde. Comparando as respostas das crianças nestas duas modalidades, podíamos ver se havia diferenças de plasticidade do sistema nervoso no nível superior, verbal, do comportamento, e no nível inferior, motor. Numa terceira situação experimental, as respostas verbais e motoras eram combinadas: as crianças tinham de dizer "sim" e apertar simultaneamente o aparelho, ou dizer "não" e também não o apertar.

As consequências psicológicas exatas de cada uma dessas tarefas tinham de ser cuidadosamente analisadas.

Na primeira situação experimental, onde só se demandavam reações motoras, a criança precisava possuir uma relação balanceada entre os processos excitatórios e inibitórios do sistema motor e um altor grau de plasticidade deste mesmo sistema para obter sucesso. Quando só era demandada uma reação verbal, a plasticidade e o balanço excitação-inibição do sistema motor se faziam irrelevantes. A reação esperada só seria afetada por distúrbios do nível superior, no qual é organizado o comportamento verbal. O último arranjo experimental era claramente mais complexo.

Para lidar adequadamente com aquele problema, a criança teria de estabelecer um sistema funcional que coordenasse os componentes verbal e motor. Se esse sistema funcional não se formasse, os componentes verbais e motores não representariam mais que ações paralelas, e seria possível que interferissem um com o outro.

Constatamos que as crianças normais de dois a dois anos e meio de idade eram incapazes de responder adequadamente a qualquer uma destas situações experimentais. A excitação de seus impulsos motores era tão generalizada que elas não conseguiam realizar o programa de atividade motora. Também suas reações verbais eram desorganizadas. Repetiam as palavras "sim, sim" ou "não, não" de forma inercial, dependendo de qual fosse o primeiro estímulo. E era para elas totalmente impossível combinar as respostas verbais e motoras. Via de regra, estas ações inibiam uma à outra.

Apresso-me a assinalar que uma criança de dois anos não exibirá um comportamento inercial se suas ações tiverem significado para ela e forem substanciadas por uma experiência prévia relevante. Se essa criança estender a mão para apanhar uma bala, não continuará com a mão estendida uma vez que tenha conseguido o que queria. Mas sob as condições artificiais de um laboratório, quando o apertar de um botão e o dizer "sim" não são acompanhados por uma recompensa imediata e ocorrem em resposta a uma instrução verbal arbitrária, existe uma certa inércia dos sistemas motor e verbal.

Quando crianças de três a três anos e meio são sujeitos destes experimentos, a coisa muda de figura. Nesta idade, o sistema motor da criança na situação artificial de laboratório torna-se mais plástico e perde algo de sua antiga inércia. Também o sistema verbal começa a tornar-se mais flexível. A criança que respondeu "sim" ou "não" aos estímulos condicionantes não fica mais repetindo essas palavras. De maneira geral, a combinação das respostas verbais e motoras melhora só um pouco o desempenho do componente motor da tarefa. Em alguns casos, observamos uma melhora clara no desempenho da criança quando estes dois modos de resposta eram combinados. Ao falar "sim" ou dando a si mesma o comando "vai", as respostas motoras da criança começam a ser mais organizadas e controladas, e ela supera a inércia que era típica de suas respostas motoras numa idade anterior.

Observamos um fenômeno notável nas crianças de três anos e meio a quatro anos de idade. Ainda que o dizer "sim" e apertar um botão seja uma resposta dupla, os dois componentes compartilham de uma mesma direção positiva. Tanto o sistema de resposta verbal quanto o motor estão excitados. Mas quando uma criança tem que dizer "não" ou "pare" e bloquear simultaneamente uma resposta motora, a excitação do sistema verbal é positiva, enquanto o significado é negativo. Uma vez que toda resposta vocal tende a produzir uma resposta motora, mesmo que o significado da resposta "não" seja negativo, um conflito psicofisiológico é evocado pelo uso do negativo. Notamos um certo grau de dissociação entre as reações verbais e motoras durante esse período de transição que vai dos três anos e meio aos quatro anos de idade. Quando falava "não", a criança frequentemente deixava de inibir seus movimentos e apertava o botão. Quando a criança já é alguns meses mais velha, ou se instituirmos um treinamento especial que enfatize o significado da resposta verbal através de reforços explícitos, forma-se um novo sistema funcional que passa a regular as reações motoras da criança. Sua atividade motora cai sob o controle do significado das palavras, e não mais constitui a resposta primária ao mero som produzido pela fala. Vi este resultado como uma indicação de que havíamos criado um modelo de como a linguagem da criança passa a controlar seu comportamento sob condições especiais de laboratório.

Esta transição de respostas impulsivas para respostas controladas pelo significado de uma palavra emitida ocorria em algum ponto entre as idades de três anos e meio a quatro anos, ainda que a época precisa variasse muito, dependendo das características mais sutis do experimento e da criança em particular com que ele se realizava. É difícil especificar quando e sob quais condições este sistema funcional recém-organizado pode ser observado, porque ele é, de início, muito frágil. Numerosos estudos, conduzidos em muitos países, têm confirmado ou refutado nossos resultados. Estas discrepâncias só podem ser explicadas por uma cuidadosa análise. Neste tipo de experimento, que utiliza crianças de três anos e meio a quatro anos de idade, mesmo as mais sutis diferenças na morfologia das respostas verbais, como por exemplo entre as instruções "vai" e "não" ou "aperte" e "não aperte", podem ser importantes. Mas o ponto essencial é que cada conjunto de deficiências pode ser observado num período específico do desenvolvimento da criança, e desaparecerá nos períodos subsequentes. Na minha maneira de ver, o fator importante é a sequência de mudanças, e não a idade precisa em que aparece o novo sistema funcional. Novamente, é importante enfatizar que estes experimentos não são mais que modelos experimentais de laboratório do desenvolvimento do controle no comportamento da criança.

Quando realizamos este trabalho, sabíamos que os especialistas faziam uma distinção entre duas formas básicas de retardamento mental, excluindo-se aquele retardamento provocado por lesões cerebrais localizadas e o grupo, ainda hoje obscuro, dos "distúrbios cerebrais mínimos". Chamávamos um dos tipos de "astenia geral". Este tipo de retardamento é geralmente causado por subnutrição ou algumas doenças somáticas. A outra forma é a deficiência mental verdadeira, e é causada pela intoxicação cerebral intrauterina, traumas congênitos e, em alguns casos, fatores genotípicos. Como os dois tipos de retardamento frequentemente apresentam sintomas comuns, a distinção entre eles não é tarefa fácil. Tentamos usar nossa categorização geral do desenvolvimento da auto regulação verbal como um meio de diagnosticar as duas formas. Pela nossa hipótese, no retardamento associado com a astenia geral os sintomas do distúrbio seriam resultado de uma disfunção dos processos somáticos, inferiores. Se fosse este o caso, as características neurodinâmicas associadas à excitação e inibição do sistema motor seriam mais deficientes que aquelas ligadas ao sistema verbal, superior. Decorreria disto que o sistema verbal, mais preservado, poderia ser usado para ajudar a superação das insuficiências neurodinâmicas do sistema motor.

A situação seria diferente para as crianças que sofressem de uma deficiência essencial. Nossa hipótese era que suas funções superiores, incluindo seu sistema verbal, seriam mais afetadas que as funções inferiores. Assim, a fala destas crianças seria de pouca valia na reorganização de seu comportamento ou para compensar alguns de seus defeitos.

Nosso trabalho com essa diagnose diferencial começou no princípio dos anos 50 e levou muitos anos para ser terminado. Está resumido numa monografia de dois volumes, *Problemas da Atividade Nervosa Superior de Crianças Normais e Anormais,* publicada em russo em 1956 e 1958. (Condensações deste trabalho, em inglês, aparecem em A. R. Luria, *The Role of Speech in The Regulation of Normal and Anormal Behaviour* (Pergamon Press, 1960). Neste trabalho, E. D. Homskaya demonstrou que as crianças com síndromes astênicas apresentavam grande dificuldade para dar respostas motoras a instruções verbais, mas o mesmo não ocorria quando tinham de apresentar apenas uma resposta verbal. Respondiam "sim" ou "não" de maneira adequada, mas reagiam excessivamente quando se pedia que fizessem um movimento em resposta a uma luz. Não respondiam se um estímulo positivo se segue a um negativo. Também demonstravam inércia após o estímulo positivo, continuando a responder mesmo depois de apresentado um estímulo negativo. Como seus defeitos estavam localizados no sistema motor, nossa hipótese era que seria possível utilizar o sistema verbal para trazer o sistema motor sob seu controle.

Estávamos certos. Constatamos que a combinação de respostas verbais e motoras fazia com que as crianças que sofriam de uma superexcitação passassem a responder mais regular e adequadamente às instruções. Cessaram totalmente de responder impulsivamente aos estímulos negativos. E as crianças de comportamento inerte começaram, com a ajuda de suas próprias respostas verbais, a obter respostas motoras estáveis aos estímulos positivos.

Já nosso estudo de crianças verdadeiramente deficientes produziu resultados completamente diferentes. Os membros de nosso grupo de pesquisa, incluindo o Dr. A. I. Meshcheriakov, Dr. V. I. Lubovsky e o Dr. E. N. Martsinovskaya, demonstraram que os distúrbios neurodinâmicos dos processos verbais dessas crianças eram muito mais pronunciados que os distúrbios motores. As dificuldades que havíamos associado a um desbalanço entre os processos excitatórios e inibitórios ou ao problema da inércia patológica apareciam igualmente nos sistemas verbal e motor, e podíamos prever com certeza que uma combinação de respostas verbais e motoras não melhoraria o desempenho das crianças com deficiência verdadeira.

Todas estas observações foram feitas sob condições artificiais de laboratório. São úteis, tanto como modelos experimentais do desenvolvimento do comportamento verbalmente controlado, quanto como auxílios de diagnóstico, mas não devem ser super generalizadas. Para estabelecer a generalidade das leis, sabíamos que tínhamos que investigar o comportamento natural das crianças para entender as distorções que as condições de laboratório podiam ter introduzido. No final da década de 50, conduzimos uma série de observações em berçários.

De maneira geral, constatamos que crianças de um ano a um ano e meio de idade são incapazes de seguir instruções verbais que não estejam ligadas à alimentação. E mesmo nesta situação, não é o significado da palavra, mas a entonação do estímulo e sua colocação na situação como um todo que tem o principal papel de regulação do comportamento da criança. O comportamento de uma criança que engatinha no chão é quase totalmente determinado por suas reações orientadoras às características físicas dos comandos, independentemente das instruções verbais. Podemos observar este mesmo fenômeno numa criança que está sentada a uma mesa onde existem vários brinquedos. A instrução verbal "Por favor me dê o peixe" pode até dar início a uma reação, mas ainda não programa o comportamento da criança. Os olhos da criança podem se voltar para o peixe, e sua mão pode esboçar um movimento em direção a ele, mas tanto os olhos quanto as mãos facilmente se desviam do objeto mencionado. A criança, quando se orienta, é atraída por objetos mais próximos, mais brilhantes, mais novos ou mais interessantes. O objeto mencionado só se tornará atraente para a criança se for separado dos outros e movimentado. Em suma, a criança está sob o controle das características físicas da situação. Na verdade, estávamos procurando maneiras de descrever como uma instrução verbal entra em conflito com a influência do ambiente físico imediato, nas crianças muito novas, e vem finalmente a dominá-lo.

Nossos experimentos eram de fato muito simples. Dois objetos, um copo de madeira e uma pequena taça de madeira, eram colocados sobre uma mesa. Colocava-se uma moeda dentro do copo, sob o olhar da criança. "Onde está a moeda?" - instruíamos a criança a encontrá-la. As crianças mais novas, de um ano e um ano e meio de idade, movimentavam a mão em direção ao copo, mas sua resposta orientadora ainda era tão forte que geralmente agarravam o copo e a taça ao mesmo tempo. Só um pouco mais tarde as crianças pegavam o copo e achavam a moeda. As instruções verbais só se tornavam decisivas quando a criança já tinha cerca de dois anos de idade.

Depois, quisemos saber se aquelas crianças que haviam obedecido à instrução continuariam a lembrar-se dela após um certo lapso, e se ela ainda controlaria seu comportamento. Introduzimos uma pausa de dez a quinze segundos entre o momento em que colocávamos a moeda no copo e pedíamos para a criança encontrá-la e o momento em que liberávamos a criança para começar sua procura. Constatamos que as crianças mais novas eram completamente incapazes de realizar a tarefa. Mesmo que conseguissem seguir a instrução verbal imediatamente, esta perdia sua função de controle se houvesse uma pausa, e as crianças pegariam os dois objetos de uma vez. As crianças um pouquinho mais velhas eram capazes de manter o controle sobre seu comportamento apesar da pausa.

Em ambos os casos, nossas observações lidavam com uma combinação de comandos verbais e estímulos imediatos: a criança via a moeda ser colocada no copo e ouvia a instrução. O que aconteceria se isolássemos os dois fatores um do outro? Poderia a criança seguir o comando verbal se não fosse suplementado pelo estímulo visual? Foi colocada uma tela entre a criança e os objetos sobre a mesa, de maneira que a criança não podia ver aonde era colocada a moeda. Então era dado o comando: "A moeda está no copo. Por favor, encontre a moeda".

As crianças de um ano e meio a três anos que haviam facilmente realizado a tarefa da série anterior eram incapazes de seguir o comando verbal "puro" desacompanhado do estímulo visual. Tornavam-se confusas e frequentemente pegavam o copo e a taça. O comando verbal puro assumia uma função de controle por volta de uma idade de três anos e meio.

Depois de passar os olhos pelos primeiros estágios da maneira pela qual os comandos verbais assumem funções de controle, queríamos investigar a estabilidade dessa função. Fizemo-lo de duas maneiras. Primeiro, criamos uma situação em que o comando verbal entrava em conflito com a experiência prévia da criança. A seguir, criamos uma situação em que o comando verbal conflitava com a informação imediata do ambiente visual. Para criar o primeiro tipo de conflito, colocava-se a moeda no copo umas três ou quatro vezes, para criar na criança um conjunto de expectativas. Então quebrava-se o padrão e a moeda era colocada na taça. Esta complicação fez com que as crianças que haviam conseguido seguir os comandos verbais da primeira fase se tornassem incapazes de fazê-lo, tanto na série em que havia o auxílio visual quanto na série em que era introduzida a tela. Agora, as crianças continuavam a agarrar o copo. Só depois de alguns meses foram capazes de superar essa complicação e completar a tarefa.

O segundo tipo de conflito que introduzimos veio a ser ainda mais complicado. Instruíamos a crianças de dois anos e meio a três anos de idade: "Se eu levantar meu punho, você levanta seu dedo: ou "Se eu levantar meu dedo você levanta seu punho". As crianças mais novas tinham dificuldade em repetir estas instruções, e algumas vezes simplificavam-nas. As crianças de três a três anos e meio não viam dificuldade nesta parte da tarefa. Mas quando as crianças tentavam seguir os comandos, passavam por maus bocados. Observando o punho do experimentador, a criança imitá-lo-ia, deixando de seguir a instrução verbal. Não demonstravam estar cientes de que havia uma discrepância entre o que estavam fazendo e as instruções verbais. As crianças mais velhas, no entanto, apresentavam alguns sinais de conflito. Em resposta ao punho do experimentador, levantavam corretamente seus dedos, demonstravam dúvida, e substituíam seus dedos por seus punhos. Só depois de alguns meses, quando as crianças já tinham quatro anos ou mais, conseguiam seguir instruções verbais que entravam em conflito com o que viam.

Tenho consciência de que este trabalho não constituiu mais que uma série de estudos-piloto, e que observações extensivas ainda precisam ser feitas. Mesmo assim, uma estratégia que combina modelos artificiais de laboratório com observações mais naturais e com *quasi-experimentos é extremamente frutífera.*

7. Distúrbio de funções cerebrais

Tínhamos duas estratégias para descobrir e descrever a natureza das funções psicológicas superiores. A primeira era acompanhar seu desenvolvimento; e a segunda era acompanhar o curso de sua dissolução sob condições de lesão cerebral localizada. Em meados da década de 20, Vygotsky sugeriu pela primeira vez que uma investigação de lesões cerebrais localizadas poderia se constituir num caminho para a análise da estrutura cerebral e de desenvolvimento dos processos psicológicos superiores. Naquela época, nem a estrutura destes processos nem a organização funcional do cérebro estavam muito claras.

Prevaleciam, então dois princípios diametralmente opostos de explicação de funcionamento do cérebro. De um lado, tínhamos os teóricos da localização, que tentavam relacionar cada função mental a uma área cortical específica; e de outro, os teóricos holísticos, que defendiam que cérebro funciona como um todo para produzir as funções psicológicas expressas pelo comportamento. De acordo com esta visão, era a quantidade de tecido cerebral lesado, e não a localização da lesão, que determinava a natureza dos efeitos resultantes.

A investigação científica de distúrbios dos processos mentais complexos começou em 1861, quando o anatomista francês Paul Broca descreveu o cérebro de um paciente que, por muitos anos, havia sido confinado no Hospital Salpêtrière por ser incapaz de falar, apesar de conseguir entender a fala. Quando o paciente faleceu, Broca conseguiu obter uma informação muito precisa acerca da área de seu cérebro que estava lesada. Broca foi o primeiro a demonstrar a produção da fala, isto é, as coordenações motoras que produzem a fala, estão associadas a uma região localizada do cérebro - mais especificamente, o terço posterior do giro frontal inferior esquerdo. Broca postulou ser este o "centro de imagens motoras das palavras" e que uma lesão nesta região levaria a uma perda específica da fala expressiva, que ele originalmente chamou de "afemia", mas que veio a ser conhecida depois por "afasia", termo usado até hoje. Esta foi a primeira vez que uma função mental complexa, como a fala, foi localizada com base em observação clínica. Ao mesmo tempo foi primeira descrição da grande diferença existente entre as funções do hemisfério direito e do hemisfério esquerdo do cérebro.

As descobertas de Broca foram seguidas pelas de Carl Wernicke, um psiquiatra alemão. Em 1873, Wernicke publicou descrições de casos em que lesões do terço posterior do giro temporal superior esquerdo resultavam na perda da capacidade de entendimento da fala audível. Afirmou ter encontrado o "Centro de imagens sensoriais das palavras", ou o centro do entendimento da fala.

A descoberta de que uma forma complexa de atividade mental pode ser vista como função de uma área localizada do cérebro causou um entusiasmo nunca antes visto nas ciências neurológicas. Em pouco tempo, foram encontrados muitos outros centros de funções intelectuais, incluindo um "centro dos conceitos" na região parietal inferior esquerda e um "centro da escrita" na parte posterior do giro frontal médio esquerdo. Na década de 1880, os neurologistas e psiquiatras eram capazes de organizar "mapas funcionais" do córtex cerebral. Achavam que haviam resolvido o problema da relação entre a estrutura cerebral e a atividade mental. Esse tipo de pesquisa persistiu até a década de 30.

Desde o começo, alguns cientistas reprovaram este tipo de teoria. Proeminente entre eles era o neurologista inglês

Hughlings Jackson. Sustentava que a organização cerebral dos processos mentais diferia de acordo com a complexidade do processo em questão, e com a representação cerebral do processamento desta complexidade.

As ideias de Jackson vinham de observações que pareciam desafiar a teoria da localização proposta por Broca. Em estudos de distúrbios motores e da fala, Jackson notou que lesões de uma área em particular nunca causavam uma perda completa da função. Ocorria um paradoxo: algumas vezes o paciente se movia ou falava de maneira que, sob o prisma da localização estrita, seria impossível.

Por exemplo, o paciente poderia ser instruído; "Diga a palavra NÃO", e não conseguiria fazê-lo. Mas um pouco depois, na mesma entrevista, o paciente poderia, em resposta a um pedido diferente, dizer: "Não, doutor, não posso fazer isso".

Jackson resolvia paradoxos deste tipo, em que "não" é ao mesmo tempo possível e impossível, sugerindo que todas as funções psicológicas têm uma complexa organização "vertical". Cada função tem uma representação num nível "inferior" na medula espinal ou no tronco cerebral; está também representada num nível "médio" ou motossensorial do córtex, e tem finalmente uma representação num nível "superior", presumivelmente nos lobos frontais.

Advogava um estudo cuidadoso do nível em que uma determinada função era realizada, e não sua localização em áreas particulares do cérebro.

A hipótese de Jackson, que teve grande influência sobre nosso trabalho, não foi retomada e desenvolvida senão cinquenta anos depois, quando voltou à cena nos escritos de neurologistas como Anton Pick (1905), von Monakow (1914), Henry Head (1926) e Kurt Goldstein (1927, 1944, 1948). Sem negar que as "funções" psicológicas elementares, como a visão, audição, o tato e o movimento fossem representados em áreas bem definidas do córtex, estes neurologistas expressaram dúvidas acerca da aplicabilidade do princípio da localização estrita aos mecanismos cerebrais das formas complexas de atividade mental humana. No entanto, esquecendo os ensinamentos de Jackson, abordavam a atividade mental complexa a partir de um ponto de vista diametralmente oposto aos dos localizacionistas estritos. Referindo-se ao caráter complexo da atividade mental humana, Monakow tentou descrever suas características específicas com um termo tão vago quanto "caráter semântico do comportamento"; Goldstein falava de "conjuntos abstratos" e de "comportamento categórico" para expressar a mesma ideia. Ou postulavam que os processos mentais complexos - que eles denominaram "semânticos" ou "comportamento categórico" - eram resultado da atividade do cérebro como um todo, ou divorciavam completamente os processos complexos da estrutura cerebral, enfatizando sua "natureza espiritual".

De nosso ponto de vista, nenhuma dessas duas posições parecia oferecer uma boa base para nossa pesquisa científica. Rejeitávamos as teorias holísticas porque considerávamos absurda a manutenção de uma separação obsoleta entre "vida espiritual" e cérebro, e a negação da possibilidade de descoberta da base material da mente. As ideias acríticas do "potencial de massa" traziam novamente à tona a noção, para nós inaceitável, do cérebro como uma massa nervosa primitiva e indiferenciada. As razões pelas quais rejeitamos a ideia da localização estrita só surgiram depois de muitos anos de trabalho, e são um pouco mais complicadas.

A maioria dos investigadores que estudaram o problema da localização cortical entenderam o significado do termo *Junção* como "a função de um tecido em particular". E, por exemplo, perfeitamente natural que consideremos que a secreção de bile é uma função do fígado, e a secreção de insulina uma função do pâncreas. Também é lógico considerar a percepção da luz como função dos elementos fotossensíveis da retina e dos neurônios altamente especializados do córtex visual. Essa definição, no entanto, não abarca todos os usos do termo *função*.

Quando falamos da "função de respiração", obviamente não podemos considerá-la como função de um tecido em particular. O objetivo último da respiração é suprir de oxigênio os alvéolos pulmonares, difundi-lo através das paredes dos alvéolos, fazendo-o chegar ao sangue. O processo como um todo não é realizado como função simples de um tecido em particular, mas como um sistema funcional completo, abarcando muitos componentes pertencentes a diferentes níveis dos sistemas secretor, locomotor e nervoso. Tal "sistema funcional" - termo introduzido e desenvolvido por P. K. Anokhin em 1935 - difere dos outros não só na complexidade de sua estrutura, mas também na mobilidade de suas partes componentes. A função original da respiração - restauração da homeostase - e seu resultado final - o transporte de oxigênio até os alvéolos pulmonares e sua absorção pela corrente sanguínea - obviamente permanecem constantes. O modo pelo qual esta tarefa é realizada, no entanto, pode variar consideravelmente. Por exemplo, se o diafragma, o principal grupo muscular envolvido na respiração, deixa de atuar, entram em ação os músculos intercostais, e se por alguma razão estes músculos não funcionarem, são mobilizados os músculos da laringe, e a pessoa ou animal passará então a engolir o ar, que atingirá os alvéolos pulmonares por um caminho totalmente diferente. A presença de uma tarefa invariável, realizada por mecanismos variáveis, que levam o processo a uma conclusão sempre constante, é uma das características básicas que distinguem o funcionamento de qualquer "sistema funcional".

A segunda característica distintiva do sistema funcional é sua composição complexa, que sempre inclui uma série de impulsos aferentes (de ajuste) e eferentes (executivos). Esta combinação pode ser ilustrada por uma referência à função do movimento, que foi analisada em detalhe pelo matemático e fisiologista soviético N. A. Bernshtein. Os movimentos de uma pessoa que pretende modificar sua posição no espaço, acertar um alvo ou realizar alguma ação nunca acontecem simplesmente por meio de impulsos eferentes, motores. Como o aparelho locomotor, com suas articulações móveis, pode ter graus maiores ou menores de liberdade conforme diferentes grupos de articulações participem da execução do movimento, e como cada novo estágio do movimento muda o tônus inicial dos músculos, o movimento é, em princípio, impossível de ser controlado apenas por impulsos eferentes. Para que um movimento ocorra, é necessário que seja constantemente corrigido por impulsos aferentes, que fornecem informação acerca da posição do membro no espaço e da mudança no tônus muscular. Esta estrutura complexa de locomoção é necessária para satisfazer as condições fundamentais, preservando a invariabilidade da tarefa e de seu desempenho, através de meios cambiantes. É aparente que todo movimento tem o caráter de sistema funcional complexo e que os elementos que o realizam podem ser modificados, porque o mesmo resultado pode ser obtido por métodos diferentes.

Nos experimentos de Walter Hunter, um rato num labirinto atingia seu objetivo tomando um certo caminho, mas quando um dos elementos do labirinto foi substituído por água, o rato atingiu seu objetivo com movimentos natatórios. Em algumas das observações de Karl Lashley, um rato, treinado para executar um determinado padrão de movimentação, mudou radicalmente a estrutura de seus movimentos depois de ter o cerebelo retirado. O rato não conseguia mais reproduzir os movimentos aprendidos pelo treinamento, mas ainda conseguia atingir seu objetivo, andando de trás para frente. Este mesmo caráter intercambiante pode ser observado nos atos locomotores humanos, se forem cuidadosamente analisados. Um ato como acertar um alvo é feito com um conjunto diferente de movimentos dependendo da posição inicial do corpo; a manipulação de objetos pode ser realizada por diferentes conjuntos de impulsos motores; ou a escrita, que pode ser feita a lápis ou caneta, com a mão esquerda, com a direita, ou mesmo com o pé, sem que seja afetado o significado do que é escrito.

Esta estrutura "sistêmica" é característica também das formas complexas de atividade mental, além de atos comportamentais simples. Ainda que de funções elementares como o registro de sensações pela retina possa-se legitimamente afirmar que possuam localização num grupo bem definido de células, parecia para nós absurdo imaginar que quaisquer funções complexas pudessem ser vistas como função direta de um grupo limitado de células ou pudessem ser localizadas em áreas particulares do cérebro. Nossa abordagem da estrutura dos sistemas funcionais em geral, e à das funções psicológicas superiores em particular, nos levou a crer na necessidade de uma radical revisão das ideias acerca da localização que haviam sido apresentadas pelos teóricos do princípio do século.

Aplicando aquilo que sabíamos e que supúnhamos acerca da estrutura das funções psicológicas superiores (a partir de nosso trabalho com crianças), Vygotsky chegou à conclusão de que essas funções representam sistemas funcionais complexos, mediados em sua estrutura, Incorporam símbolos e instrumento historicamente acumulados. Consequentemente, a organização dessas funções superiores deve ser diferente de qualquer coisa que possamos observar nos animais. Além disso, como o cérebro humano levou milhões de anos para evoluir, mas a história humana está restrita a alguns milhares de anos, uma teoria da organização cerebral das funções superiores tem que levar em conta determinados processos (como aqueles envolvidos no ato de escrever) que dependem parcialmente de mediadores externos, historicamente condicionados. Em outras palavras, Vygotsky chegou à conclusão de que seu ponto de vista histórico, utilizado na abordagem de processos psicológicos como a memória voluntária, o pensamento abstrato e as ações voluntárias, também poderia constituir um corpo de princípios que explicassem a organização desses mesmos processos a nível cerebral.

Sua teoria do desenvolvimento das funções psicológicas superiores em crianças também nos levou à conclusão de que o papel de uma determinada região do cérebro na organização de um processo psicológico superior mudaria no curso do desenvolvimento de um indivíduo. Nossa pesquisa havia demonstrado que todas as atividades complexas, conscientes, são inicialmente realizadas de maneira expandida. Nos seus primeiros estágios, o pensamento complexo demanda uma série de auxílios externos para que aconteça. Só mais tarde, no curso do desenvolvimento da criança, ou do domínio de um determinado processo, o pensamento torna-se condensado e converterá numa habilidade automática. Parecia lógico supor que, no curso do desenvolvimento do pensamento, sua organização cerebral mude em compasso com sua organização funcional. A participação das áreas auditivas e visuais do córtex, essenciais nos estágios iniciais da formação de muitos processos cognitivos, não se faz mais tão necessária nos estágios posteriores, quando o pensamento passa a depender da atividade coordenada de diferentes sistemas de regiões corticais. Por exemplo, na criança as áreas sensoriais do córtex formam a base para o desenvolvimento dos processos cognitivos, incluindo a fala. Mas, nos adultos em quem a fala e os processos cognitivos complexos estão plenamente desenvolvidos, as áreas sensoriais perdem esta função e a cognição torna-se menos dependente das entradas sensoriais. Por esse raciocínio, Vygotsky conseguia explicar porque lesões circunscritas a determinadas áreas do córtex podem ter efeitos opostos, dependendo de ocorrerem na infância ou na fase adulta. Uma lesão das áreas corticais visuais na primeira infância pode, por exemplo, resultar numa deficiência de desenvolvimento da cognição e do pensamento, enquanto que essa mesma lesão num adulto pode ser compensada pela influência dos sistemas funcionais superiores, já plenamente desenvolvidos.

Nossas observações iniciais foram muito influenciadas pelo neurologista inglês Head, que resumiu grande parte da pesquisa feita no final do século dezenove e no princípio do século vinte sobre a afasia, nos oferecendo uma tentadora interpretação da relação entre distúrbios da fala e distúrbios do pensamento. Em sua clássica monografia sobre a afasia, Head concluiu que os distúrbios nas funções de linguagem produziram distúrbios de pensamento. Head propunha que a afasia causava uma redução das capacidades mentais porque o pensamento não seria mais mediado pela linguagem, mas dependeria das relações primárias, diretas, entre os objetos e as ações, de um lado, e a linguagem de outro.

Head mostrou, por exemplo, que um paciente afásico, que conseguia facilmente identificar a similaridade entre um objeto que lhe era apresentado e outro colocado sobre uma mesa, não teria sucesso se a tarefa consistisse na identificação entre dois objetos apresentados e outros dois, dentre um grupo de vários colocados sobre uma mesa. Head atribuía essa dificuldade ao fato de que, quando confrontados com dois objetos, o paciente tentava registrá-los em palavras e realizar sua escolha com base na lembrança de seus nomes. Nesse caso, observava Head, "houve a intromissão de uma fórmula simbólica, não se tratando mais de um ato de comparação direta" (p. 518). Em outra parte, Head afirmou, de maneira totalmente coerente com nossa própria teoria, que "um animal, ou mesmo o homem sob certas condições, tende a reagir diretamente aos aspectos perceptivos ou emocionais de uma situação; mas a formulação simbólica nos capacita a submetê-la à análise e a regular nosso comportamento de acordo" (p. 525).

Este testemunho de um especialista no estudo do cérebro casava tanto com nossa própria distinção entre processos naturais e mediados que chegamos a pensar que a afasia, perturbando a linguagem - o meio primordial utilizado pelo homem para mediar sua experiência -, agia no sentido de forçar o indivíduo a operar sobre uma base natural, não-mediada. Fomos reforçados nesta suposição pelas evidências apresentadas por Guillaume e Meyerson, que afirmavam que seus pacientes afásicos resolviam problemas de uma maneira que era característica das crianças novas. No entanto, investigações subsequentes demonstraram que esta posição não era correta. Estávamos ultra simplificando a natureza da afasia e dos processos psicológicos de pacientes com lesões cerebrais. No princípio, porém, estas ideias constituíram-se numa forte motivação ao estudo das lesões cerebrais, como uma técnica que, imaginávamos, nos levaria a um entendimento das funções psicológicas superiores do homem, e nos proporcionaria um meio para o entendimento também de sua base material no cérebro.

Tivemos mais sucesso quando passamos a observar pacientes que sofriam de doença de Parkinson. Esta moléstia afeta regiões motoras subcorticais, de modo a perturbar a fluência dos movimentos involuntários. Observamos que os tremores ocorriam logo depois que os pacientes começavam a empreender uma ação. Quando pedíamos a eles que atravessassem uma sala, não conseguiam dar mais de dois ou três passos antes que um tremor se impusesse e eles não mais conseguissem andar.

Notamos o fato paradoxal de que os mesmos pacientes que não podiam dar dois passos sucessivos, enquanto falavam, num chão plano, eram capazes de subirem escadas sem qualquer dificuldade. Construímos uma hipótese segundo a qual cada degrau da escada representava um sinal ao qual os impulsos motores do paciente respondiam. Ao subir escadas, a sequência automática de movimentos representada pelo andar sobre uma superfície plana é substituída por uma cadeia de reações motoras separadas. Em outras palavras, a estrutura da atividade motora é reorganizada de tal forma que uma resposta consciente a cada elo de uma corrente de sinais isolados substitui o sistema involuntário, subcorticalmente organizado, que coordena o andar corriqueiro.

Vygotsky utilizou um sistema muito simples para a construção de um modelo de laboratório deste tipo de reorganização do movimento. Colocou uma série de pequenos cartões de papel no chão e pediu a um paciente que pisasse sobre cada um deles. Uma coisa maravilhosa aconteceu. Um paciente que não havia sido capaz de dar mais de dois ou três passos por si mesmo andou livremente pela sala, pisando sobre cada pedaço de papel como se subisse uma escada. Havíamos ajudado o paciente a superar os sintomas de sua doença, fazendo-o reorganizar os processos mentais que utilizava para caminhar. Havia compensado seu defeito, transferindo a atividade de seu nível subcortical, onde o substrato neural estava lesado, para o nível cortical que não era afetado pela doença.

Tentamos então utilizar o mesmo princípio para construir um modelo experimental do comportamento auto regulativo, mas nossos experimentos eram muito ingênuos e os resultados que obtivemos foram pouco conclusivos. Pedimos a pacientes que sofriam da doença de Parkinson que batessem ligeiramente com a mão de forma sequencial por meio minuto. Isso era impossível. Em menos de meio minuto, ocorria algum tremor muscular e seus movimentos eram bloqueados. Mas constatamos que se pedíssemos à mesma pessoa que batesse em resposta aos sinais do experimentador - "um", "dois", significando "bata uma vez", "bata duas vezes" - a pessoa conseguia tamborilar por algum tempo.

Perguntamo-nos sobre o que aconteceria se um paciente produzisse seus próprios sinais, que servissem como estímulo para suas ações. Escolhemos o piscar como um sinal, porque este era um sistema físico que parecia menos afetado pela doença que o andar ou os movimentos da mão. Pedíamos a cada paciente que piscasse e depois de cada piscadela apertasse um bulbo de borracha, que gravava seus movimentos. Descobrimos que as piscadelas eram um esquema confiável de auto regulação. Pacientes que não conseguiam manter uma seqüência de movimentos de apertar em condições normais, eram capazes de piscar, obedecendo a um comando, e de apertar um bulbo de borracha em resposta a sua piscadela.

Nossa série final de experimentos com os portadores da doença de Parkinson utilizava a fala do próprio paciente para regular seu comportamento. Nossas primeiras tentativas falharam. Os pacientes ouviam as instruções verbais e começavam a apertar, mas a hipertonia muscular e os tremores concomitantes apareciam quase imediatamente, impedindo-os de completar a tarefa.

Constatamos que devíamos tentar organizar o ato motor do paciente parkinsoniano de modo que o estímulo decisivo viesse de seus processos corticais superiores. Atingimos esse objetivo, fazendo com que as reações motoras dos pacientes fossem produzidas como resultado de um problema intelectual resolvido mentalmente por eles. Pedimos a pacientes que dessem sua resposta a uma série de questões, tamborilando as soluções. As questões eram do seguinte tipo:

Quantos ângulos tem um quadrado?;

Quantas pontas têm as estrelas vermelhas do Kremlin?;

Quantas rodas tem um carro?.

Constatamos que, apesar da permanência das limitações

impostas pela hiper tonicidade muscular, a estrutura do ato motor do paciente mudava. Quando havíamos instruído o paciente a "apertar cinco vezes", seus primeiros movimentos eram fortes, mas os subsequentes diminuíam em intensidade, e os tremores e a hipertonia muscular logo passavam a predominar. Mas quando o paciente assinalava através dos movimentos sua resposta a um problema mental, não apresentava sinais de exaustão.

Estes primeiros estudos-piloto foram muito encorajadores, mas também nos deram mostras de quanto ainda teríamos que aprender se quiséssemos fazer do estudo da dissolução das funções psicológicas superiores uma parte integral de nosso campo de ação. Percebemos que teríamos de empreender um estudo do cérebro e de sua organização funcional e conduzir investigações clínicas, em lugar da abordagem experimental que havíamos utilizado até então. Também sabíamos que o sucesso de nosso trabalho dependia de um entendimento muito mais elaborado da estrutura das funções psicológicas superiores, uma linha de investigação que na época ainda vivia em sua infância.

Intrépidos, ingressamos na escola médica. Retomei o treinamento em medicina no final da década de 20, começando de onde eu havia parado, já havia anos, em Kazan. Vygotsky também iniciou seu treinamento. Professores numa escola e alunos em outra, simultaneamente estudávamos, ensinávamos e conduzíamos nossas pesquisas.

No início da década de 30, fez-se presente uma fértil base para nosso trabalho, quando recebemos o convite para estabelecer um departamento de psicologia na Academia Psiconeurológica Ucraniana de Kharkov. Passei a dividir meu tempo entre Kharkov e Moscou, enquanto Vygotsky dividiu o seu entre Moscou, Leningrado e Kharkov. Foi em Kharkov que comecei a criar novos métodos para a análise psicológica das consequências de lesões cerebrais localizadas. Mas meu tempo ainda estava muito ocupado por outros trabalhos. Vivi esta existência dupla até 1936, quando passei a me dedicar à escola médica em tempo integral.

Depois de passar por meus exames da Primeira Escola Médica de Moscou em 1937, me aproximei de N. S. Bourdenko, neurocirurgião que era o diretor do Instituto de Neurocirurgia (hoje nomeado em sua homenagem), para pleitear uma vaga como interno no Instituto. Planejava treinar-me na prática neurológica, ao mesmo tempo em que desenvolvia métodos psicológicos para o diagnóstico das lesões cerebrais localizadas. Não sei se o professor Bourdenko entendeu ou aprovou meus planos. Mas deve ter considerado que valia a pena ter um professor de psicologia em sua equipe, pois me aceitou.

Os dois anos que passei como interno do Instituto de Neurocirurgia foram os mais frutíferos de minha vida. Eu não tinha uma equipe e nem qualquer responsabilidade científica que não o trabalho médico de rotina. Durante meu tempo livre me dedicava à minha própria pesquisa.

Foi durante este período que comecei a divisar minha própria abordagem da neuropsicologia das lesões cerebrais localizadas.

Em 1939, mudei-me para a Clínica Neurológica do Instituto de Medicina Experimental, que mais tarde se tornaria o Instituto Neurológico da Academia de Ciências Médicas, para assumir o posto de diretor do laboratório de Psicologia Experimental. Olhando para trás após todos estes anos, considero esta mudança como um engano. Teria sido muito mais produtivo ter permanecido como membro da equipe do Instituto Neurológico Bourdenko, com seus trezentos leitos, e seus pacientes cujas lesões cerebrais localizadas haviam sido verificadas por operações ou *postmortem*. Mas quis o curso dos acontecimentos que esse erro fosse com o tempo corrigido, pois, agora, quando escrevo estas linhas, tenho novamente um laboratório no Bourdenko.

O período compreendido entre 1937 e 1941 foi tomado por meus primeiros trabalhos sérios no campo da neuropsicologia. Logo percebi que para acumular os dados clínicos adequados teria que rever o estilo básico de minha pesquisa. No trabalho experimental o acadêmico geralmente começa por escolher um problema específico. Constrói então uma hipótese e elabora métodos para testar sua hipótese. No trabalho clínico, diferentemente, o ponto de partida não é um problema claramente definido, mas sim um conjunto desconhecido de problemas e recursos: o paciente. O investigador clínico começa fazendo observações cuidadosas do paciente, numa tentativa de descobrir os fatos cruciais. No começo, ele não pode ignorar nada. Mesmo os dados que à primeira vista parecem insignificantes podem vir a ser essenciais. Num determinado momento, surge a vaga silhueta dos possíveis fatores importantes, e o clínico formula uma primeira hipótese acerca do problema. Mas ainda será cedo para ele dizer se os fatos que escolheu são importantes ou estranhos no caso. Só quando ele tiver encontrado um número suficiente de sintomas compatíveis, que juntos constituem uma "síndrome", terá ele o direito de crer que sua hipótese sobre o paciente estará provada ou rejeitada.

De início, encontrei dificuldade para permutar a lógica da investigação experimental comum, que estava como que impressa em minha mente, por uma lógica do trabalho clínico. Demorou um certo tempo até que eu começasse a prestar atenção naqueles pequenos eventos que podem se tornar um ponto decisivo de tal tipo de investigação. Os procedimentos e o raciocínio próprios deste tipo de investigação se assemelhavam mais aos de um detetive que resolve um crime do que ao comportamento solucionador de problemas que prevalece entre os psicólogos e os fisiólogos. Além de abrir mão do uso de métodos experimentais, também senti a necessidade de rejeitar todos os testes psicológicos então em uso, que haviam sido criados para avaliar o nível intelectual de um indivíduo, e que alguns pesquisadores da clínica, utilizavam. Considerava esses testes, como o Simon-Binet e outras "medidas de inteligência", inadequados tanto para o uso para o qual haviam sido projetados quanto para as novas aplicações que tinha em mente.

O primeiro problema ao qual dediquei minha atenção foi este emaranhado de distúrbios que eram e ainda são conhecidos pela denominação geral de "afasia". Na época em que iniciei este trabalho, reconheciam-se três classes gerais de afasia - sensorial, motora e semântica ou amnéstica -, embora houvesse grande desacordo acerca da localização específica de cada uma das classes, e do caráter das capacidades ligadas a cada localização, A primeira síndrome que isolamos para estudo detalhado, chamada "afasia sensorial", era uma forma de distúrbio da fala, associada à lesão do lobo temporal esquerdo, predominantemente em zonas secundárias. Esta deficiência era chamada de afasia sensorial porque afetava a capacidade do paciente de compreender a fala, o que havia levado Wernicke a dizer que as "imagens sensoriais da fala" seriam decodificadas na área afetada. Nossas observações logo demonstraram que a dificuldade básica que subjazia a todos os. sintomas associados à afasia sensorial era uma incapacidade de discriminar as características distintivas dos fonemas, unidades básicas dos sons das palavras. As dificuldades ligadas ao entendimento de palavras, à nomeação de objetos, à lembrança de palavras durante a falam espontânea e à escrita eram consequências secundárias, ou sistemicamente relacionadas, ao defeito primário na audição de fonemas.

A segunda forma de afasia com a qual lidamos, chamada "afasia motora", era o distúrbio que havia sido estudado por Broca. Novamente constatamos que não estávamos trabalhando com uma síndrome única - especificamente, um centro portador das imagens motoras das palavras -, mas com um conjunto variável de sintomas entre os quais era possível distinguir duas classes fundamentalmente diferentes. Como esta pesquisa sobre a afasia motora ilustra muito bem a lógica básica de praticamente todo o meu trabalho, me estenderei um pouco na sua discussão para explicar as distinções a que fomos forçados a fazer, e o entendimento mais amplo das funções cerebrais e de suas relações com os processos psicológicos que daí resultaram.

A fala é só um dos muitos atos voluntários que o indivíduo empreende. Supusemos a partir desse fato que a fala teria, então, muito em comum com todos os movimentos complexos e voluntários, mas também teria, como qualquer outro movimento, seus componentes particulares. Assim, para entender a afasia motora, tínhamos que saber mais sobre as respostas motoras voluntárias em geral e sobre os aspectos específicos que se aplicavam à fala em particular.

Neste ponto tínhamos como importante vantagem a possibilidade de utilizar o trabalho de Bernshtein, que observava que para a realização de um movimento são necessários não só os impulsos eferentes que disparam os neurônios motores, mas, também, os impulsos aferentes que levam para o sistema nervoso central as informações sobre o estado dos membros que realizam o movimento. Estes sinais aferentes que indicam a posição dos membros e a tensão dos músculos são essenciais para restringir o número infinito de comandos neurais possíveis, e para diminuir o grau de liberdade do movimento. Em caso de deficiência deste sistema aferente, não pode haver movimento organizado. Se isto fosse verdadeiro com relação ao movimento em geral, o seria também no que tocasse aos movimentos relacionados à fala; elaboramos uma hipótese segundo a qual a afasia motora seria constituída por duas variedades distintas - uma ligada a um distúrbio do sistema motor eferente e outra associada a deficiências aferentes.

De forma coerente com nossas especulações, constatamos a existência de um tipo de afasia motora aferente, que chamei de "afasia cinestética", na qual o principal sintoma são as falhas na pronúncia de sons individuais da fala, chamados "articulemas". Se o distúrbio for intenso, o paciente pode chegar a dizer *K* em lugar de *KH* e de *T*, que são muito diferentes no que toca à articulação. Lesões menos severas produzem substituições mais localizadas, como *P* por *B*. *A* causa básica desta dificuldade é que o cérebro não registra o *feedback* dos movimentos que produzem os articulemas, a ação articulatória perde sua seletividade e o paciente não consegue mais assumir as posições corretas da língua e dos lábios.

Outra forma da afasia motora está ligada à organização serial dos movimentos necessários à pronúncia. Para o falar normal, é preciso que as ligações entre os articulemas sejam organizadas de forma a possibilitar transições suaves. Na nossa terminologia, a melodia cinética que liga as palavras deve estar intacta. No entanto, quando há uma lesão das partes inferiores do córtex pré-motor das áreas da fala, os articulemas em si mesmos continuam intactos, mas o paciente não consegue realizar a transição de um articulema para o próximo. Esta "afasia motora cinética" é aquela a que Broca se referia em suas primeiras observações.

A terceira forma clássica da afasia que comecei a estudar naquela época era chamada de "afasia semântica" ou "amnéstica", palavra derivada de *amnésia,* "estado de esquecimento". Supunha-se que a afasia amnéstica fosse uma forma especial de desordem da fala, na qual inexistiriam as deficiências sensoriais ou motoras, onde os pacientes encontram dificuldade na recordação dos nomes dos objetos. Alguns neurologistas da época viam esta deficiência como efeito de distúrbios sensoriais que destruiriam supostos "traços sensoriais de palavras". Outros elaboraram hipóteses segundo as quais este distúrbio refletiria deficiências num centro especial, que armazenaria traços de linguagem. Outros ainda, que de maneira geral favoreciam a abordagem da "ação de massa" ao funcionamento do cérebro, supunham que a afasia semântica era resultado de uma deterioração do pensamento categórico e da atitude abstrata.

Da mesma maneira como em relação às outras classes de afasia, éramos céticos quanto às hipóteses que encaravam todos os sintomas englobados sob a égide de afasia semântica como um distúrbio único, que poderia ser localizado numa área precisa. Antes de mais nada garantimos que não estávamos lidando com uma variação da afasia sensorial ou motora, pois os pacientes portadores de um ou mais sintomas de afasia semântica raramente apresentavam sinais de problemas na articulação dos sons ou na escuta fonêmica. Suas lesões também tendiam a ocorrer na área parietotemporal, acima e atrás das lesões características das afasias que havíamos estudado até então.

Em seguida, vasculhamos a literatura existente, na tentativa de levantar os sintomas associados a afasia semântica. Tanto nas pesquisas anteriores quanto em nossas próprias observações constatamos que os pacientes não tinham dificuldade em compreender o significado de ideias complexas, como "causalidade", "desenvolvimento", "cooperação". Também eram capazes de engajar-se em conversações abstratas. Mas as dificuldades apareciam quando se deparavam com construções gramaticais complexas que codificavam relações lógicas. Como apontou Head em seu trabalho, estas construções gramaticais dependem da organização de múltiplos detalhes num todo coerente. Estes pacientes encontram uma dificuldade quase intransponível para entender frases que denotam posições relativas, e não conseguem levar a termo uma instrução simples como "desenhe um triângulo acima de um círculo". Esta dificuldade extrapola as falas que codificam relações espaciais. Frases como "Sonya é mais leve que Natasha" também são problemáticas para estes pacientes, assim como o são as expressões de relações temporais, como "a primavera precede o verão".

A análise nos mostra que todas essas relações lógico gramaticais compartilham de uma característica comum: são expressões verbais de relações espaciais, ainda que em algumas o fator espacial esteja mais explícito que em outras. Os exemplos que envolvem "acima" ou "à direita de" são muito claros, mas, numa observação mais detalhada, encontramos que, além das relações lineares expressas por palavras como "antes", há fatores espaciais em expressões como "o cachorro do mestre" ou "irmão do pai". Um paciente colocou, de maneira particularmente reveladora: "É claro que eu sei o que são "PAI" e "IRMÃO", mas não consigo imaginar o que os dois significam juntos".

Todos estes exemplos demonstram o erro que está contido na suposição de que a afasia semântica é uma síndrome simples, unitária. Não encontramos qualquer evidência de uma dissolução intelectual uniforme. O que realmente constatamos foi que existia, na verdade, uma perturbação de uma variedade de operações mentais que envolviam um componente de comparação e de síntese espaciais.

Meus trabalhos iniciais com os três tipos de afasia reconhecidos pelos neurologistas levaram-me ao fim de meus *schuljahren*. Na época, tentei resumir minhas ideias naquilo que seria um trabalho em três volumes, cada um dos quais dedicado a um dos tipos de afasia. Completei o primeiro volume, sobre a afasia sensorial, e o defendi como tese de Doutoramento em Medicina. Embora tenha iniciado o segundo volume, sobre a afasia semântica, as análises eram muito fragmentárias, e este volume, como o primeiro, não foi publicado. Também comecei a escrever sobre as formas de afasia motora, mas também nesse tópico percebi que não havia ido além do início do trabalho. Todos esses manuscritos permanecem em minha escrivaninha. Lembro de ter sentido que se Vygotsky estivesse vivo, haveria penetrado de maneira muito mais profunda nos complexos problemas que eu havia constatado. Só com o aparecimento de meu *Afasia Traumática,* em 1947, foi levado ao prelo um tratamento completo de todas essas ideias.

Em junho de 1941, com o avanço da Segunda Guerra Mundial, alterou-se para sempre o curso de meu trabalho.

8. Neuropsicologia durante a Segunda Guerra Mundial

A Segunda Guerra Mundial foi um desastre para todos os países, e foi particularmente devastadora para a União Soviética. Milhares de cidades foram destruídas, dezenas de milhares de pessoas morreram de fome. Muitos milhões, civis e militares, foram mortos. Entre os feridos haviam milhares que sofreram lesões cerebrais e necessitavam de um cuidado tão extensivo quanto trabalhoso.

A unidade de propósito do povo soviético, tão sensível durante a Grande Revolução e nos anos subsequentes, reapareceu sob uma nova forma. O país foi tomado pelo sentido de uma responsabilidade e de um propósito comuns. Cada um de nós sabia ter a obrigação de trabalhar junto com nossos compatriotas, para vencer aquele desafio. Cada um tinha que encontrar seu próprio lugar na luta - fosse na defesa direta do país, fosse na preservação e na expansão da indústria, deslocada para confins remotos do território nacional, ou fosse na restauração da saúde e das capacidades dos feridos. A meu instituto foi conferida esta última tarefa.

O departamento médico das forças armadas soviéticas era extraordinariamente organizado, granjeando grande respeito durante e depois da guerra. O já idoso Bourdenko, antes diretor do Instituto de Neurocirurgia, era então totalmente surdo. Mas havia conservado sua aguda clareza mental, e foi nomeado cirurgião-geral. Sob sua direção, e através dos esforços de um grupo de ótimos médicos comandados por H. Smirnov, foi organizado um excelente sistema de cuidados médicos.

O cuidado daqueles afligidos por lesões cerebrais foi organizado por N. I. Graschenkov, neurologista e neurocirurgião, diretor da Clínica Neurológica no Instituto de Medicina Experimental e posterior ministro da saúde da URSS. Garantiu que os soldados com lesões neurais centrais ou periféricas recebessem atendimento médico de emergência no próprio *front,* nas primeiras horas após o ferimento. Eram então encaminhados ao Instituto de Neurologia, em Moscou, que havia sido transformado num hospital neurocirúrgico. Os pacientes que necessitavam de cuidados posteriores e de tratamento especial eram transportados, sob cuidadosa supervisão, para hospitais de reabilitação nos Urais do Sul.

Recebi a incumbência de organizar um desses hospitais nos primeiros meses da guerra. Escolhi um sanatório de 400 leitos, recém-estabelecido numa pequena vila próxima de Cheliabensk, como o lugar para estabelecermos nosso hospital. Organizei a construção de laboratórios e de salas de treinamento terapêutico e recrutei um grupo de colegas de Moscou para trabalhar comigo. Em um mês o hospital iniciou suas atividades.

Tínhamos duas tarefas principais. Primeiro, tínhamos que conceber métodos de diagnóstico de lesões cerebrais localizadas, e de reconhecimento e tratamento de problemas como as inflamações e infecções secundárias que eram causadas pelo ferimento. E segundo, tínhamos que desenvolver técnicas racionais, científicas, para a reabilitação das funções prejudicadas.

Ainda que nossa equipe de trinta pesquisadores, tivesse já iniciado as atividades com uma ideia sobre como realizá-las, percebemos que as soluções específicas aos problemas extraordinariamente complexos que apareciam só poderiam advir do trabalho em si. Pessoalmente, eu já trazia uma bagagem de cinco ou seis anos de trabalho com neurologia, e os princípios de uma abordagem experimental ao estudo das lesões cerebrais. O hospital tinha um suprimento modesto de equipamento neurofisiológico e neurocirúrgico, além do equipamento de um laboratório histológico básico. Nosso recurso mais importante era a dedicação com que realizávamos a tarefa. Precisávamos diagnosticar e tratar um enorme conjunto de distúrbios das funções mentais - de deficiências de sensação, percepção e movimento a distúrbios dos processos intelectuais.

Trabalhamos nos Urais por três anos e fomos então transferidos de volta a Moscou, onde permanecemos realizando o mesmo trabalho após o fim da guerra. Paradoxalmente, este período desastroso nos ofereceu uma importante oportunidade de incrementar nosso entendimento do cérebro e dos processos psicológicos. Durante a guerra e logo depois dela, a neuropsicologia tornou-se uma ciência propriamente dita.

Os estudos que havia realizado antes da guerra constituíram-se numa valiosa base a partir da qual podíamos trabalhar. Mas tínhamos que expandir nossa abordagem geral, de modo a incluir as lesões novas e terríveis que os explosivos modernos haviam tornado possíveis, além de desenvolver uma base racional para a restauração das funções psicológicas. Mesmo que na aparência estes dois caminhos fossem diferentes, a lógica de nossa abordagem fez com que nossos procedimentos de diagnóstico e descrição da natureza das disfunções cerebrais fossem totalmente compatíveis com as técnicas terapêuticas aplicáveis às várias formas de lesão.

Em alguns casos, constatamos que o uso de determinados agentes químicos desinibia certos tipos de funções traumatizadas. Quando podíamos aplicá-la, a farmacoterapia tinha muita utilidade para acelerar a recuperação. O fenômeno básico que aparecia nos casos de que falo era um tipo de "estado de choque" que deixava inoperante parte do cérebro. Via de regra, porém, nossos métodos de restauração de funções combinavam a quimioterapia com um programa de treinamento e terapia funcional. Uma das áreas para a qual desenvolvemos métodos de treinamento visando a reorganização de um sistema funcional foi a escrita.

O trabalho de Bernshtein ilustrava a maneira pela qual o movimento organizado, ou a locomoção, se constituía num sistema funcional complexo, dependendo da constelação de músculos que era envolvida e do tipo particular de movimentação. O andar, o correr e o jogar futebol envolvem os músculos da perna, mas o sistema de atividades é diferente em cada caso. Além disso, se alguns dos músculos, ou um dos sistemas musculares, normalmente necessários à locomoção, é destruído, será possível obter uma compensação através do uso dos músculos e sistemas restantes. Quando a lesão é muito severa, é possível substituírem-se os músculos existentes por aparelhos proféticos, que são incluídos como parte de um sistema funcional para assegurar uma locomoção adequada, se não normal.

É preciso deixar claro que se pensarmos a operação dos processos intelectuais em termos de sistemas funcionais ao invés de capacidades discretas, temos que reorganizar nossas ideias acerca da possibilidade de localizarmos funções intelectuais. É muito fácil rejeitar tanto a teoria holística, segundo a qual toda função se distribui homogeneamente por todo o cérebro, quanto a ideia de que as funções complexas possuem uma localização estrita em áreas específicas do cérebro. No entanto não é fácil encontrar uma posição intermediária. A solução que encontramos foi pensar o sistema funcional como uma constelação funcional de atividades, com uma constelação funcional correspondente de estruturas cerebrais que servem de substrato para as atividades. Um exemplo excelente de uma tal atividade, que claramente não poderia ser codificada no cérebro humano de maneira puramente orgânica, uma vez que envolve o uso de ferramentas culturais, é a escrita.

A tarefa de escrever uma determinada palavra, seja independentemente, seja a partir de um ditado, principia pelo processo de análise de sua composição fonética. Isto é, a atividade começa por fragmentar a corrente sonora da fala em seus fonemas individuais. Este processo de análise e síntese fonética só não é necessário em línguas como a chinesa, que utiliza a escrita ideográfica, representando os conceitos diretamente por meio de símbolos. Nos outros casos, as áreas do cérebro responsáveis pela análise da informação acústico-verbal têm papel decisivo na transformação da fala normal em seus fonemas componentes. Quando estas partes do córtex são lesadas, a separação de fonemas estáveis a partir do fluxo da fala torna-se impossível (como em muitos casos de afasia sensorial) e a capacidade de escrever é afetada. Em tais casos, o distúrbio se manifesta pela substituição de alguns fonemas por outros parecidos (como P por *B* ou *T* por D), pela emissão de determinadas letras, e por outros sinais de que o fluxo da fala não foi corretamente analisado. A substituição de determinados grupos de letras por outros grupos que não fazem qualquer sentido, como *car* por *gar,* ilustra bem este tipo de distúrbio.

Em casos de afasia motora cinestética, ou aferente, aparece um tipo ligeiramente diferente de distúrbio na escrita. Nestes pacientes, o distúrbio afeta a análise "articulatória", que está ligada à pronúncia de um dado fonema, e à capacidade de distinção entre este e outros fonemas, tornando clara a estrutura fonética da palavra. Nos primeiros estágios da aprendizagem da escrita, o ato de falar uma palavra muitas vezes ajuda aquele que escreve a escrevê-la adequadamente. Pronunciando a palavra, analisa-se sua articulação. Da mesma maneira quando um indivíduo não mais consegue articular uma palavra, haverá erros articulatórios em sua escrita. São comuns, nesses casos, os erros que envolvem a substituição de letras de articulação fonética semelhante, como *M* por *B* ou *N* por *L* ou *T*, de modo que a palavra russa *stol* poderia transformar-se em *slot*, e ao invés da palavra russa *slon* teríamos a palavra *ston*.

Uma vez analisada a corrente da fala, a pessoa que escreve tem que transpor a unidade fonética isolada para seu símbolo gráfico ou visual, Deve escolher um signo visual dentre os muitos existentes, comparando-o, e a sua organização espacial, com o estímulo auditivo. Estas etapas da tarefa de escrever estão na dependência das zonas temporoocipitais e parietoocipitais do córtex, que estão ligadas à análise espaço-temporal. Se estas zonas do córtex forem atingidas, os distúrbios afetam a organização espacial dos grafemas. Ocorrem substituições entre letras parecidas, erros que envolvem o emprego de imagens espelhadas, e mesmo que a análise fonética da fala esteja intacta, a escrita é perturbada.

Os passos descritos até aqui envolvem apenas as fases preparatórias ao ato de escrever. Na próxima fase, as imagens visuais das letras são transformadas em atos motores. Nos primeiros estágios do aprendizado da escrita, seu processo motor consiste numa extensa série de passos, e as mudanças de um passo para outro ocorrem como atos discretos. No curso da automatização do processo de escrever, o tamanho das unidades motoras aumenta, e a pessoa passa a escrever letras inteiras de uma só vez, ou mesmo combinações de letras. Isto pode ser visto no trabalho de um datilografo experiente, que grafa combinações estabelecidas de sons através de um único conjunto de movimentos. Quando a escrita já se tornou um hábito automático, algumas palavras, especialmente as mais familiares, são produzidas através de um único movimento complexo, e perdem sua natureza sequencial. Quando a escrita atinge este estágio, o processo envolve diferentes partes do córtex, em especial as porções anteriores da "zona da fala" e as porções inferiores da área pré-motora. Uma lesão nesta parte do córtex interfere com a transferência de um movimento a outro, e a escrita se desautomatiza; e às vezes, troca-se a ordem correta das letras de uma palavra, ou repete-se algum de seus elementos. Esta síndrome, não raro está ligada à afasia motora cinética.

Por fim, a escrita, como qualquer atividade, necessita de um plano ou de um propósito constante, e de uma retroalimentação contínua acerca dos resultados da ação. Se o paciente é incapaz de manter um propósito constante, ou não está recebendo informações contínuas de suas ações, perde sua determinação e também perde de vista sua própria atividade. Nestas condições, a escrita também é afetada, mas o distúrbio transparece, neste caso, no significado e no conteúdo do que é escrito. Associações irrelevantes e expressões estereotipadas se introduzem no processo de escrita. Tais problemas estão frequentemente presentes em pacientes com lesões dos lobos frontais. A partir de tudo isto, pode-se perceber que muitas regiões do cérebro estão presentes no complexo sistema funcional que subjaz à escrita. Cada área é responsável por uma parte do processo sob condições normais, e um distúrbio em qualquer das áreas em particular terá efeitos distintos sobre a escrita subsequente.

Existem várias perguntas que podem ser feitas, e vários princípios que podem ser aplicados, no processo de diagnóstico e tratamento de rupturas em funções psicológicas complexas devido a lesões cerebrais. Fazendo o diagnóstico, nos perguntamos qual elo, ou quais elos, do sistema normal de constelações de zonas cerebrais, foram rompidos pela lesão. Quando a análise indica a zona afetada, podemos empreender o tratamento. O tratamento e o diagnóstico não são tão separados quanto parecem. Na tentativa de tratar um distúrbio em particular, não raro modificamos nosso diagnóstico. Depois de determinar quais os elos afetados, tentamos determinar quais os elos que permanecem intactos. No tratamento do distúrbio, utilizamos esses outros elos, que suplementamos com esquemas externos de auxílio para reconstruir a atividade com base num novo sistema funcional. A construção e a manutenção deste novo sistema funcional podem levar um bom tempo de treinamento, mas ao fim desse período o paciente pode engajar-se na atividade anteriormente afetada sem qualquer assistência externa. Durante o processo, tentamos dar ao paciente o máximo possível de informação acerca da deficiência e de seu efeito sobre as ações. Isto é crucial para a reorganização do sistema funcional lesado.

Estes princípios são expostos aqui de maneira um tanto abstrata, mas na prática eles são tudo menos abstratos. Vou descrever algo do trabalho que fizemos durante a guerra imediatamente após seu fim, para ilustrar os princípios básicos do uso da reorganização dos sistemas funcionais como meio de restaurar funções afetadas, e para mostrar como as análises e o tratamento de tais sistemas funcionais fornecem informação acerca do funcionamento cerebral e da organização dos processos psicológicos.

Um dos objetos de estudo era a afasia motora aferente, na qual uma lesão da porção posterior da área motora da fala provocava um distúrbio das bases cinestéticas da articulação verbal. Esta afasia consiste essencialmente num distúrbio do ato de articular fonemas, o que resulta na incapacidade de encontrar a articulação desejada para a produção de um determinado som. Os distúrbios da articulação da fala podem, é claro, ser resultado de uma grande variedade de lesões locais. Antes que qualquer programa de reabilitação possa ser indicado para um paciente, é necessária a realização de uma cuidadosa análise que determine os fatores fundamentais que subjazem a um distúrbio em particular. Deve-se deixar claro que os sintomas sejam causados por afasia cinestética, e não por afasia cinética ou de outro tipo, que muitas vezes acarretam em sintomas individuais semelhantes. O objetivo de nosso programa de treinamento é a reconstrução do sistema funcional de articulação da fala, substituindo os esquemas cinestéticos desintegrados por novos sistemas aferentes e extracinestéticos. Elevando os processos articulatórios que são automáticos e inconscientes em seu estado natural, ao nível da consciência, podemos proporcionar ao paciente uma nova base para a reestruturação da articulação.

De maneira geral, nem todos os níveis envolvidos na construção dos movimentos do aparelho articulatório são igualmente lesados nos casos de afasia motora aferente. É muito frequente nos pacientes com lesões cerebrais que os movimentos imitativos ou simbólicos do aparelho articulatório se desintegrem, enquanto os movimentos elementares "instintivos" e da língua e dos lábios permanecem intactos. Assim um paciente que não consegue tocar com a língua seu lábio superior após um comando do médico é capaz de realizar o mesmo movimento em situações espontâneas. Consequentemente, o melhor método terapêutico é aquele no qual o médico principia por descobrir quais são os movimentos residuais dos lábios, da língua e da laringe. Estes são utilizados para treinar o paciente a produzir sons. Por exemplo, para fazer com que o paciente produza conscientemente o som da letra P, o terapeuta dá a ele um fósforo aceso, que ele instintivamente assopra quando a chama começa a atingir seus dedos. Este processo é repetido muitas vezes, em várias circunstâncias. No decurso desta prática, a atenção do paciente é gradualmente concentrada nos elementos que compõem o movimento. O terapeuta mostra ao paciente como pronunciar o som correspondente ao movimento em questão, e como coordenar isto com a emissão de ar. Para conscientizar o paciente dos componentes dos movimentos, o terapeuta rapidamente aperta e solta os lábios do paciente, ao mesmo tempo que aplica uma pressão a seu peito para produzir a emissão de ar desejada.

Outros sons são compostos de maneira semelhante.

Os sons das letras B e M são produzidos por um conjunto coordenado de atos corporais que é muito semelhante ao que produz o som da letra P, a não ser pelo fato de que a emissão de ar que os produz dependa de uma posição ligeiramente diferente do palato mole, e de uma pequena diferença também no grau de pressão dos lábios. Os sons das letras V e F são formados por um outro conjunto de movimentos coordenados, que têm em comum o ato de morder o lábio inferior. Para pronunciar o som da letra U, o paciente forma uma pequena abertura esférica com os lábios, colocando um pequeno tubo na boca. Para produzir o som da letra A, sua boca se abre um pouco mais. Baseando-se nesta análise das necessidades articulatórias de cada som, o programa de reaprendizagem da fala começa utilizando algum movimento real dos lábios, da língua e da laringe. O paciente é então conscientizado deste movimento e, através de muitos esquemas de auxílio exteriores, é ensinado a reproduzi-los conscientemente.

Entre os esquemas exteriores de auxílio que utilizamos estão diagramas, espelhos e mesmo a própria letra impressa. Pode-se ensinar um paciente a articular um som fazendo-o perceber a estrutura do som a partir de um diagrama que representa as posições relativas dos elementos motores necessários para a emissão desse som. Um espelho também é muito útil. Sentado ao lado do terapeuta e observando num espelho as articulações necessárias à produção de um som em particular, o paciente passa a construir suas próprias articulações. Durante muito tempo, o esquema visual e o espelho são os principais meios de que dispõe o paciente para aprender a pronunciar diferentes sons. Passa-se então a utilizar a letra impressa. A escrita é uma poderosa auxiliar, porque permite ao paciente que coloque diversas variantes de um mesmo som na mesma categoria (os *P* são como os *M, os V* são como os F), ao mesmo tempo em que ajuda na diferenciação entre sons que são muito parecidos em sua composição articulatória (B *versus P)*. O uso destes auxílios externos, em especial da letra impressa, leva a uma reconstrução radical de todo o sistema funcional da articulação, de modo que passe a ser realizada através de mecanismos totalmente diferentes dos naturais. Essa reconstrução, que utiliza um sistema complexo de signos externos culturalmente mediados, é uma ilustração do princípio segundo o qual uma função superior pode substituir uma inferior na restauração de um determinado processo prejudicado por uma lesão cerebral.

Este tipo de reconstrução é difícil, e requer muito trabalho. Todas as operações que o paciente realiza automaticamente, sem pensar, têm que tornar-se conscientes. Via de regra, uma vez dominadas as articulações de sons, o paciente domina facilmente a articulação de sílabas e palavras. Por muito tempo, no entanto, essa fala restaurada soa muito artificial, e o caráter consciente de cada movimento revela claramente o árduo caminho da reconstrução. Só gradualmente o paciente passa a falar mais automática e normalmente.

O treinamento para recuperação de afasia semântica difere muito do usado em casos de afasia motora. A afasia semântica ocorre em pacientes que sofreram alguma lesão da zona parietal. Eles têm dificuldade para perceber determinadas relações, e para combinar determinados detalhes na construção de um todo coerente. Subjacente a estas dificuldades, há um distúrbio de suas funções espaciais.

Em contraste com aqueles que sofrem de afasia motora ou cinética, os portadores deste tipo de lesão não têm dificuldades para articular as palavras. Também retêm a capacidade de ouvir e entender a linguagem falada. Sua capacidade de uso de símbolos numéricos e de diferentes tipos de conceitos abstratos também não é afetada. São capazes de repetir e de entender muitas frases que simplesmente comunicam através de uma sequência de imagens verbais, como: "Num dia ensolarado, a floresta estava absolutamente silenciosa. Os pinheiros não se agitavam. Flores se espraiavam pela grama verde e nova".

Este tipo particular de afasia só se manifesta quando os pacientes têm que operar com grupos ou arranjos de vários elementos. Se perguntamos a eles" "Onde está o amigo de minha irmã?", ou dizemos: "Aponte para o lápis que tem uma chave desenhada", eles não entendem o que está sendo dito. Como colocou um dos pacientes, "Sei onde há uma irmã e onde há um amigo, mas não sei quem pertence a quem". Isto é típico de pacientes portadores de afasia semântica, que são incapazes de compreender imediatamente as relações entre os diversos elementos de uma construção gramatical complexa.

A capacidade destes pacientes de perceberem as relações conceituais envolvidas nestas construções não pode, via de regra, ser incrementada pela prática extensiva, pelo aprendizado mecânico ou pelo treinamento prático. Construções gramaticais que são facilmente dominadas por uma criança de cinco ou seis anos não se fazem acessíveis mesmo aos pacientes mais instruídos, cuja habilidade de síntese simultânea de palavras foi afetada. O método básico de nossa terapia para estes casos era evitar aquelas dificuldades insuperáveis para os pacientes, e substituir a percepção direta de relações por um raciocínio sequencial, pelo uso de diversos auxílios externos.

Estes métodos eram geralmente usados quando ensinávamos os pacientes a entender construções inflectivas e prepositivas. Por exemplo, demos a pacientes que eram incapazes de entender a relação expressa pela frase "o círculo sobre o triângulo" ou "o triângulo sobre o círculo" o seguinte desenho, que poderia ser utilizado por eles para transformar a relação complexa em relações mais simples.

Ao lado de cada figura sombreada há um mote que transforma a preposição relativa {*acima, abaixo)* numa expressão absoluta (*por cima, por baixo).* Este desenho permitia ao paciente que substituísse a incompreensível relação "o círculo sobre o triângulo" por outra que ele pudesse entender diretamente: "o círculo está por cima e o triângulo está por baixo". Fragmentando a fórmula gramatical complexa, o paciente pode dominar as relações que ela continha, mesmo sem experienciar a "impressão direta de relação" que normalmente é essencial para o perfeito entendimento deste tipo de frase.

Utilizando métodos análogos de reabilitação quando os pacientes eram incapazes de compreender relações possessivas como "o irmão do pai" ou "o amigo da irmã". Embora essas técnicas terapêuticas para a compreensão de tais relações possessivas dependessem criticamente da estrutura da linguagem russa, que muda o final das palavras para marcar relações gramaticais, o método básico permanecia o mesmo. Ensinávamos os pacientes a fragmentarem tais frases até conseguirem uma forma simplificada, para então realizarem a análise apropriada. Muitas vezes, os pacientes que sofrem deste tipo de afasia só conseguem entender estas construções gramaticais complexas através de sua análise indireta. Com o tempo, este processo vai se tornando cada vez mais rápido e automático. Só em casos muito raros, no entanto, ele se tornará tão automático que chegue a se parecer com a "percepção direta de relações" pela qual os indivíduos normais entendem este tipo de frase. Ainda que a reconstrução do sistema funcional não restaure a função cortical afetada de volta à sua forma original, atingiu o resultado desejado em todos os casos que analisamos.

Não só as mais diversas funções individuais podem ser afetadas por uma lesão cerebral; o sistema funcional mais generalizado que subjaz ao pensamento ativo também pode ser perturbado, como resultado de uma lesão aos lobos frontais, em particular nas proximidades da área pré-motora. O que distingue este tipo de lesão é um distúrbio no pensamento espontâneo. Os pacientes portadores de lesões dos lobos frontais não apresentam perturbações acentuadas na estrutura de suas operações mentais individuais. A estrutura lógica de seu pensamento permanece intacta. Na verdade, estes pacientes à primeira vista não parecem sofrer de qualquer deficiência marcante em função de seu ferimento, além de uma certa lentidão e "falta de jeito". Sua articulação de palavras e reconhecimento auditivo não são afetados. Os pacientes são geralmente capazes de ler e escrever, e não têm dificuldade na resolução de problemas intelectuais simples. Mas uma investigação mais cuidadosa revelará que os que sofrem deste tipo de lesão frontal têm problemas que são, de certa maneira, mais sérios do que os distúrbios de operações especializadas. Suas deficiências estão associadas a uma quebra de atividade produtiva e do pensamento ativo. Ainda que estes pacientes tenham preservado seus processos mentais praticamente intactos, não conseguem utilizá-los ativamente.

△   ▲ ACIMA: POR CIMA

● ABAIXO: POR BAIXO   ○

○   ● ACIMA: POR CIMA

▲ ABAIXO: POR BAIXO   △

A primeira reclamação que nos era feita por estes pacientes geralmente estava ligada à fluência de seus pensamentos. Eram características as afirmações como: "Meus pensamentos não fluem. Minha cabeça está vazia.

Quando tenho que escrever uma carta, não sei nem como começar, e levo o dia inteiro tentando escrever". Nossas investigações demonstraram que estas queixas estavam baseadas em distúrbios profundos na fluência do pensamento.

Os pacientes que sofrem deste tipo de lesão geralmente respondem de pronto às questões que lhes são feitas, e não apresentam sinais de perturbação em seu diálogo ou em suas respostas à nossa fala durante uma consulta. Mas apresentavam uma dificuldade considerável se tivessem que fornecer uma descrição detalhada e lúcida de uma figura, ou se tivessem que escrever um ensaio sobre um determinado tema. Nestas condições, os pacientes se queixam de que não têm nada a dizer, e têm dificuldade de passar da descrição passiva ao domínio da interpretação. Parece impossível para estes pacientes a criação de um conceito interno e seu subsequente desenvolvimento através do raciocínio.

Alguns testes simples demonstram bem estas dificuldades. Por exemplo, pacientes com lesões frontais têm dificuldade para produzir uma série de associações livres (gato-cachorro-cavalo-vaca-galinha). Não conseguem formar pares de palavras cujos significados possuem uma conexão lógica, como juntar vermelho com seu oposto, ou dizer o oposto de "baixo". Não conseguem produzir uma linha de raciocínio completa, em que cada elo implica o outro, ainda que consigam apresentar a conclusão lógica de qualquer argumento que lhes seja apresentado. Em suma, os pacientes portadores deste tipo de lesão só são capazes de apresentar um comportamento passivo, reativo. O fluxo ativo de seus processos psicológicos complexos está afetado.

A experiência nos mostrou que a reorganização de pensamento nestes casos é possível até certo ponto. Para consegui-la, tínhamos que substituir a síntese interna dos processos psicológicos por uma regulação destes processos que dependia inicialmente da interação com uma outra pessoa. Dizendo a mesma coisa de outra maneira, tentávamos superar as dificuldades de pensamento ativo através do uso de estímulos externos à organização e ativação do pensamento. Por exemplo, constatamos ser característico destes distúrbios que o paciente só conseguisse contar uma estória de maneira fluente através da ajuda com questões consecutivas. Por vezes estas questões consistiam em pouco mais que "E então?", ou "O que aconteceu depois disto?". Essas perguntas transformavam a fala narrativa do paciente num diálogo, substituindo sua linha de pensamento por uma série de reações sucessivas. Estas reações são elos que permitem ao paciente transmitir seus pensamentos de maneira conexa. Esta descoberta nos mostrou que os portadores deste tipo de lesão frontal mantinham o conteúdo de seu pensamento, e que suas dificuldades residiam na dinâmica desse processo.

A terapia exigia que utilizássemos as capacidades que o paciente tinha, e que descobríssemos uma maneira de compensar os elos que faltavam a seu pensamento. Como nossas observações haviam demonstrado que o pensamento do paciente fluía de forma mais ativa quando ele falava com outra pessoa, sugerimos que imaginasse estar falando com uma pessoa que lhe fazia perguntas. Estaria então conduzindo sua fala como um diálogo interno com um interlocutor imaginário. Este esquema às vezes funcionava, mas nem sempre era suficiente. Era mais eficiente darmos ao paciente uma série de signos auxiliares, que serviriam como elementos externos de auxílio para a organização de sua narrativa. Quando instituíamos esta prática, o comportamento do paciente se comparava ao de um mnemonista hábil, que é capaz de lembrar-se de uma longa série de palavras com a ajuda de uma série de estímulos auxiliares, internos e autogerados, a não ser pelo fato de que o paciente dependia de estímulos externos que lhe eram fornecidos. Começamos pedindo ao paciente que lesse algo e que fizesse comentários coerentes acerca do que estivesse lendo. Então mostrávamos a ele como poderia utilizar estes comentários como estímulos auxiliares e assim organizar a narrativa. Com a experiência, o paciente geralmente passava a ter muito sucesso na aplicação deste método.

Ao mesmo tempo em que este método pode ter um papel muito importante na restauração do fluxo da fala narrativa naqueles pacientes que sofrem de uma lesão frontal, sua aplicabilidade é limitada. Só é eficiente para a fala narrativa relativamente simples. Além disso, não colabora para a restauração do fluxo ativo do pensamento do paciente, que operaria normalmente por meio de conexões internas e relações de causa e efeito; também não os ajuda a realizar transições de um evento a outro ou de um pensamento a outro. Para que ocorra uma restauração real da fala narrativa, é necessário um auxílio mais extenso ao pensamento do paciente. Para que funcionem, estes auxílios têm que criar de algum modo a "experiência da transição", e têm de se desenvolverem gradualmente até assumirem a forma de um estímulo que o paciente pode utilizar para gerar por si próprio essas transições dinâmicas. Chegamos a um método que consistia em fornecer ao paciente algumas frases que eram fórmulas de transição. Por exemplo, dávamos ao paciente um cartão sobre o qual estaria escrito uma série de palavras, como "no entanto", "enquanto", "ainda que", "depois" e "uma vez que". Pedíamos então a ele que encontrasse as fórmulas de transição necessárias à construção de sua narrativa, a partir das fórmulas do cartão. Achávamos que de início o cartão orientaria o pensamento do paciente, mas que com a prática o paciente passaria a produzir ele mesmo as fórmulas de transição necessárias.

Nossa hipótese foi comprovada, e o uso de cartões com fórmulas de transição tem muitas vezes sido decisivo na restauração de uma fluência razoável à fala narrativa destes pacientes. Por exemplo, pedimos certa vez a um paciente, que tinha grande dificuldade em repetir estórias conhecidas, que nos contasse a estória de Tolstoi "O Cachorro Louco". Demos ao paciente um cartão que continha as fórmulas de transição, para compensar suas dificuldades inerentes. Ele examinou o cartão cuidadosamente e contou a estória completa de maneira muito fluente. A estória começava assim (as fórmulas utilizadas pelo paciente estão grifadas): *"Era uma vez* um homem muito rico que comprou um filhote de cachorro, e *quando* ele cresceu o homem rico o levou numa caçada. *Certa vez* um cachorro louco entrou no jardim onde brincavam as crianças. O homem rico o viu e começou a gritar, e as crianças correram na direção do cachorro louco. *Então* o cachorro do homem apareceu, e os dois cachorros começaram a brigar".

O uso das fórmulas de transição tinha como efeito a criação de elos entre a ação que era descrita e uma outra ação, significativamente conectada. Em termos de nossa teoria geral, as fórmulas de transição criam intenções necessárias; o paciente escolhe o próximo passo e usa este para atingir o passo seguinte. A ideia geral da estória e a tarefa de se lembrar dela constituem um plano geral de comportamento, dentro do qual cada frase individual representa uma meta secundária, que requer que o paciente realize sua ação com vistas aos próximos passos determinados pelo plano geral. Dentro desta estrutura, as fórmulas de transição assumem a função de elos intencionais.

Neste exemplo, o uso das fórmulas era externo. Nos meses seguintes, as capacidades de narração e descrição do paciente se reorganizavam, e outras fórmulas de transição apareciam espontaneamente. Sua narração se tornava mais contínua e, o que é muito importante, seus relatos escritos de passagens que havia ouvido não apresentavam mais qualquer sinal de patologia. Além disso, o paciente agora era capaz de descrever espontaneamente o conteúdo de figuras, tarefa anteriormente impossível.

Este método de restauração do pensamento ativo é de certa maneira análogo ao nível de restauração de frases e palavras individuais que atingem os pacientes de afasia aferente. As fórmulas de transição que sugerimos são muito úteis quando o assunto a ser transmitido é suficientemente óbvio para aquele paciente cujo único defeito repousa em seus padrões dinâmicos do pensamento. Mas as fórmulas são inadequadas naqueles casos em que o paciente não entende o plano da estória e tem que reconstruir sozinho o seu significado.

É como se as peças de um quebra-cabeça se amontoassem desordenadamente perante estes pacientes, que não veem nelas um padrão geral, e não conseguem organizá-las em sua sequência correta. "Vejo uma peça aqui e outra ali", disse um de nossos pacientes, "mas não consigo compreender o plano geral". A ausência de intenção e a falta de orientação ao pensamento não são as únicas causas da ruptura que aflige o pensamento espontâneo destes pacientes; eles também não conseguem construir mentalmente os planos necessários ao arranjo dos detalhes da narração em sua ordem correta. Temos ajudado pacientes a compensar esta deficiência por meio de uma reorganização do processo de planejamento de uma composição, de modo que esta organização seja exteriorizada. Nossa técnica para ensinar estes pacientes a planejar uma composição consiste em fazê-los escrever fragmentos da narração em pedaços separados de papel, sem dar qualquer importância à ordem em que os fragmentos são escritos. Então devem tentar reordenar estes fragmentos rearranjando os pedaços de papel, que devem estar colocados à sua frente de modo que todos possam ser vistos ao mesmo tempo. Desta maneira, o planejamento da composição é dividido em duas fases sucessivas: a decisão acerca de quais fragmentos devem ser escritos; e seu arranjo numa ordem coerente.

Obtivemos resultados surpreendentes empregando este método, que chamávamos de "plano do cartão índice". Os exemplos seguintes ilustram como funcionava o método. Lemos a estória de Tolstoi "Como o ladrão se entregou" a um paciente que tinha enorme dificuldade para nos contar a estória. Então instruímos a ele que escrevesse nos cartões todos os fragmentos da estória de que conseguisse se lembrar, e para pô-los em ordem. Finalmente, pedimos para ele nos contar a estória. Ele realizou os dois primeiros passos como segue:

NOTAS ORIGINAIS

1. Como ele começou a espirrar e se entregou.
2. Certa vez um ladrão quis roubar um estranho mercador.
3. Quando eles estavam no sótão e não encontraram ninguém.
4. O mercador falou a um operário que alguém havia subido ao sótão.
5. Como o ladrão se escondeu no monte de tabaco.

ORGANIZAÇÃO FINAL

1. Certa vez um ladrão quis roubar um estranho mercador.
2. O mercador falou a um operário que alguém havia subido ao sótão.
3. O ladrão se escondeu no monte de tabaco.
4. Quando eles estavam no sótão e não encontraram ninguém.
5. Como ele começou a espirrar e se entregou.

Depois de ter elaborado este plano, o paciente contou a estória de forma lúcida e fluente. "Antes, as cincos frases giravam na minha cabeça, uma depois da outra, e eu não sabia o que descartar", explicou o paciente, "mas agora eu só penso numa frase de cada vez, e tudo funciona bem".

Mais tarde pedimos a este paciente que escrevesse um relato sobre como havia sido ferido. Ele escreveu três linhas e insistia que não conseguia escrever mais. Falharam todas nossas tentativas de convencê-lo. O paciente se negava a continuar dizendo que não conseguia organizar o caso que tinha na cabeça. Mais uma vez sugerimos que utilizasse o plano de cartão-índice. Na hora que se seguiu, ele escreveu quatorze frases, sem preocupar-se com colocá-las em qualquer ordem. Depois as organizou e escreveu o seguinte relato a respeito de como havia sido ferido:

"Em 11 de dezembro de 1942, eu estava na linha de frente. Estivera nublado desde o amanhecer, caía um pouco de neve e havia uma leve brisa. Eu estava no comando, acompanhado pelo agente político superior, camarada P., e por alguns soldados. Havia algum fogo de artilharia. Os soldados começaram a me perguntar se deveríamos abrir fogo contra o inimigo. Eu disse que não era chegada a hora. Uma hora depois, foi dado o comando para abrir fogo. Neste momento, a moral dos soldados estava alta, e não tivemos baixas. Eu observei que algumas ogivas atingiam as posições inimigas.

Às 4 da tarde eu estava seriamente ferido na cabeça. Eu me lembro de ter ouvido o camarada P. dizer que o comandante estava morto. Não podia dizer que estava vivo, mas pensava sobre como é fácil morrer... e então não lembro mais nada.

Como eles me levaram ao hospital eu não sei. Posso me lembrar de quando me tiraram de um avião, no aeroporto da cidade de V. Então percebi que o Hospital Cirúrgico era nesta cidade, e fui operado. Quando cheguei no hospital de V., o cirurgião, durante sua visita, me disse que a operação seria realizada à noite. Era 13 de dezembro de 1942. Caiu a noite, os enfermeiros me levaram à mesa de operações; era difícil deitar, e eu só perguntei quanto demoraria a operação. Me disseram: "Tenha mais um pouco de paciência", mas é claro que eu tive que passar por tudo aquilo".

O uso deste método nunca se tornou automático para este paciente, e um longo tempo se passou desde sua alta no hospital até que pudesse utilizá-lo para escrever um relatório ao seu comandante.

Estes exemplos representam apenas alguns fragmentos dos milhares de casos que analisei ao longo dos anos. Em cada um desses casos, o progresso do diagnóstico e os métodos de tratamento têm uma relação muito clara e muito próxima com os princípios enunciados por Vygotsky, que foi o primeiro a sugerir que a dissolução das funções psicológicas superiores poderia representar um caminho no sentido de sua análise. Acho que os exemplos ilustram claramente tanto a lógica geral de nossa abordagem à análise das funções psicológicas superiores quanto a importante ligação que existe entre a teoria do diagnóstico e a prática restaurativa. Os métodos terapêuticos que constatamos serem úteis são exatamente aqueles métodos que seriam sugeridos por Vygotsky com base em sua teoria geral da origem sócio-histórica das funções psicológicas superiores. Este trabalho, realizado com a assistência de dezenas de pesquisadores extremamente talentosos, ocupou minha atenção por mais de vinte e cinco anos. O trabalho ainda está incompleto. Muito ainda precisa ser feito no sentido de aperfeiçoar os métodos que desenvolvemos. Mas estão lançados os alicerces de um progresso futuro.

9. Mecanismos do cérebro

Ao final da guerra havíamos aperfeiçoado muito nosso entendimento da "organização morfológica" dos processos psicológicos superiores. Nosso progresso havia se dado em duas frentes. Em primeiro lugar, já sabíamos muito mais acerca da estrutura daquelas atividades internas, aparentemente escondidas, que chamamos de "processos psicológicos". E em segundo lugar, havíamos melhorado em muito nosso entendimento do papel das diversas áreas do cérebro na realização destas atividades. Já não era mais tempo de considerar os processos psicológicos como resultado quer de atividades cerebrais estritamente localizadas, quer da "ação de massa" de um cérebro cujas partes seriam "equipotenciais". Era hora de dar início ao próximo passo de nosso trabalho: a explicação dos mecanismos neurofisiológicos (ou, na terminologia russa, "neurodinâmicos") subjacentes à atividade dos *loci* cerebrais ligados a síndromes específicas. Se não pudéssemos dar esse passo, não ultrapassaríamos um nível meramente descritivo. Essas descrições, ainda que válidas, não são o objetivo final de uma empreitada científica.

O progresso dependia de avanços a serem feitos nas duas áreas que haviam me ocupado por toda a vida. De um lado, tinha que deslocar minha atenção das estruturas cerebrais para um entendimento mais aprofundado dos mecanismos neurofisiológicos que operavam nessas estruturas. De outro, nossa análise psicológica das funções corticais superiores ainda não estava completa, e também necessitávamos de análises psicológicas melhores. Para representar a combinação dessas duas empreitadas, a "neurológica" e a "psicológica", foi cunhado o termo *neuropsicologia*. O desenvolvimento deste campo científico havia levado muito tempo e contara com o apoio de muitas pessoas. Tenho tido muita sorte de ter recebido grande apoio de um grupo de colaboradores (antigos estudantes da Faculdade de Psicologia da Universidade de Moscou), amigos e colegas fiéis. O trabalho que tenho realizado em anos recentes tem se beneficiado imensamente da assistência de E. D. Homskaya, com quem realizei muitas pesquisas, e que se tornou uma erudita talentosa e independente, rica em experiência psicológica e precisa na técnica experimental; de N. A. Filippycheva, que contribuiu com suas grandes habilidades de neuropsicóloga clínica e de neurofisióloga; de A. I. Meshcheryakov, que me ajudou a começar esta linha de pesquisa, antes de se dedicar às suas clássicas investigações acerca da criança surda-e-cega; de L. S. Tsvetkova, que teve íntima participação no trabalho envolvendo a recuperação e reabilitação de funções; de N. A. Bernshtein, que antes de falecer, no princípio da década de 60, nos proporcionou um valiosíssimo conhecimento teórico acerca dos sistemas dinâmicos; de E. N. Sokolov, um dos psicofisiologistas mais talentosos e experientes do mundo, que se envolveu profundamente com nossos estudos da memória e da atividade de orientação; e, claro, de Olga Vinogradova, experimentadora e intelectual brilhante, que teve papel importantíssimo em grande parte de meu trabalho.

Da geração mais nova, contei com E. G. Simernitskaya, que contribuiu com seu conhecimento das funções inter-hemisféricas, N. K. Kiyashchenko, que colaborou com hipóteses importantes acerca de deficiências da memória, e muitas outras pessoas que nos deram assistência indispensável a cada passo de nosso caminho. A todas estas pessoas, e a muitas outras que não posso nomear devido à falta de espaço, devo minha mais profunda gratidão. Elas tornaram possível aquilo que estava além das possibilidades de um só homem.

Nos anos recentes, enfocamos dois problemas, cada um dos quais ilustra um caminho diferente em direção de se determinarem os mecanismos que subjazem às funções psicológicas complexas. No trato com estas duas linhas de pesquisa, desejo enfatizar sua lógica subjacente. A primeira área de investigação foi a neuropsicologia dos lobos frontais.

Durante as décadas de 40 e 50, ocorreram progressos, notáveis no estudo da organização cerebral. Este tipo de pesquisa forneceu a base para nossas investigações acerca de neurofisiologia dos processos cerebrais, que até então só havíamos estudado num nível mais global. Nossa compreensão desses processos foi imensamente facilitada pelos estudos de H. Magoun, G. Morruzi, N. Jasper, Donald Lindsley e Wilder Penfield acerca do tronco cerebral, em especial sobre o papel dos sistemas reticulares ascendentes e descendentes.

Como demonstraram Magoun e Morruzi em 1949, a formação reticular é uma formação do tronco cerebral que está especialmente adaptada em sua estrutura e propriedades funcionais, para regular o estado funcional do córtex cerebral. Ao contrário do córtex, esta formação não é composta por neurônios isolados, capazes de transmitir um único impulso por vez através de axônio. Ao invés, é construída por uma rede de circuitos neurais, na qual os corpos celulares dos neurônios são conectados uns aos outros por axônios curtos. A excitação se alastra gradualmente por esta estrutura nervosa, e não na base de "tudo ou nada". Logo, o nível de excitação do sistema como um todo pode ir mudando gradualmente, modulando o estado funcional de todo o sistema nervoso.

Enquanto poderíamos caracterizar os estudos anteriores do cérebro como baseados numa abordagem "horizontal", já que se ocupavam dos processos realizados num determinado nível de organização, esta nova onda de pesquisas nos direcionava a atenção para as relações "verticais" entre as estruturas profundas e superficiais do cérebro. Esta nova orientação lançava uma luz sobre a maneira pela qual o cérebro gera e controla seu próprio nível de atividade.

De início, demonstrou-se que a formação reticular era essencial para a ativação do cérebro. Pensava-se que esta ativação seria não-específica; isto é, qualquer estímulo, fosse o aroma de uma salsicha, um ruído alto ou a visão de uma borboleta, provocaria um efeito geral sobre a formação reticular, que por sua vez ativaria outras partes do tronco cerebral, sem atentar às características particulares do estímulo que deflagrou o processo. Em outras palavras, supunha-se que a formação reticular seria responsável pela determinação do nível quantitativo de atividade cerebral, mas não controlaria as diferenças qualitativas de atividade, que dependeriam das características do estímulo a que a pessoa ou animal era exposta tinham um efeito sobre o modo resultante de ativação cerebral; salsichas e borboletas ativavam outras partes do cérebro de maneiras diferentes. Fez-se necessário que considerássemos as funções ativadoras específicas e não-específicas da formação reticular.

A segunda distinção importante a ser feita acerca da atividade cerebral estava relacionada à direção da influência excitatória. Nos trabalhos mais antigos, os pesquisadores se impressionavam com a maneira pela qual a excitação seguia das formações cerebrais inferiores para as superiores, correspondente à maneira pela qual o ambiente se impõe sobre o organismo. Mas logo se tornou aparente que seria também necessário levar em conta a existência de fibras que revertiam a direção da atividade neural. Os níveis superiores de organização cerebral ativavam (ou modulavam a atividade de) os níveis mais periféricos.

A seu tempo, os neuroanatomistas descobriram que a estrutura da formação reticular incluía tanto fibras ascendentes quanto descendentes, dentre as quais algumas eram ativadas por formas específicas de estimulação, e outras eram ativadas de maneira não-diferenciada, influenciando o cérebro como um todo.

Como existem muitos indicadores diferentes de atividade neural, experimentamos muito até determinar quais eram os mais indicados às nossas necessidades. A semelhança de muitos outros pesquisadores do cérebro e das funções intelectuais, fazemos uso extensivo do eletroencefalograma, um aparelho que registra a atividade elétrica do cérebro a partir de eletrodos colocados sobre a superfície do crânio. A atividade elétrica, ou as "ondas cerebrais", de um adulto normal desperto, que não é exposto a qualquer estímulo em especial - como um adulto sentado numa poltrona confortável numa sala escura - é dominada por ondas cerebrais pequenas e rápidas, conhecidas como ondas alfa. Quando se introduz um estímulo e a pessoa se altera, a atividade alfa é suprimida, o que nos proporciona um importante indicador de ativação.

Quando estas técnicas eletrofisiológicas apareceram nos anos 50, decidimos que uma atenção especial deveria ser dada ao papel dos lobos frontais na organização e no apoio aos níveis adequados de atividade cerebral. Segundo nossa hipótese, os sintomas de lesão nos lobos frontais que havíamos descrito anteriormente podiam estar ligados a um distúrbio da capacidade cerebral de coordenar os níveis de ativação de seus subsistemas. Homskaya voltou sua atenção para este problema em meados da década de 50, dando início a uma linha de pesquisa que já dura mais de vinte anos. Estabelecemos uma seção neurofisiológica em nosso laboratório no Instituto Burdenko de Neurocirurgia, onde poderíamos realizar nossa pesquisa neuropsicológica e neurofisiológica, garantindo que tivessem a necessária coordenação.

Uma das pedras angulares de nosso trabalho foi a pesquisa de Sokolov sobre o reflexo de orientação, que Pavlov havia denominado anos antes de reflexo do "o que é". O reflexo de orientação nos foi particularmente útil por manifestar tanto as características específicas quanto as não-específicas, que sabíamos serem ambas centrais para os mecanismos de ativação cerebral. O modelo experimental básico de nosso trabalho surgiu de uma técnica que eu havia desenvolvido em conjunto com Vinogradova no princípio da década de 50. Naquele momento havíamos utilizado a resposta galvânica da pele e o fluxo de sangue nos vasos periféricos como indicadores de ativação específica e não-específica, mas a lógica de procedimento não se alterou quando passamos a usar a dessincronização de ondas alfa, como tem sido demonstrado por inúmeros experimentos subsequentes.

Primeiro adaptávamos os sujeitos sentando-os tranquilamente numa poltrona, numa sala vazia onde não acontecia nada em especial. Então eles ouviam através de um alto-falante uma lista de palavras comuns, lidas para eles a partir de uma sala de controle. As palavras eram apresentadas em intervalos de cerca de um minuto, variando o tempo entre as palavras de modo que o sujeito não pudesse antecipar o momento em que viria a próxima palavra.

A resposta inicial à primeira palavra era uma marcada ativação não-específica, que se manifestava como um aumento da condutância elétrica da pele, uma diminuição do suprimento periférico de sangue, e uma dessincronização do ritmo alfa. À medida que eram apresentadas novas palavras, a magnitude da ativação, ou do reflexo de orientação, diminuía. Quando o reflexo de orientação já havia quase desaparecido, após apresentação de dez a quinze palavras, apresentávamos mais uma palavra, "casa", por exemplo, seguida de um leve choque elétrico na mão do sujeito. É desnecessário dizer que este choque produzia novo reflexo de orientação e elevava o nível de ativação. E, o que é mais importante, produzia esta ativação não só em resposta ao choque, como também em resposta às próximas palavras da série.

Quando dávamos fim ao experimento sem introduzir outros choques, descobrimos que a apresentação gradual de palavras faladas novamente deixaria de evocar um nível significativo de ativação. Mas, pela introdução seletiva de choques, ligados a certas palavras imbuíamos essas palavras de um significado especial, que nos capacitava a estudar a ativação seletiva controlada pelo significado das palavras. Por exemplo, se incluíssemos em nossa série de palavras comuns a palavra "lar", próxima em significado à "casa", descobrimos que sujeitos com uma certa experiência não prestavam atenção especial a qualquer das palavras da série, exceto estas duas; as duas palavras evocavam níveis altos de ativação. Conseguimos demonstrar que o significado das palavras era a base da seleção, incluindo na série palavras que de outro modo remetiam à "casa". Por exemplo, podíamos incluir a palavra "rasa" para verificar se a similaridade acústica controlava a ativação. Em adultos normais, não o fazia.

Com este modelo experimental, pudemos realizar uma investigação neurofisiológica mais profunda sobre como os lobos frontais afetam a atividade do cérebro como um todo. Éramos capazes de rastrear o efeito não-específico de todos os tipos de estímulo, e podíamos conferir a determinados estímulos um significado especial, para distinguir entre a ativação específica e a não-específica. Nem sempre o uso das técnicas de reflexo condicionado era necessário, como as que utilizamos nos anos 50; uma grande variedade de métodos, entre os quais instruções simples, tem sido frequentemente de grande utilidade.

Os resultados do trabalho realizado por Homskaya e seus colegas foram muito importantes para nosso entendimento das funções dos lobos frontais. No trabalho com sujeitos normais ou com pacientes que haviam sofrido lesão das partes posteriores do cérebro, como o lobo parietal, sempre encontraram os padrões de atividade específica e não-específica. Trabalhando com uma técnica que se baseava em instruções preliminares, como "preste atenção à palavra 'casa' ou "escute as palavras que vou dizer", Homskaya constatou que as instruções que provocavam uma ativação seletiva também produziam um alto grau de atividade geral, além das mudanças evocadas pelo estímulo alvo. Com instruções do segundo tipo, que não demandavam uma atividade seletiva especial, a ativação durava menos, além de ser não-seletiva.

A coisa mudava totalmente de figura em se tratando de pacientes com lesões nos lobos frontais. Via de regra, estas pessoas apresentavam pouco comportamento ativo, e a falta de espontaneidade era um sintoma básico de sua patologia. Sua resposta ã estimulação, medida pela ativação do padrão de EEG, era significativamente diferente daquela obtida com pacientes de lesões posteriores ou sujeitos normais. Nos pacientes frontais, os estímulos que não tinham significado especial evocavam mudanças marcadas no EEG, mais ou menos semelhantes àqueles observados em sujeitos normais expostos aos mesmos estímulos. Mas nenhuma mudança ocorria no EEG de pacientes frontais quando os estímulos eram carregados de significado pelo uso de instruções verbais. Ao lidar com pacientes que haviam sofrido grandes lesões bilaterais, chegamos a observar uma inibição dos processos corticais em resposta a palavras significativas, quando esperaríamos exatamente o contrário. Estes resultados indicaram que os lobos frontais são responsáveis pela modulação do tônus, ou nível da atividade neural, do córtex cerebral. Em indivíduos normais, o efeito estabilizante do córtex frontal, de acordo com as instruções verbais, se reflete diretamente no padrão de EEG.

Tendo desenvolvido nossa técnica para rastrear o nível de atividade cerebral através do uso dos indicadores de *Processos Fisiológicos* proporcionados pelo EEG, pudemos repetir e ampliar algumas de nossas observações *psicológicas* rastreando suas bases fisiológicas. A pesquisa subsequente, registrada em monografias de autoria de Homskaya, e em algumas de minhas próprias publicações, demonstrou que no adulto normal os lobos frontais exercem controle sobre o comportamento em parte como resultado de seu controle sobre o nível de ativação provocada por diferentes tipos de estímulos verbais. Repetimos vários experimentos básicos que haviam sido modelados no método motor combinado. Às vezes, pedíamos ao paciente que "apertasse o botão quando surgisse a luz vermelha". Ou introduzíamos na tarefa algumas escolhas elementares: "quando você vir a luz vermelha, aperte com sua mão direita; quando vir a luz verde, aperte com sua mão esquerda". Nestes casos, os pacientes frontais poderiam responder corretamente de início, mas o tônus cortical logo diminuía, e quando o fazia, apareciam os erros. Por vezes, o paciente perseverava, continuando a responder mesmo após a luz ter se apagado. Por vezes, nos experimentos que envolviam uma escolha, passava a responder com uma só mão, a despeito da mudança de estímulo, indicando uma perda de seletividade.

A capacidade de retenção das instruções verbais não estava perdida pelo paciente. Ele era capaz de repetir as instruções, mas elas haviam perdido sua função de controle. As respostas verbais puramente imitativas eram também conservadas. Os pacientes eram capazes de dizer "vermelho" ao aparecimento da luz vermelha, mas não controlavam sua resposta motora de acordo com seu comportamento verbal.

Conferimos grande significado ao fato de estes resultados espelharem aqueles que obtivemos em nossa pesquisa anterior com crianças. No caso de crianças de três a três anos e meio de idade, estávamos lidando com pessoas muito novas cujos cérebros ainda estavam se desenvolvendo. Neste período, a mielinização dos neurônios dos lobos frontais se completa; e nesta idade as crianças passam a controlar seu comportamento de acordo com instruções verbais. Em ambos os casos, há evidência de que a organização da ação humana consciente depende de forma crítica da operação dos mecanismos neurofisiológicos dos lobos frontais. No caso das crianças, o cérebro está se desenvolvendo ao mesmo tempo que a criança está adquirindo formas superiores de comportamento, sociais na origem, e verbalmente mediadas na estrutura. No adulto que sofre uma lesão dos lobos frontais, estas formas superiores se tornam inacessíveis, como resultado da agressão às estruturas neurais básicas do cérebro.

O progresso em direção de uma explicação das funções psicológicas superiores dependia de um progresso a ser realizado em duas frentes. O trabalho que se alongava "para baixo" em direção à neurofisiologia apontava um caminho. Mas também era necessário que atingíssemos um entendimento mais detalhado daqueles processos psicológicos que se organizam como parte da interação entre o cérebro e o ambiente social do homem.

Os quarenta anos de pesquisa sobre a psicologia e a organização cerebral da linguagem são ilustrativos do esforço necessário à exploração desta segunda dimensão da neuropsicologia. Este é um empreendimento tão complexo que cheguei a cunhar um termo especial *neurolinguística* para indicar os problemas que se relacionam estreitamente a nosso entendimento da linguagem humana. Embora os fenômenos linguísticos tenham tido um papel importante em grande parte de minha pesquisa, apresentei pouco da história que me levou a utilizar esquemas linguísticos específicos em meu trabalho de diagnóstico. Tampouco considerei a psicologia e a organização cerebral da linguagem *per se*. Entretanto, o problema das relações entre o cérebro e a linguagem tem me ocupado muito nos últimos anos, e ilustra a abordagem geral à análise psicológica que é essencial à neuropsicologia.

Meu interesse pelos fenômenos linguísticos cresceu naturalmente a partir de minhas primeiras pesquisas com o método motor combinado e com a teoria de Vygotsky, que dava ênfase à língua como uma ferramenta-chave, própria do ser humano, para a mediação das interações com o mundo. Mas um estudo da linguagem como um sistema altamente organizado de comportamento humano só começou realmente após ter começado a me dedicar ao problema da neuropsicologia das afasias semântica e sensorial.

A afasia sensorial é uma condição na qual os pacientes falam, mas são incapazes de entender a linguagem falada. Sabia que esta deficiência não podia ser atribuída a uma perda de audição ou a qualquer diminuição geral da inteligência. Também constatei que os pacientes de afasia semântica eram capazes de entender palavras isoladas, mas se perdiam quando deparados com termos que evocavam relações, como "o irmão do pai" ou "o círculo sob o triângulo".

Ao mesmo tempo em que estas observações eram interessantes e tinham um valor potencial para o diagnóstico, eu não estava seguro acerca de seu significado. Como clínico, me ocupava do estudo do *Die Aphasielehre vom Standpunkt der Klinischen Psychiatrie* de O. Pötzl, e do *Aphasia and Kindred Disorders of Speech,* de Head, além dos trabalhos de Gelb, Goldstein e outros. O trabalho destes neurologistas sugeria que eu teria que entender a maneira pela qual a informação espacial ou quase-espacial é armazenada no cérebro, e como as pessoas são capazes de construir a sinopse de uma cena com muitos detalhes. Para aprender mais sobre estes fenômenos, sabia que teria que dominar tudo que a lingüística daquele período, fins da década de trinta, pudesse me ensinar.

Uma das primeiras influências importantes em meu antigo trabalho linguisticamente orientado foi o *Grunzuge der Phonologie,* de N. S. Trubetskoy, que foi publicado em Praga em 1939. Foi imediatamente reconhecido como um relato revolucionário dos mecanismos da organização acústica da linguagem. Trubetskoy argumentava que o processamento da linguagem depende criticamente não só das características físicas do som, como a altura, mas também do valor do som como um meio de reconhecimento do significado das palavras. Ele enfatizava este aspecto fonêmico da fala, em detrimento de seu aspecto fonológico, pois era a organização do som em diferentes fonemas que distinguia as diferentes linguagens, e não os aspectos puramente físicos ou fonológicos do som. Para entender a afasia, eu sabia que teria de analisar a fragmentação do sistema fonêmico, e não a mera deterioração da análise acústica. Quando dei início a esta linha de trabalho, a lição que aprendi de Trubetskoy não era nem um pouco óbvia; afinal, eu estava observando pacientes que não conseguiam distinguir entre *B* e P, ou entre *D* e T, que sofriam do que era então chamado de "alienação dos significados das palavras" (Por exemplo, um paciente poderia repetir enigmaticamente: "Postura... o que significa? ... Postura ... Postura ...?)".

Eu sabia que os pacientes com lesões temporoparietoocipitais sofriam de uma severa dificuldade de compreensão, mas não sabia o que, em determinadas funções gramaticais, estava relacionado a estas áreas do cérebro. Neste ponto fui ajudado por V. V. Vinogradov, que me chamou a atenção para a publicação de um jovem linguista suíço, C. Svedelius. No seu *L'Analyse de Language,*. publicado em Uppsala em 1897, Svedelius dividia todas as formas de comunicação verbal em duas classes distintas: a comunicação de eventos, cujo conteúdo pode ser expresso em imagens, e a comunicação de relações, como em "Sócrates é um homem" ou "Kathy é mais bonita que Mary", que requerem esquemas linguísticos específicos, como as proposições ou a troca de ordem das palavras, para expressar adequadamente as ideias comunicadas. Eu precisava empreender um estudo especial destas construções, tarefa à qual dediquei dois anos.

Comecei estudando construções-modelo do tipo "irmão do pai" ou "pai do irmão", construções estas que incluem a forma atributiva de caso genitivo. Meus pacientes eram incapazes de entender estas construções, que em russo têm a forma de *otets brata* e de *brat otsa,* respectivamente, mas entendiam outras formas de caso genitivo, como o genitivo de partes, em "pedaço de pão", *kusok khleba.*

Comecei a compreender que nas construções genitivas atributivas havia um conflito entre as duas palavras, que demandava da pessoa que realizasse uma transformação mental para superar o conflito e entender a frase. Era necessário abstrair o significado imediato e concreto das palavras "do irmão" (N. do T.: em russo, a locução adjetiva "do irmão" não é composta por duas palavras, mas sim por uma só, *brata,* muito semelhante à palavra "irmão", *brat),* e converter o conteúdo semântico do substantivo no conteúdo semântico do adjetivo; mentalmente, era necessário inverter a sequência das palavras. Em russo, os adjetivos precedem os substantivos, como em *ukusnyi khleb* "pão bom". Mas numa construção como *brat otsa* "irmão do pai", a forma genitiva do substantivo "pai" tem a função de adjetivo, e, no entanto, se segue ao substantivo que ela modifica. Esta transformação só pode ser feita se o sentido relativo da expressão como um todo é compreendido. E essa era exatamente a transformação que os pacientes eram incapazes de fazer.

Quando estudei a área da linguística histórica, constatei que as construções relativas deste tipo haviam aparecido tardiamente no desenvolvimento da língua russa. Estavam totalmente ausentes das antigas crônicas eslavas. Ao invés, existem aposições simples: não *deti boyar,* "crianças dos boyares", mas sim a expressão mais simples *boyare deti,* "crianças boyares". Os antigos textos ingleses e alemães também aparentavam apresentar uma ausência de construções genitivas atributivas. No alemão, por exemplo, ao invés de *Mit Leidschajt der Liebe,* tínhamos a aposição *Mit Leidschajt und Liebe.* Estas evidências sugeriam que o genitivo atributivo, construção gramatical especificamente afetada nos casos da afasia semântica, era uma construção de origem histórica relativamente recente, e demandava um trabalho mental específico. O genitivo atributivo é necessário para a comunicação de relações de um tipo especial, que não estão ligadas nem ao genitivo de partes nem à comunicação de eventos.

Os dois anos em que estudei linguística, no começo de minha carreira, me foram muito úteis quando comecei a lidar seriamente com o problema da afasia semântica, porque eu já tinha um entendimento mais completo das necessidades de trabalho mental que eram exigidas por atos linguísticos aparentemente semelhantes. Eu me encontrava assim numa posição relativamente privilegiada que me permitia realizar um diagnóstico diferencial de determinados sintomas patológicos que anteriormente haviam sido confundidos na literatura neurológica. Como meu trabalho continuava me envolvendo com tentativas de entender a base cerebral do comportamento ligado à linguagem, senti a necessidade de continuar estudando a psicologia da linguagem ao mesmo tempo em que investigava suas bases neurológicas. E na mesma medida em que os avanços da neurologia e da neurofisiologia contribuíam para nossos estudos dos mecanismos cerebrais, os avanços dos estudos de linguística foram cruciais para melhorar nosso entendimento daqueles fenômenos da fala que a deficiência cerebral afetava; as duas empreitadas estão inseparavelmente ligadas. Amiúde, voltava minha atenção para velhos dados, imbuído de novas ideias, proporcionadas pelos avanços da linguística.

Uma das distinções que apareceu na linguística com o trabalho de Saussure na década de 20, e que usei extensivamente na década de 40 como resultado do trabalho de Roman Jakobson, foi a diferença entre o aspecto "paradigmático" da linguagem, que se refere à inserção das palavras e das coisas que elas denotam em determinadas categorias, capacitando as pessoas a fazerem comparações e generalizações, e o aspecto "sintagmático", que capacita as pessoas a combinarem as palavras de modo a formar expressões coerentes. A função paradigmática da fala permite que os códigos da linguagem sejam utilizados para separar aspectos importantes do ambiente, e também possibilita que consideremos toda uma categoria de aspectos num só momento, que é o que fazemos quando utilizamos categorias. A função paradigmática da fala está intimamente relacionada com as motivações básicas que direcionam a atividade. Liga nossas intenções aos nossos pensamentos.

Na tentativa de entender a organização cortical da fala, temos que reconhecer a existência tanto da função categorizante quanto da função realizadora de intenções, que se interpenetram em todo discurso. Além disso, reconhecendo que exercem funções diferentes, mesmo que relacionadas, podemos esperar que suas localizações corticais sejam diferentes. Revendo a história da neurologia, pode-se constatar que já em 1913 Pick apontava para a função sintagmática, quando buscava determinar como padrões condensados de pensamento poderiam expandir-se até atingir a forma de afirmações contínuas e sequencialmente organizadas, e a referência de Jackson ao aspecto "proposicionante" da fala demonstra que também ele reconheceu a importância desta função.

Trabalhando com esta distinção, que foi antecipada e utilizada por Vygotsky no *Pensamento e Linguagem* e em seus primeiros artigos sobre a localização das funções no cérebro, encontramos a esperada diferença na localização cerebral das funções sintagmáticas e paradigmáticas da linguagem. As lesões nas partes anteriores do hemisfério esquerdo, que estão reconhecidamente relacionadas às funções motoras, prejudicam seletivamente a fala fluente e sintagmaticamente organizada, mas os códigos verbais complexos baseados numa organização paradigmática permanecem mais ou menos intactos. Pacientes com tais lesões nomeiam facilmente objetos isolados, mas sua fala toma o clássico estilo "telegráfico", notado por muitos investigadores, devido a uma desordem da função predicativa, essencial à fala fluente.

Do ponto de vista desta distinção linguística, os pacientes com lesões na parte posterior do cérebro apresentam um padrão de distúrbio exatamente oposto. Estes pacientes são capazes de falar fluentemente, mas as relações entre palavras individuais se desfazem. Esta é a base linguística das observações segundo as quais lesões na área parietoocipital acarretam a destruição das relações gramaticais como "irmão do pai".

Poderia alongar-me em exemplos, mostrando a necessidade de uma combinação de análises linguísticas, psicológicas e neuropsicológicas para o entendimento dos mecanismos subjacentes a cada forma específica de patologia da fala. Será suficiente, no entanto, dizer que os mesmos princípios do entendimento de palavras individuais e de frases simples também se aplicam, de forma exata, à compreensão de parágrafos inteiros, textos e narrativas. Uma discussão completa destes temas será encontrada em meu livro *Problemas Básicos de Neurolinguística*. Ao invés de multiplicar os exemplos, vou apresentar um exemplo único, que tornará claras as maneiras pelas quais as várias disciplinas, que contribuem para o entendimento de uma atividade tão complexa quanto a linguagem, devem ser combinadas para que se desvende sua organização cerebral. O exemplo se relaciona ao fenômeno conhecido como "imitação solicitada" pela literatura sobre a linguagem infantil, enquanto que na afasiologia é referido como "afasia de condução".

Em 1875, Wernicke descreveu uma forma especial de afasia, na qual o paciente mantinha um entendimento perfeito da fala a ele dirigida, e até certo ponto era capaz de produzir espontaneamente uma fala coerente, mas não conseguia repetir sons, palavras ou frases. Este fenômeno era considerado paradoxal, pois ao mesmo tempo em que o paciente fazia afirmações muito elaboradas, era totalmente incapaz de repetir mesmo as frases mais simples apresentadas pelo médico. A hipótese de Wernicke era a de que este distúrbio era causado por um rompimento das conexões diretas entre os "centros de fala" sensoriais e motores, embora cada um desses centros permanecesse intacto, e também mantivesse suas conexões com hipotéticos "centros superiores". Nos anos seguintes, diversos casos semelhantes foram registrados, e o conceito de um tipo especial de afasia de condução foi passado adiante por diversas publicações de compêndios.

Como frequentemente acontece com esquemas simples, os dados contraditórios foram relegados a segundo plano. Quando defrontados com a assim chamada afasia de condução, os pesquisadores notaram que em alguns pacientes a dificuldade de repetir palavras parecia advir de uma dificuldade de nomear objetos; em outros casos, os objetos isolados eram nomeados, mas a repetição de material mais complexo era impossível. Foram também observadas dificuldades envolvendo a fala narrativa, que hipoteticamente estaria sob controle exclusivo de centros superiores.

Na minha opinião, os princípios de um entendimento deste fenômeno não vieram de uma abordagem exclusivamente linguística ou estritamente neurológica, mas de uma análise psicológica de atividade realizada por uma pessoa que repete o que outra pessoa fala. Já em 1870, Jackson sugeriu que a nomeação de objetos e a repetição de palavras isoladas não são formas mais elementares ou naturais de fala. Numa série de investigações, Goldstein dedicou especial atenção à importância de se realizar uma análise psicológica da repetição da fala. Seu argumento era que nem a nomeação de objetos isolados nem a repetição de palavras seriam a base da atividade de fala mais natural. Ao invés, a forma básica de comunicação através da fala seria a formulação de ideias como proposições unificadas, inteiras, que estariam intimamente ligadas às motivações e às condições da atividade na qual o indivíduo está engajado. Quando o neurologista pede ao paciente que repita frases arbitrárias e totalmente desligadas de qualquer ação prática, está na verdade pedindo a ele que se engaje numa abstração da fala em relação à ação, ao mesmo tempo em que pede que ele fale.

A descoberta principal da análise de Goldstein recebeu apoio de uma fonte muito diferente. Há muito tempo, Piaget, além de Vygotsky e estudantes, descobriu que, mesmo depois que as crianças novas haviam aprendido a falar, ainda tinham dificuldade em realizar tarefas muito simples de imitação, em que tudo que deveriam fazer era repetir a ação ou frase realizada por um adulto. Recentemente, Daniel Slobin e seus colegas nos Estados Unidos fizeram um estudo da fala espontânea de uma criança em casa. De tempo em tempo, pediriam à criança que repetisse algo que falara minutos antes. Além de confirmar as observações feitas há meio século, e que hoje reaparecem no contexto do campo em expansão da psicolinguística do desenvolvimento, Slobin observou que a fala espontânea da criança era organizada segundo as motivações que guiavam seu comportamento como um todo; privada da motivação organizadora, a fala da criança perdia seu princípio diretor. A "deficiência" da criança representa aquele fenômeno que seria chamado de afasia de condução, se Slobin, ao invés de trabalhar com uma criança saudável de dois anos, estivesse trabalhando com um adulto que tivesse sofrido uma lesão cerebral.

Como a abordagem geral proposta por Vygotsky formava a base de nossa pesquisa, adotamos a proposição fundamental segundo a qual a mudança do objetivo de uma tarefa leva inevitavelmente a uma mudança significativa na estrutura dos processos psicológicos que a levam a termo. Uma mudança da estrutura da atividade, em outras palavras, implica uma mudança na organização cerebral dessa atividade. Assim, uma transição da fala espontânea à solicitada, seja um diálogo ou monólogo, não só modifica a tarefa e a estrutura do processo da fala, como também muda os sistemas funcionais do cérebro que dão apoio a estas atividades. Acreditar que a afasia de condução significa uma perda da atitude abstrata - a direção errônea a que Goldstein foi levado por sua teorização psicológica - ou que reflita a mera ruptura na conexão entre dois centros cerebrais, é equivalente a enganar-se em relação à estrutura da tarefa, à natureza da atividade e ao significado da lesão cerebral.

Uma vez entendida a verdadeira complexidade dos fenômenos de linguagem, não há mais necessidade de ignorar os casos aparentemente anômalos de afasia de condução, uma vez que não são mais do que uma indicação de que a afasia de condução não é uma única síndrome, mas sim um conjunto de distúrbios que se expressam de diferentes maneiras de acordo com as imposições feitas ao paciente e com as áreas específicas do cérebro que foram afetadas. Constatamos que as afasias motora, sensorial e semântica eram termos que abarcavam uma grande quantidade de fenômenos correlatos; da mesma maneira, nossas análises posteriores demonstraram que o termo vago "afasia de condução" abarca diversas subcategorias de distúrbios.

Estes exemplos ilustram um processo que não tem um fim. Se alguém quer estudar os fundamentos cerebrais da atividade psicológica, deve estar preparado para estudar tanto o cérebro quanto o sistema de atividade, tanto profundamente quanto o permitir a ciência contemporânea. Em muitos casos, pistas importantes são fornecidas por especialistas de campos correlatos. Isto foi comprovado em nossos estudos de neurolinguística. Também o ficou em nossos estudos acerca da resolução de problemas de distúrbios da memória. Mas em cada um destes casos, constatamos que temos que utilizar o trabalho dos especialistas como um ponto de partida, modificando as tarefas e as teorias conforme quisermos, porque as condições do trabalho clínico não permitem a aplicação controlada de muitos métodos experimentais. E, lidando com pacientes, nunca devemos esquecer que o que está em jogo é uma vida humana individual, e não uma abstração estatística que, em sua média, comprova uma teoria.

10. Ciência Romântica

No princípio deste século, o erudito alemão Max Verworn sugeriu que os cientistas podem ser divididos em dois grupos distintos, de acordo com seu pendor científico particular: clássicos e românticos. Estas duas orientações básicas, notou, refletem não só a atitude geral de cada erudito em relação à ciência, como também suas características pessoais.

Os eruditos clássicos são aqueles que encaram os eventos em termos de suas partes componentes. Passo a passo, isolam elementos e unidades importantes, até serem capazes de formularem leis gerais e abstratas. Estas leis então são vistas como os agentes governantes do fenômeno estudado. Um dos resultados desta abordagem é a redução da realidade viva, com toda sua riqueza de detalhes, a esquemas abstratos. Perdem-se as propriedades do todo vivente, o que levou Goethe a escrever: "Cinzas são as teorias, mas sempre verde é a árvore da vida".

Os traços, atitudes e estratégias dos eruditos românticos são exatamente os opostos. Não seguem o caminho do reducionismo, que é a filosofia dominante do grupo clássico. Os cientistas românticos não querem fragmentar a realidade viva em seus componentes elementares, e tampouco representar a riqueza dos eventos concretos através de modelos abstratos que perdem as propriedades dos fenômenos em si mesmos. É de maior importância, para os românticos, a preservação da riqueza da realidade viva, e eles aspiram a uma ciência que retenha esta riqueza.

Os eruditos românticos e a ciência romântica, é claro, têm suas limitações. À ciência romântica faltam a lógica e o raciocínio cuidadoso, consecutivo, passo-a-passo, que caracterizam a ciência clássica; tampouco atingem os românticos aquelas formulações sólidas e leis universalmente aplicáveis. Por vezes, a análise lógica escapa aos românticos e, dependendo da ocasião, eles deixam que suas preferências artísticas e intuições tomem o comando da situação. Com frequência, suas descrições não só precedem as explicações como tomam seu lugar. Por muito tempo tenho pensado sobre qual destas duas abordagens, em princípio, leva a um melhor entendimento da realidade viva.

Este dilema é uma reformulação do conflito entre as abordagens nomotética e idiográfica à psicologia, que me ocuparam ao longo dos primeiros anos de minha vida intelectual. Dentro da psicologia, as abordagens conflitantes subjazem à crise entre a psicologia explicativa, fisiológica, e a psicologia descritiva, fenomenológica, das funções psicológicas superiores. Um dos principais fatores que me atraíram em Vygotsky foi sua insistência na necessidade de se resolver esta crise. Ele via esta resolução como a meta mais importante da psicologia em nosso tempo. Mas nosso trabalho não se realizava no vácuo. Ao invés, teve seu lugar num contexto social e científico muito maior que conformou a atitude de todos os cientistas, eu inclusive.

Desde o começo deste século tem ocorrido um enorme progresso tecnológico, que mudou a estrutura mesma da empreitada científica. Pode-se dizer que este progresso começou na primeira metade do século dezenove, com a descoberta de que as células são as partículas elementares de todo organismo vivo. Esta descoberta abriu o caminho para a fisiologia e a patologia celulares de Virchow. O reducionismo, o esforço da redução de todos os fenômenos complexos e suas partículas elementares, tornou-se o princípio diretor de todo empreendimento científico. Na psicologia, parecia que a redução de todos os eventos psicológicos a leis fisiológicas elementares poderia levar a uma explicação derradeira do comportamento humano. O reducionismo no estudo da aprendizagem levou a uma ênfase na contiguidade e no reforço como elementos básicos, a combinação dos quais poderia explicar mesmo as formas mais complexas de comportamento, incluindo a atividade humana consciente. Nesta atmosfera, a representação rica e complexa do comportamento humano que havia existido nos fins do século dezenove desapareceu dos compêndios.

Mais tarde, como resultado do enorme progresso realizado na biofísica, foi lançada uma nova onda de reducionismo. Durante este período, muitos eruditos supuseram que a explicação de processos comportamentais, incluindo processos psicológicos superiores como a memória e a atenção, poderia ser encontrada num nível molecular ou mesmo submolecular. Estas tentativas de redução do comportamento consciente ao nível microscópico predominaram em especial no estudo do cérebro como base do comportamento. Durante este período, o estudo da atividade humana consciente submergiu num mar de especulações moleculares.

Aconteceu então aquela que foi, talvez, a realização mais impressionante. Foram inventados equipamentos eletrônicos cuja velocidade e capacidade de detecção excediam em muito a dos indivíduos humanos, e os computadores eletrônicos autorreguladores tornaram-se uma das ferramentas básicas da ciência. Muitos eruditos passaram a crer que a observação poderia ser substituída pela simulação computadorizada e por modelos matemáticos. Os compêndios e monografias de psicologia transbordaram de tais modelos e esquemas. Este dilúvio trouxe consigo um perigo ainda mais grave: a realidade da atividade humana consciente estava sendo substituída por modelos mecânicos.

Esta tendência de reduzir fatos vivos a esquemas matemáticos e de deixar a investigação a cargo de instrumentos foi especialmente enfatizada na medicina. A medicina dos anos anteriores havia se baseado num esforço de isolamento de síndromes, através da descrição de sintomas significativos. Esta atividade era considerada essencial tanto para o diagnóstico quanto para o tratamento. Com o advento da nova instrumentação, estas formas clássicas de procedimento médico foram relegadas a um segundo plano. Os médicos de nosso tempo, tendo a seu lado uma bateria de testes e equipamentos de laboratório, frequentemente não enxergam a realidade clínica. A observação dos pacientes e a avaliação das síndromes deram lugar a dezenas de análises laboratoriais que são então combinadas por esquemas matemáticos como meio de diagnóstico e de planejamento do tratamento. Os médicos que são grandes observadores e grandes pensadores têm gradualmente desaparecido. É raro encontrarmos hoje um médico realmente bom, que seja igualmente adepto da observação, do julgamento e do tratamento. Não pretendo subavaliar o papel de instrumentação na medicina. Mas me inclino a rejeitar enfaticamente uma abordagem pela qual estes equipamentos auxiliares assumam lugar de método central, e pela qual seu papel de servos do pensamento clínico seja invertido, de modo que o raciocínio clínico siga os dados instrumentais como um escravo segue seu senhor.

No último século, quando eram raros os métodos auxiliares de laboratório, a arte da observação e da descrição clínicas atingiu seu ápice. Não é possível que se leiam as clássicas descrições dos médicos J. Lourdat, A. Trousseau, P. Marie, J. Charcot, Wernicke, Korzakoff, Head e A. Meyer, sem atentar à beleza da arte científica. Hoje esta arte da observação e da descrição está quase perdida.

Também as observações e descrições simples têm suas limitações. Podem levar a uma descrição de eventos imediatamente aparentes que seduza os observadores a realizarem pseudo-explicações baseadas em seu próprio entendimento fenomenológico. Este tipo de erro coloca em perigo o papel essencial da análise científica. Mas só é perigoso quando a descrição fenomenológica é superficial e incompleta. A observação verdadeiramente científica evita estes perigos. A observação científica não é pura descrição de fatos separados. Sua meta principal é visualizar um evento a partir do maior número possível de perspectivas. O olho da ciência não sonda uma "coisa", um evento isolado de outras coisas ou eventos. Seu verdadeiro objeto é ver e entender a maneira pela qual uma determinada coisa ou objeto se relaciona a outras coisas e objetos.

Sempre admirei a observação de Lenin de que um copo, enquanto objeto científico, só pode ser entendido quando é visto a partir de várias perspectivas. No que diz respeito ao material de que é feito, torna-se um objeto da física; quanto ao seu valor, um objeto da economia; quanto a sua forma, um objeto de estética. Quanto mais isolarmos relações importantes, mais perto chegamos da essência do objeto, de um entendimento de suas qualidades e das regras de sua existência. E quanto mais preservamos toda a riqueza de suas qualidades, mais perto chegaremos das leis internas que determinam sua existência. Esta perspectiva levou Karl Marx a descrever o processo de descrição científica pela estranha expressão "ascendendo ao concreto".

A observação e a descrição dos fatos psicológicos devem seguir o mesmo processo. As observações clínicas e psicológicas não têm nada em comum com o reducionismo do classicista. As análises clínicas de minhas primeiras pesquisas vêm ao caso agora. Uma tal análise procura os traços mais importantes ou os fatores primários básicos que têm consequências imediatas, e então busca as consequências secundárias ou "sistêmicas" destes fatores básicos subjacentes. A cena como um todo só se torna clara depois que estes fatores básicos e suas consequências foram identificados. O objetivo da observação é, portanto, estabelecer uma rede de relações importantes. Quando bem-feita, a observação cumpre o objetivo clássico de explicar os fatos, sem perder de vista o objetivo romântico de preservar a multiplicidade de riquezas do objeto.

Tenho tentado preservar o espírito da análise clínica no uso de instrumentos auxiliares de laboratório, como um caminho de avanço científico significativo. Em muito deste trabalho, minha abordagem tem sido tão clássica quanto romântica. Mas, de tempos em tempos ao longo de minha vida, tenho tido oportunidade de dar vazão a meus interesses de maneira mais puramente romântica.

Minhas tentativas de reviver as tradições da ciência romântica resultaram em dois livros, *A Mente de um Mnemonista* (1968) e *O Homem do Mundo Fragmentado* (1972). Em ambos os trabalhos tentei seguir os passos de Walter Pater em seus *Retratos Imaginários,* escrito em 1887, a não ser pelo fato de que meus livros foram retratos não imaginados. Em ambos os livros descrevi um indivíduo e as leis de sua vida mental. Sendo quase impossível escrever uma descrição analítica da personalidade de alguém escolhido aleatoriamente de uma multidão, decidi escrever a respeito de dois homens, cada um dos quais tinha uma característica que assumia um papel dominante na determinação de sua personalidade e o diferenciava de todas as demais pessoas. Em cada um dos casos, tentei estudar os traços básicos de cada indivíduo tão cuidadosamente quanto possível, e desses traços deduzir as outras características da personalidade. Em outras palavras, tentei fazer uma "análise de fatores" a respeito de meus sujeitos.

O primeiro livro no qual utilizei esta abordagem foi *A Mente de um Mnemonista.* S. V. Sherashevsky, o famoso mnemónico que foi o herói deste livro, tinha uma memória excepcional que dominava sua personalidade. No entanto, o objeto de meu livro não foi sua memória em si mesma, mas sim sua influência sobre sua personalidade.

A memória de Sherashevsky era de um tipo complexo, eidético-sinestético. Facilmente convertia qualquer percepção, mesmo palavras percebidas acusticamente, em imagens ópticas, que estavam intimamente relacionadas com outras sensações, incluindo o som, o paladar e demais sensações táteis.

Lembro-me de um dia em que íamos juntos ao laboratório do fisiologista russo L. A. Orbeli. "Você se lembra de como chegar lá?", perguntei a Sherashevsky, esquecendo que ele permanentemente conservava todas suas impressões. "Oh", respondeu ele, "como eu poderia esquecer? Afinal, aqui está esta cerca. Ela tem um gosto tão salgado, e é tão áspera; além disso, tem um som tão agudo e penetrante". Ele informou a Vygotsky: "Você tem uma voz tão amarela e crocante". E me contou sobre uma ocasião em que estava comprando um sorvete. A mulher que o vendia perguntou-lhe numa voz profunda: "Você prefere chocolate?" A voz dela lhe pareceu tão estridente que, na sua mente, o sorvete foi imediatamente coberto de pequenos pontos negros, e ele não conseguiu prová-lo. Como ele explicou o processo:

"Eu reconheço uma palavra não só pelas imagens que evoca, mas por todo um complexo de sentimentos que a imagem detona. É difícil de expressar ... não é ligado à visão ou à audição, é um sentido geral que eu tenho. Geralmente experiencio o peso e o gosto de uma palavra, e não tenho que fazer esforço para lembrar-me dela - a palavra parece lembrar-se de si mesma. Mas é difícil descrever. O que eu sinto é algo oleoso que me escapa pelas mãos... ou, tenho consciência de um leve formigamento na minha mão esquerda, causado por uma massa de pontos pequeninos e leves. Quanto isto acontece, eu simplesmente me lembro, sem sequer tentar" (Registro, 22 de maio de 1939).

Estes componentes sinestéticos lhe forneciam uma informação adicional que garantia a correta lembrança. Se ele reproduzisse inadequadamente uma palavra, as sensações sinestéticas adicionais não coincidiriam com a palavra pensada, dando-lhe a impressão de que algo estava errado e forçando-o a corrigir seu erro. Mas estas sensações eram secundárias, se comparadas ao componente visual de sua lembrança. Quando ele ouvia ou lia uma palavra, esta era imediatamente convertida numa imagem visual correspondente ao objeto significado pela palavra. Ele descreveu: "Quando eu ouço a palavra *verde,* aparece um vaso verde; com a palavra *vermelho* vejo um homem de camisa vermelha vindo em minha direção. E o *azul,* significa para mim a imagem de alguém que acena uma pequena bandeirola azul de uma janela... Mesmo os números me evocam imagens. Tome o número 1. É um homem orgulhoso, bem formado; o 2 é uma mulher alegre; o 3 é uma pessoa depressiva" (Registro, setembro de 1936).

Quando Sherashevsky lia uma série de palavras, cada palavra evocava uma imagem gráfica. Como as séries eram geralmente longas, ele tinha de arrumar um jeito de distribuir estas imagens em alguma sequência mental. Frequentemente ele as "distribuiria" ao longo de uma rodovia ou rua que ele visualizava em sua mente. Esta técnica explica porque ele podia facilmente reproduzir uma série do começo ao fim, ou em ordem inversa, e porque ele podia rapidamente nomear a palavra que seguia ou precedia alguma outra que eu selecionara da série. Para fazê-lo, ele simplesmente começaria a andar, do começo ou do fim da rua, encontrar a imagem do objeto nomeado e "olhar" o que acontecia à volta dele.

Estas imagens e sensações eram surpreendentemente estáveis, e ele era capaz de recitar trechos de conversas ou apresentações que haviam ocorrido havia décadas. Era impossível estabelecer um limite para a capacidade ou reação de sua memória, ou encontrar qualquer indício de que esta se extinguia ao longo do tempo.

Esta estabilidade tornou-se especialmente problemática para ele quando iniciou sua carreira de mnemónico profissional. Escreveu: "Tenho medo de começar a confundir as diferentes apresentações. Então, em minha mente, eu apago a lousa e a cubro, por assim dizer, com um filme completamente opaco e impenetrável. Eu tiro isto da lousa e ouço o som que emite quando eu o amasso até virar uma bola... Mesmo assim, quando começa a próxima apresentação e eu me dirijo àquela lousa, os números que apaguei podem aparecer novamente" (Carta. 1939). Ele tentou escrever as coisas, de modo que não precisasse mais lembrar-se delas, mas este procedimento também não era satisfatório. Ele foi além e começou a jogar fora ou mesmo queimar as folhas de papel nas quais havia escrito os itens que desejava esquecer. Mas ele ainda lembrava. Então,

"Uma noite - no dia 23 de abril - eu estava muito exausto após três apresentações, e me perguntava como eu enfrentaria a quarta. À minha frente eu via as tabelas de números das três primeiras apresentações ... pensei em dar uma rápida olhada para ver se a primeira tabela ainda estava lá. Eu tinha medo que de algum modo ela não mais estivesse. Eu queria e não queria que ela aparecesse. E então pensei: a tabela não está aparecendo agora, e o motivo está claro - é porque eu não quero que apareça! Aha! Isto quer dizer que se eu não quiser que a tabela apareça, ela não o fará. Tudo que era necessário era que eu percebesse isto!"

Uma descrição de Sherashevsky seria inadequada se se limitasse à sua memória. O que era preciso era uma análise cuidadosa de como sua fantástica memória influenciava seu pensamento, seu comportamento e toda sua personalidade. Durante as décadas que o estudei, tanto a potência quanto os limites de suas capacidades intelectuais tornaram-se muito claros. Quando ele conseguia imaginar todos os dados de um problema, ele conseguia lidar com ele mais rápida e eficientemente que as pessoas com memórias normais. Ele se envolvia mais com as narrativas do que a maioria das pessoas, nunca perdia um único detalhe, e frequentemente via contradições que os próprios autores haviam deixado de perceber. Suas soluções a enigmas tinham uma alta qualidade estética.

Mas o uso que fazia das imagens imediatas, visuais e sinestéticas, para a resolução de problemas apresentava algumas dificuldades que ele não conseguia superar. Por exemplo, quando lia uma passagem de algum texto, cada palavra produzia uma imagem. Logo que começava uma frase, as imagens apareciam; enquanto lia, mais imagens eram evocadas. Se alguma passagem fosse lida para ele rapidamente, as imagens colidiriam entre si na sua mente; amontoar-se-iam uma sobre a outra e distorcer-se-iam. O problema era, então, como entender qualquer coisa. Se um texto fosse lido bem devagar, isto também apresentaria problemas: "Eu estava lendo esta frase: 'N. se reclinava contra uma árvore'. Vi um homem esguio vestido com um terno azul marinho (o N, você sabe, é tão elegante). Se encontrava perto de uma grande tília, rodeada de grama e madeiras... Mas a frase continuava: 'e olhava por uma vitrine de loja'. Mas essa agora! Quer dizer que a cena não se dá na floresta, ou num jardim, mas no meio da rua. E eu tenho que voltar novamente ao começo da frase" (Registro, março de 1937).

Assim, o entendimento de uma passagem, a absorção da informação contida nela, era um processo tortuoso para Sherashevsky. As imagens permanentemente ascendiam à superfície de sua mente, e ele lutava continuamente contra elas para concentrar-se no que era essencial. Como as imagens que construía eram particularmente vívidas e estáveis e retornavam milhares de vezes, logo tornaram-se o elemento dominante da consciência de Sherashevsky, e vinha à superfície de forma descontrolada cada vez que ele tomava contato com algo que era ligado a elas, mesmo de maneira mais geral. Seu pensamento figurativo era uma desvantagem específica quando ele tentava ler poesia. Cada expressão dava origem a uma imagem, que entrava em conflito com outra imagem já evocada.

As ideias abstratas representavam para ele outro foco de problemas e tormentos: *"Infinitude* - isto significa o que sempre existiu, mas o que veio antes? E o que virá depois? Não, é impossível ver isto ... Para entender o significado de uma coisa, tenho de vê-la ... Tome a palavra *nada*. Eu a li e imaginei que fosse muito profunda. Achei que seria melhor chamar o nada de alguma coisa ... porque eu vejo este nada, e ele é uma coisa. Para entender qualquer significado razoavelmente profundo, tenho que compor uma imagem dele logo de saída". Sherashevsky ficava perplexo e abatido quando defrontado com ideias abstratas, como ficam os jovens quando percebem que as ideias abstratas não podem ser expressas em termos gráficos. Mas a maioria dos adolescentes transforma o pensamento concreto no pensamento abstrato, e o problema para eles cessa. O papel tomado pelas imagens gráficas em seu pensamento é substituído por certas ideias convencionais acerca do significado das palavras. Seu pensamento torna-se verbal e lógico, e as imagens gráficas são relegadas à periferia de sua consciência. Esta é uma transição que Sherashevsky nunca realizou. Era incapaz de compreender uma ideia se não conseguisse vê-la, e então tentava visualizar a ideia de "nada", e encontrar uma imagem com a qual representar a "infinitude".

Também seu comportamento era afetado por sua memória. Ele era capaz de controlar seus processos involuntários, como a batida de seu coração e a temperatura de seu corpo, da mesma maneira que um yogue. Uma imagem clara dele, mesmo correndo, aumentava sua pulsação. Uma imagem de um pedaço de gelo em sua mão diminuía a temperatura desta. E uma imagem de sua mão segurando um copo de água quente aumentava sua temperatura superficial. Por este processo, ele era capaz de aumentar ou diminuir em 5 graus a temperatura de sua mão. Mas nos casos em que sua imagem interna entrava em conflito com a situação real, ele se perdia. "Eu tinha que ir à corte, e me preparei", ele me disse. "Eu havia imaginado o juiz sentado lá, e eu lá, de pé... Mas quando eu cheguei no tribunal, tudo era diferente. Me perdi e não consegui apresentar meu depoimento".

Toda a personalidade de Sherashevsky era determinada por suas fantásticas capacidades. Quando criança, ele era um sonhador cujas fantasias se revestiam de imagens extremamente vívidas, que se constituíam num mundo paralelo através do qual ele transformava as experiências da vida cotidiana. Ele tendia a não perceber a distinção entre a realidade e o que ele mesmo "via". Por exemplo: "Eu tive este hábito por algum tempo: talvez eu o pratique mesmo hoje. Eu olharia para o relógio, e por muito tempo continuaria vendo os ponteiros parados onde estavam, sem perceber que o tempo passava ... e é por isto que estou com frequência atrasado" (Registro, outubro de 1934).

Seus sonhos tornaram-se um substituto para a ação na medida em que se baseavam nas suas próprias experiências, que haviam se convertido em imagens. Esta capacidade de "ver" a si mesmo, de "separar-se de si mesmo", de converter suas experiências e atividades na imagem de uma outra pessoa que seguia suas instruções, era de grande valia na regulação de seu comportamento, como, por exemplo, quando ele controlava seus processos involuntários. Mas, às vezes, este separar-se de si mesmo interferia sobre seu completo controle sobre seu comportamento; o "ele" visto por Sherashevsky escaparia de seu controle e passaria a operar automaticamente.

Como toda a personalidade de Sherashevsky era conformada por sua notável memória, pude estudar a estrutura de sua mente do mesmo jeito que estudava síndromes. Já o segundo livro em que utilizei a abordagem da ciência romântica não se baseou numa capacidade extraordinária, mas numa catástrofe que devastou o potencial intelectual de um homem. Um estilhaço de bomba feriu um jovem, destruindo o lobo parietal do hemisfério esquerdo de seu cérebro. Seu mundo se fragmentou. Esqueceu seu nome, seu endereço. Todas as palavras desapareceram. Ele o descreveu mais tarde: "Devido àquela ferida eu me tornara uma pessoa anormal... era anormal porque tinha muita amnésia e por muito tempo não tive qualquer traço de lembranças ... estou sempre num nevoeiro, como num meio-sono muito pesado. Minha memória é um branco. Não consigo pensar numa só palavra. Tudo que passa por minha mente são imagens, visões nebulosas que aparecem como desaparecem, dando lugar a novas imagens. Mas eu simplesmente não consigo entender ou me lembrar do que estas significam".

Era incapaz de ler, ou mesmo de dizer se o jornal era escrito em língua estrangeira. No nosso primeiro encontro, no hospital de reabilitação para onde fora mandado após ter sido ferido, pedi a ele que lesse alguma coisa:

"O que é isto? ... Não, eu não sei... Não entendo ... o que é isto?" ele perguntou. Tentou examinar a página mais de perto, segurando-a em frente do olho esquerdo, depois deslocando-a mais para o lado e perscrutando cada letra com perplexidade. "Não, não consigo", foi tudo que pôde dizer. Então pedi a ele que escrevesse seu primeiro nome e cidade de origem. Também isto o levou a uma luta desesperada. Desajeitadamente pegou o lápis, primeiro pelo lado errado, e então tateou pelo papel. Mas, novamente, não conseguia escrever uma única letra. Estava abismado, não conseguia escrever e percebeu de repente que havia ficado analfabeto.

Como resultado de seu ferimento, perdeu a intimidade com seu corpo. Com frequência "perdia" seu lado direito, o que inevitavelmente ocorre em caso de lesão da área parietal do hemisfério esquerdo. Também pensava que partes de seu corpo haviam mudado: "Às vezes, quando estou sentado, sinto repentinamente que minha cabeça tem o tamanho de uma mesa - exatamente o mesmo - enquanto minhas mãos, pés e meu dorso tornam-se muito pequenos. Quando eu me lembro disto, eu mesmo acho engraçado, mas também muito estranho. Estes são o tipo de coisa que chamo de peculiaridades corporais. Quando fecho meus olhos, não tenho certeza de onde está minha perna direita: por alguma razão, me acostumei a pensar que estava em algum lugar acima do meu ombro, mesmo acima de minha cabeça".

E sua visão havia sido afetada, de modo que não conseguia perceber nada de maneira completa. Ele tinha de usar sua imaginação para preencher as lacunas do que via: "Isto é, tenho que formar uma imagem das coisas na minha mente, e tentar lembrar-me delas como cheias e completas - depois de ter a oportunidade de olhá-las, tocá-las, ou formar uma imagem delas". Isto ocorreu porque ele havia perdido o campo direito da visão nos dois olhos, isto significa que se ele focalizasse um ponto com os dois olhos, ele só conseguiria ver aquilo que se encontrava à esquerda do ponto. Tudo à direita estaria bloqueado. Além disso, haviam espaços em branco na sua visão. Mas certo dia, no curso da terapia, foi feita uma descoberta que revelou ser um ponto de virada:

"No começo eu tinha muito problema para escrever, isto é, mesmo depois que eu achei que já sabia as letras, não me lembrava de como eram formadas. Cada vez que eu queria pensar numa determinada letra, eu tinha que percorrer todo o alfabeto até encontrá-la. Mas um dia um médico que eu conhecia bem, pois ele era muito informal comigo e com os outros pacientes, me pediu para tentar escrever automaticamente - sem levantar minha mão do papel. Fiquei perplexo e o questionei algumas vezes antes que conseguisse começar, mas finalmente peguei o lápis e depois de repetir a palavra *sangue* algumas vezes, eu rapidamente a escrevi. Eu mal sabia o que havia escrito, uma vez que tinha dificuldade para ler... descobri que só conseguia escrever algumas palavras automaticamente - palavras curtas.

Após um treinamento intensivo de cerca de seis meses, ele aprendeu a ler e escrever. A escrita veio mais rápido, por ser para ele rima capacidade automática, com uma série de movimentos incorporados que não haviam sido afetados por sua lesão. Entretanto, ele continuava lendo devagar, dividindo as palavras em sílabas e letras, porque a parte do córtex que controla o funcionamento visual havia sido afetada. Mesmo assim, conseguia escrever automaticamente, mesmo que para isso precisasse revirar seu cérebro em busca de palavras e ideias com as quais se expressar. Ele o descreveu desta maneira:

"Quando olho para uma palavra como *golouokruzheniye* (tontura), não consigo entendê-la. Todas as letras mesmo as partes da palavra - têm tanto significado para mim quanto teriam para uma criança que nunca houvesse visto o alfabeto ou uma cartilha. Mas logo algo começa a se agitar em minha mente. Eu olho para a primeira letra G e espero até me lembrar de como pronunciá-la. Então vou para a letra O e pronuncio a sílaba inteira. Então tento uni-la à próxima sílaba. Olho rapidamente para a próxima letra, espero um pouquinho, e rapidamente olho para a letra O. Enquanto olho para esta letra, as duas letras da ex-trema esquerda me escapam da visão - isto é, só vejo a letra O e duas letras à esquerda. Mas as primeiras duas ou três letras da palavra não são mais visíveis. Na verdade, a este ponto só vejo uma névoa cinza, na qual manchas, fios e pequenos corpos parecem piscar e se agitar de um lado para o outro".

A despeito desta dificuldade, ele decidiu escrever um diário, descrevendo o que havia lhe ocorrido e sua luta para superar sua lesão cerebral. Trabalhou neste diário dia após dia por vinte e cinco anos, numa luta corpo a corpo com cada palavra e cada frase. As vezes levava todo um dia para escrever meia página. Primeiro chamou seu diário de "A História de uma Terrível Lesão Cerebral", mas depois mudou o título para "Continuarei Lutando". Seu diário tem hoje mais de três mil páginas.

Observei este paciente por mais de trinta anos. O livro que escrevi sobre ele não é um "retrato imaginário". O sr. Zassetsky existe. Para escrever seu retrato, utilizei partes de seu diário para descrever qual a sensação provocada por uma lesão. Mas o livro também contém digressões nas quais expliquei a estrutura psicológica das dificuldades que ele enfrentava, e como eram causadas pelo tipo de lesão que ele havia sofrido. Assim, este livro não é só um retrato, mas uma tentativa de chegar mais perto do entendimento de determinados fatos psicológicos através do uso da neuropsicologia.

Muitas vezes senti vontade de escrever um terceiro livro, ou mesmo uma pequena série de tais livros. Poderia descrever um homem que sofreu uma perda completa de memória, e tudo que aconteceu à sua personalidade após esta perda. Ou poderia escrever a respeito de um paciente com lesão dos lobos frontais, que acarretou numa completa perda de sua capacidade de formular metas e planos, e como isto o afetou. Até agora tais tentativas têm sido feitas por escritores, como Alexander Green, o escritor russo que escreveu "O Inferno Perdido e Retomado", um conto que descreve um paciente cujos lobos frontais foram feridos. Mas este é apenas um "retrato imaginário", como também o é o conto "Funes o memorioso" de Jorge Borges, no qual são repetidas algumas de minhas observações de Sherashevsky.

A realização de uma pesquisa visando um livro deste tipo seria difícil para mim. Tem-se que encontrar um indivíduo com qualidades excepcionais - um superdesenvolvimento de determinada característica, ou o distúrbio de alguma função primária - que tenha causado completa mudança de personalidade. Tem-se que passar décadas acompanhando este "retrato não-imaginado", isolando fatores decisivos e passo a passo construindo a síndrome completa. Infelizmente, não tenho uma tal oportunidade.

A única possibilidade que me restou foi voltar-me a mim mesmo e descrever *A Vida de um Psicólogo Soviético em Retrospecto,* tendo em mente que os componentes desta história são muito diferentes daqueles dos livros precedentes. Não há ninguém com capacidades excepcionais não tenho nenhuma. Nem há uma capacidade específica ou um desastre específico. Mas há a atmosfera de uma vida, que começou naquele momento único que foi o começo da Revolução. Há um período de exploração, o encontro com um gênio e o submeter-se à sua influência, e a série de realizações que um intelectual pode empreender ao longo de uma vida razoavelmente longa.

As pessoas vêm e vão, mas permanecem as forças criativas dos grandes eventos históricos, as ideias e feitos importantes. Esta seja talvez a única desculpa que tive para escrever este livro.

Epílogo

UM RETRATO DE LURIA

Nunca passaria o tempo de minha vida numa esperança vã e inútil, buscando o que não pode ser, um homem sem falhas entre todos que se alimentam de frutos da extensa terra. Mas louvo e amo todo homem que nada de vil faz por livre arbítrio. Contra a necessidade, nem mesmo os deuses lutam.
Simonides

A autobiografia de Luria, assim como minha introdução a ela, foram escritas de acordo com a filosofia de Alexander Romanovich, segundo a qual as pessoas são transitórias e só seus atos e ideias têm um interesse duradouro. Em certo sentido ele estava muito certo. Mas, aplicada à história de sua própria vida científica, esta visão despersonalizada das ideias trai tanto a substância de sua teoria psicológica quanto sua visão da importância das circunstâncias sociais na formação das realizações humanas individuais.

Quando minha esposa Sheila e eu lemos pela primeira vez o manuscrito que serviu de base para esta autobiografia, fomos surpreendidos pela total ausência de qualquer informação de caráter pessoal. A sucessão de ideias e experimentos são apresentados como que em um vácuo. Ao longo de uma série de cartas e de várias discussões que mantive com Alexander Romanovich no ano que antecedeu o de sua morte, 1977, tentei extrair detalhes do contexto social e pessoal de seu trabalho. Este esforço obteve sucesso apenas em parte. Luria manifestou pouco interesse por sua história pessoal quanto o sugere sua autobiografia. Mas minha curiosidade não permitiu que as coisas ficassem por isso mesmo.

Para descobrir algo a respeito da carreira de Alexander Romanovich, tive que recorrer a outros. Aprendi muito com as conversações que mantive com Lana Pimenovna Luria, sua esposa por quarenta anos, com seus antigos estudantes e com colegas. Na minha última visita a Moscou antes da morte de Alexander Romanovich, pedi a ele que organizasse uma reunião do pequeno grupo de psicólogos que haviam trabalhado com ele e com Lev Vygotsky durante a década de 20, na construção de uma nova psicologia soviética. Esperava que as reminiscências instigassem sua memória. Miraculosamente todos estavam vivos. Seis compareceram ao chá. Ao longo da discussão, ouvi velhas mulheres recitarem poemas que haviam composto havia já cinquenta anos, em homenagem às batalhas do grupo contra seus detratores. Alexander V. Zaporozhets, ligeiramente mais novo que Alexander Romanovich, sorriu amplamente ao lembrar-se da maneira enérgica pela qual Alexander Romanovich havia organizado o trabalho deles, e os apresentado orgulhosamente a Vygotsky em seus exames orais. Estas pessoas não haviam esquecido, e não desejavam que o mundo esquecesse, tudo que haviam feito e como haviam lutado. Prometi àquelas pessoas, Alexander Romanovich entre elas, que não esqueceria seus esforços e nem deixaria que fossem esquecidos. Decidi então escrever este ensaio.

Como não tenho o treinamento de um historiador da ciência e da sociedade, e como muito pouco material documental é disponível hoje a respeito da vida de Alexander Romanovich e da psicologia soviética daquele tempo, não pretendo apresentar um relato abrangente de sua vida e sua época para suplementar o panorama colocado em sua autobiografia. Fazem-se disponíveis excelentes discussões da ciência soviética, em particular o *Science and Philosophy in the Soviet Union,* de Loren Graham. Mas estes tratados eruditos revelam muito pouco do sabor pessoal que têm a vida e o trabalho de um psicólogo soviético. Para elaborar um panorama das condições precisas, da excitação, do medo e das esperanças que energizaram o trabalho de Alexander Romanovich por mais de meio século de labuta incansável, suplementei a informação disponível, não só com a escassa evidência documental existente, mas também com detalhes que não posso documentar, colhidos entre conversações casuais.

Escrevendo este ensaio, não pude escapar da perspectiva e idas limitações da minha própria educação, e de minhas próprias opiniões acerca da busca de uma psicologia científica mais poderosa e humana. Treinado na tradição das teorias americanas de aprendizagem dos anos 50, cheguei a Moscou sem suficiente preparo para entender o trabalho de um homem cujas ideias científicas, políticas e filosóficas constituíam uma visão do mundo coerente, e muito diferente de qualquer outra que eu já tivesse encontrado. Ainda que os estilos da teoria e da pesquisa psicológicas nos Estados Unidos tenham mudado consideravelmente nestes últimos vinte anos, ainda diferem da teoria e da pesquisa soviética em sua abrangência limitada e ênfase no pragmático.

O vazio que separa os cientistas soviéticos da geração de Alexander Romanovich dos psicólogos americanos da minha geração não pode ser superado por uma mera ignorância de sua existência. Ao invés, o estudo correlativo de nossas respectivas metas gerais, da história de nossas ideias e da estrutura de nossas teorias tem que ser feito atentando-se para as diferenças. Uma vez discernidas as dimensões e o contorno de nossas discordâncias, podemos considerar uma tentativa racional de *rapprochement*. No presente estado embrionário de uma tal atividade, no entanto, a impossibilidade de um relato completo e objetivo da vida e da obra de um psicólogo soviético, feito por um psicólogo americano, será tão evidente ao leitor quanto o é para mim.

Perante estas dificuldades, começo o relato por onde ele começa para mim, com minha primeira visita a Moscou em 1962. Naquele outono, Sheila e eu, recém-graduados da Universidade de Indiana, chegamos a Moscou, onde eu deveria me engajar por um ano numa pesquisa de pósdoutorado com Alexander Romanovich. Ele estava em sua *dacha* no dia em que chegamos, mas de maneira muito sensata mandou um estudante e um colega que fala inglês razoável para ajudar-nos a chegar na universidade. Na tarde seguinte, os Luria nos ofereceram um chá em sua casa. Alexander Romanovich nos apresentou a Lana Pimenovna e nos levou à sala de estar, que também servia como quarto. Num inglês excelente, perguntou se falávamos russo. "Um pouco", admiti. E esta foi a última vez que falamos entre nós em inglês, ainda que meu domínio da língua russa nunca chegasse a aproximar-se de seu domínio do inglês.

Ao longo da hora seguinte, escrevemos um "plano científico" que definia meu trabalho para o ano. Como eu havia chegado a Moscou portando nada além de uma vaga esperança de aprender sobre "condicionamento semântico", ou o estudo das respostas condicionadas ao significado das palavras, a ideia de me comprometer com um plano concreto no meu primeiro dia na União Soviética era aterrorizante. Mas também era necessário. O plano poderia até ser modificado, mas não poderia ser ignorado. Esta foi minha primeira aula sobre como agir à maneira soviética. Só quando aprendi que os planos escritos podem ser modificados para adaptarem-se às necessidades práticas pude apreciar o estilo de trabalho inimitável de Alexander Romanovich.

Feito o plano científico. Alexander Romanovich, voltou-se a Sheila. Quais, inquiriu ele, eram seus planos? O que ela pretendia fazer além de estudar? Sheila estava incerta a respeito de seu futuro, embora ela tenha vindo a estudar na escola de jornalismo da Universidade de Moscou e, graças à intervenção de Alexander Romanovich, escrever para um jornal publicado em língua inglesa. Mas nós dois tínhamos certeza de que queríamos aprender tanto quanto possível sobre a cultura russa.

Esta declaração agradou muito a Alexander Romanovich. Reclamando de um antigo estudante que não havia feito nada senão estudar, ele escreveu um "plano cultural" tão detalhado quanto o plano científico. Logo percebemos que Alexander Romanovich era um apreciador da arte da Ásia Central, um *conoisseur* da ópera e do teatro, e um dos consumidores mais oníveros de romances policiais que já havíamos visto. Deixamos o apartamento dos Luria repletos de bolo, chá e com a forte impressão de ter conhecido um furacão.

Esta impressão foi reforçada pela experiência posterior. Na segunda-feira, fui ao laboratório de Alexander Romanovich no Instituto de Neurocirurgia. Havia um palestrante convidado naquele dia, o fisiologista Nicholas Bernshtein. Seu assunto, modelos matemáticos na psicologia, me surpreendeu, por ter aprendido que os psicólogos soviéticos rejeitavam a quantificação. Minha surpresa logo transformou-se em desespero quando Alexander Romanovich me apresentou como um psicólogo matemático, e me pediu para falar sobre os recentes desenvolvimentos ocorridos neste campo nos Estados Unidos. Não sei se meus ouvidos aprenderam logo, mas sob uma tal pressão minha fluência na língua russa melhorou rapidamente.

Nos meses seguintes, Alexander Romanovich bondosamente fez com que fosse possível que eu realizasse todos os experimentos sobre reflexo condicionado que havia vindo pesquisar. Embora eu logo tenha descoberto que ele não mais utilizava esta técnica já havia uma década, meus experimentos foram incluídos numa série geral de investigações que sua colega Evgenia Homskaya estava realizando. Trabalhei tão dedicadamente quanto possível, sem perceber quão desinteressantes meus trabalhos eram para meu anfitrião.

De tempos em tempos Alexander Romanovich me levaria em sua ronda, visitando pacientes que esperavam ou se recuperavam de uma operação no Instituto de Neurocirurgia. O enorme respeito que ele evocava foi transferido para mim, um jovem estrangeiro numa mal-ajambrada jaqueta branca de laboratório. Nada entendi do significado de seus exames clínicos, ainda que achasse as tarefas que ele dava aos pacientes, e suas respostas, curiosamente interessantes.

A impressão dominante que tive de Alexander Romanovich ao longo daquele ano foi o de um homem com pressa. Seu apetite pelo trabalho me exauria. Mesmo suas pausas para almoço eram mais do que eu poderia acompanhar. Quando almoçávamos juntos, ele andaria rapidamente de seu laboratório até um pequeno café, próximo ao Instituto. Ainda que na época ele tivesse sessenta anos e eu só tivesse vinte e quatro, mal conseguia acompanhar seu passo. No café pedíamos dois enroladinhos e dois escaldantes copos de café, e comíamos de pé, no balcão. Pelo menos eu comia e bebia. Alexander Romanovich parecia inalar o café fervente, enquanto eu timidamente assoprava a xícara para esfriá-lo. Deixando-me a sós com meu tenro paladar, ele saltaria de volta ao laboratório, onde eu poderia encontrá-lo quando tivesse terminado.

Em intervalos irregulares ao longo do ano ele falou um pouco sobre seu passado e sobre seu mentor, Vygotsky. Deu-me cópias dos recém-reeditados trabalhos de Vygotsky, incitando-me a estudá-los. Certa ocasião, levou-me a seu escritório e me fez sentar numa mesa grande, com tampo de vidro. Foi então a um armário repleto e trouxe consigo grandes volumes amarrados com um barbante. Abrindo um deles, passou a me contar sobre uma viagem que havia feito à Ásia Central muitos anos atrás para realizar experimentos psicológicos. As respostas incomuns, para não dizer bizarras, que ele havia obtido dos camponeses me divertiram, mas dei pouco significado a elas naquele momento.

Também não conseguia entender muito a respeito de Vygotsky. Havia sido professor de Luria, e Luria deixou claro que o considerava um gênio. Mas tanto a prosa de Vygotsky quanto o estilo de seu pensamento derrotaram minhas tentativas de entender a admiração que Luria tinha por ele. Eu havia lido o *Pensamento e Linguagem* de Vygotsky durante meu curso de graduação, mas a não ser por algumas observações sobre a aprendizagem de conceitos em crianças, assunto que na época eu não compreendia, pouco via em seu trabalho que gerasse mais entusiasmos. Mesmo assim, fui educado. Li o que pude e ouvi. Alexander Romanovich não introduziu o assunto à toa. Ele sabia que só poderia plantar as sementes do entendimento e esperar que germinassem. Também sabia que quanto mais sementes plantasse, mais chance haveria que alguma se desenvolvesse. Ele esperou por um longo tempo.

Nos anos que se seguiram, mantive contato com Alexander Romanovich e visitei-o em diversas ocasiões. Ele estava ansioso para organizar a publicação em inglês de um compêndio de dois volumes sobre a pesquisa psicológica soviética, e eu me dispus a ajudá-lo. Na mesma época em que meu coeditor, Irving Maltzman, e eu completamos este projeto, tornei-me o editor do *Soviet Psychology*, uma revista de traduções. Ao longo dos anos, por conseguinte, tive diversas oportunidades de ler o trabalho de Alexander Romanovich e de muitos outros psicólogos soviéticos que atingiram a maturidade antes ou imediatamente depois da Segunda Guerra. De maneira coerente com o treinamento que havia recebido enquanto graduando, continuei a me interessar pela pesquisa soviética que utilizava as técnicas pavlovianas de condicionamento. Em minha primeira visita a Moscou, estudei as pesquisas acerca do condicionamento de limites sensoriais, de órgãos internos (o que sugeria uma abordagem importante ao entendimento dos sintomas psicossomáticos) e das primeiras respostas adaptativas em recém-nascidos.

Também outras linhas de pesquisas eram intrigantes. Conheci os estudos soviéticos com chimpanzés, que lançavam uma nova luz sobre os clássicos estudos de Wolfgang Kohler acerca do *insight;* interessantes tentativas de ligar os métodos de instrução programada às teorias do desenvolvimento mental; e bizarras demonstrações da capacidade humana de desenvolver uma habilidade sensorial, como o ouvido absoluto. Tive sucesso ao aplicar algo desta informação a meu próprio trabalho. Por exemplo, quando o acaso me levou a realizar pesquisas na África Ocidental, me lembrei do trabalho de Alexander Romanovich na Ásia Central, e consegui reproduzir algumas de suas observações.

O que mais me impressiona, em retrospecto, era quão pouco entendia a respeito das preocupações e dos conceitos-chave daqueles cuja obra estudei. Vendo interesse em experimentos individuais, selecionava uma ideia aqui, uma técnica ali. Mas as linhas que ligavam os diversos elementos individuais escapavam à minha percepção. Freqüentemente, o trabalho que agradava a Alexander Romanovich me entediava. Ele me incentivou, por exemplo, a estudar os trabalhos de Alexander Zaporozhets sobre o desenvolvimento dos movimentos voluntários em crianças, e os estudos de Lydia Bozhovich a respeito da motivação em crianças em idade escolar. Mas eu nada conseguia entender destes assuntos globais, "brandos". Alexander Romanovich parecia ver a conexão entre eles e seu trabalho clínico, ou seus estudos sobre a linguagem e o pensamento em crianças com uso de técnicas pavlovianas de condicionamento. Mas eu não conseguia.

Encontrei a mesma dificuldade ao tentar conciliar os diferentes estágios da carreira do próprio Alexander Romanovich. O que tinha o trabalho intercultural a ver com seus estudos no Instituto de Neurocirurgia? Por que ele não mais realizava experimentos com condicionamento? Por que, em seu livro sobre S. V. Sherashevsky, o homem com uma memória incomum, ele passava tanto tempo discutindo sua personalidade quando o que estava em discussão era sua memória?

Quando tentei discutir estes assuntos com Alexander Romanovich, pouca ajuda consegui. Ele responderia através de fórmulas. As fases antigas de seu trabalho eram tratadas como aberrações da juventude, quase como acidentes em sua história pessoal. Uma menção ao seu trabalho na Ásia Central rapidamente levava a anedotas a respeito da comida, das dificuldades da viagem, ou dos erros dos psicólogos da Gestalt. Seu primeiro trabalho com o método motor combinado foi reduzido a "alguns experimentos que criaram o primeiro detector de mentiras". Uma conversa sobre Sherashevsky e sua memória geraria mais anedotas. Ao mesmo tempo, a pressão de Alexander Romanovich para que eu lesse os trabalhos de Vygotsky e de seus estudantes continuava. Quando eu descobria uma migalha isolada de informação, Alexander Romanovich se sentia recompensado. Mas raramente uma nova descoberta estimulava aquele homem que guardava toda uma história a revelar, algo além de pouca informação nova.

Então, dois projetos começaram a alterar significativamente meu entendimento da ligação entre as diversas atividades que haviam ocupado Alexander Romanovich e seus colegas por tanto tempo. O primeiro projeto consistia na publicação, em 1978, de uma série de ensaios selecionados de Vygotsky, que ainda não haviam sido publicados em inglês. Alexander Romanovich havia me estimulado a assumir este empreendimento praticamente desde o começo de nosso relacionamento. Mas como eu não entendia Vygotsky muito bem, não via o porquê disto. Então, como parte de um empreendimento mais amplo, em que seriam publicadas novas e antigas monografias soviéticas, aceitei, no princípio dos anos 70, fazer com que dois longos ensaios de Vygotsky fossem vertidos para o inglês. Esta empreitada revelou-se extremamente difícil, ocupando as energias de três colegas e as minhas por um período de vários anos. Mas foi crucial para que me fosse dado vislumbrar o vasto terreno compreendido pela visão de Alexander Romanovich da psicologia e da sociedade. Tentando entender Vygotsky, com vista a solucionar as diferentes interpretações que os vários membros de nosso grupo faziam de suas ideias, lentamente comecei a discernir a enorme envergadura de seu pensamento. Sua meta havia sido nada mais nada menos que a total reestruturação da teoria e da pesquisa psicológicas. Este empreendimento nunca teria sido para mim, ou para muitos outros psicólogos de minha geração, mais do que um esquema louco. Mas Vygotsky não era nenhum louco, e seu esquema era extremamente interessante.

O segundo projeto foi a autobiografia de Alexander Romanovich. Ela começou com um esboço de roteiro para filme documentário de sua obra. Mas quando ele adoeceu, logo no início do projeto, decidiu transformar: este cenário numa autobiografia intelectual plenamente desenvolvida. Tendo começado a escrevê-la em inglês, uma vez que os produtores do filme eram americanos, ele continuou também em inglês, e disto surgiu um primeiro manuscrito. Sheila e eu começamos a editar o manuscrito ao mesmo tempo em que eu trabalhava o manuscrito de Vygotsky. A confluência dos dois empreendimentos foi instrumental para me ajudar a entender a carreira de Alexander Romanovich.

Alexander Romanovich com frequência se referia a seu trabalho como mera continuação do de Vygotsky.

Ainda que as duas abordagens apresentassem semelhanças importantes, a autobiografia tornou transparente o fato de que os interesses de Alexander Romanovich em seu começo de carreira eram diferentes daqueles a que ele se voltou após conhecer Vygotsky. Para entender como haviam se desenvolvido a carreira e o pensamento de Alexander Romanovich, tive de voltar aos livros e às ideias que o haviam tocado quando ainda era estudante universitário em Kazan. Muitos dos nomes não me eram familiares: Windelband, Rickert, Dilthey. De outros eu já havia ouvido falar, ou mesmo já havia lido, mas sempre a partir de uma perspectiva diferente: psicólogos como William James, Franz Brentano e Kurt Lewin; escritores e pensadores sociais como Alexander Herzen, Nikolay Cherneshevsky e Leon Tolstoi. Eu li, ou reli, o trabalho destas pessoas, tentando me colocar no lugar de Alexander Romanovich, enquanto ele ponderava os problemas sociais e políticos de sua época.

Então me voltei às obras do próprio Alexander Romanovich, começando por sua pequena monografia sobre psicanálise, que ele havia publicado por si mesmo em 1922, pouco antes de deixar Kazan. Vasculhei as bibliotecas americanas atrás de artigos longamente esquecidos, datados das décadas de 20 e 30. Alexander Romanovich era um tenaz colecionador de seus próprios escritos. Depois que já havia estudado o suficiente para pedir a ele informação sobre determinado artigo, uma cópia, ou uma cópia da cópia do artigo, logo se materializaria em seu estúdio. Aqueles primeiros trabalhos, a maioria dos quais foram publicados em edições limitadas ou em revistas de peque na circulação, são hoje difíceis de obter, mesmo na União Soviética.

Também li todos os escritos seus disponíveis em inglês, começando pelo breve resumo que descrevia sua obra no Nono Congresso Internacional de Psicologia, realizado em New Haven em 1929. Quando fiz a relação entre o conteúdo e o estilo de seus escritos e as controvérsias políticas e sociais da época, o curso da carreira de Alexander Romanovich, antes fragmentado e ziguezagueante, passou a fazer sentido. Seu interesse pela psicanálise não mais assumia a forma de uma curiosa anomalia numa carreira dedicada a outros temas. Sua forte atração por Vygotsky, seu trabalho transcultural na Ásia Central, o estilo pavloviano de seus escritos das décadas de 40 e princípios da de 50, suas aparentes mudanças de assuntos em intervalos frequentes, tomaram a qualidade de uma intrincada peça musical, com alguns motivos centrais e uma variedade de temas secundários.

Não se sabe quando a família Luria se mudou para Kazan, um grande centro comercial situado sobre o Volga, a sudeste de Moscou. Mas o nome Luria é um sobrenome muito antigo, associado nos séculos dezesseis e dezessete à erudição judaica.

Nas últimas décadas do século dezenove, a vida dos judeus russos era tão controlada pelo Estado quanto o poderia garantir o governo tsarista. Havia restrições às viagens, à educação e ao trabalho. A intensidade destas restrições variava com o lugar onde se morava e com quanto dinheiro se tinha para escapar delas. Este tipo de constrangimento afetou as oportunidades educacionais e profissionais da família Luria. À época da juventude de Roman Albertovich, pai de Alexander Romanovich, só 5% das vagas da Universidade de Kazan eram destinadas a estudantes judeus. Os que não conseguiam incluir-se neste pequeno grupo, e aqueles que dispunham de recursos financeiros, viajavam à Alemanha para estudar. O fato de Roman Albertovich ter conseguido se classificar e se formar na escola de medicina era um motivo de orgulho para a família.

Mas a distinção acadêmica não era garantia de trabalho após a graduação. Após ser convidado a integrar as faculdades de medicina de Kazan e São Petersburgo, ambos os empregos foram negados a Roman Albertovich, por ser judeu. Por algum tempo exerceu a profissão de médico particular na zona rural nos arredores de Kazan. Mudou-se então para a cidade, onde abriu um consultório particular. A prática era dificultada, pois os hospitais e clínicas estavam fechados a ele.

Ao passo que as oportunidades internas eram restritas, as viagens ao exterior não o eram, de modo que Roman Albertovich passou vários verões na Alemanha, onde continuou a estudar medicina. Não se sabe se Alexander Romanovich chegou a viajar com o pai para a Alemanha, mas o alemão era a segunda língua da casa, e Alexander Romanovich dominou-a desde muito cedo. Diz o seu próprio relato que as ideias políticas, sociais e científicas alemãs do século dezenove foram muito importantes na conformação de sua vida intelectual anterior à Revolução.

Também importantes para seu desenvolvimento intelectual foram os intelectuais russos que escreveram a respeito dos sérios problemas da Rússia tsarista, e que propunham soluções de diversos graus de radicalismo. Na juventude, Alexander Romanovich se considerava um seguidor de Tolstoy, cujos trabalhos sobre a injustiça social na Rússia exerceram grande apelo na virada do século. Em muitos de seus trabalhos, em especial *Guerra e Paz*, Tolstoy lutou para conciliar duas abordagens históricas conflitantes e o papel do esforço individual humano na produção da mudança social. Uma das abordagens, popular entre intelectuais como Herzen, Cherneshevsky e Marx, era supor que a história podia ser estudada como uma ciência, dentro da qual se pudessem abstrair leis gerais do fluxo de pequenos eventos e acidentes que compõem a vida cotidiana. Independentemente dos atrativos desta ideia, Tolstoy repetidamente decidiu-se pela noção oposta, segundo o qual os eventos históricos só podem ser entendidos em termos da complexa interação de decisões individuais e esforços humanos. Noções abstratas como "poder" ou "necessidade histórica" obscureceriam por sua própria natureza a realidade mesma que se propunham a descrever. Os esforços de Tolstoy em conciliar estas duas abordagens foram reduzidos a nada pela Revolução, que deixou de lado suas exortações à reforma. Mas subsistiram as contradições básicas, que não eram somente criações de sua imaginação. De forma diferente, eram exatamente os mesmos problemas que Alexander Romanovich viu nos conflitos entre Dilthey e Wundt, entre as visões "nomotética" e "idiográfica" da psicologia. Estes paradoxos, especialidades de nenhuma disciplina das ciências sociais, eram a incerteza comum a todas.

Neste contexto, o efeito libertador da Revolução foi profundo para a família Luria. Ao invés de labutar por anos num ginásio com a esperança de garantir uma vaga na universidade, sem qualquer certeza de que sequer haveria vagas, Alexander Romanovich pôde atravessar rapidamente seu período educacional, moldando-o às suas próprias ambições intelectuais em expansão. Seu pai, por tanto tempo excluído da vida profissional russa, encontrou uma saída para seu talento. De início, obteve uma posição na Universidade de Kazan, onde auxiliou na criação de um novo programa de pós-graduação para a faculdade de Medicina. De lá foi a Moscou, onde se tornou um dos principais organizadores da educação médica em toda a URSS.

Por todos os registros, vemos que Roman Albertovich era homem de opiniões fortes, que ostentava um interesse ativo pela carreira de seu filho. O jovem Luria, em busca de ligações mais diretas entre seus ideais socialistas, utópicos e sua vida profissional, ingressou no departamento de ciências sociais da Universidade de Kazan. Seu pai nunca aprovou sua escolha de carreira, preferindo que seguisse a medicina. Este desacordo foi por longo tempo motivo de tensões entre os dois. Foi talvez para acalmar a seu pai que Alexander Romanovich tenha mantido ligação com escolas de medicina e com a psicologia médica ao longo dos vintes anos que se passaram entre o momento que entrou na Universidade e seu comprometimento em tempo integral com a medicina, após a morte de Vygotsky em 1934. Mas, qualquer que fosse seu desacordo no que tocava à carreira, pai e filho compartilhavam do interesse pela ciência médica alemã, em particular pela medicina psicossomática. Uma das últimas realizações de Alexander Romanovich foi ter visto a reedição, em 1977, de uma pequena monografia sobre a medicina psicossomática, escrita por seu pai havia décadas.

No caso que se sucedeu à Revolução, Alexander Romanovich simultaneamente realizava pesquisa numa instituição, procedia à sua graduação em outra, frequentava a escola de medicina em meio período e realizava testes em pacientes mentalmente retardados. Também editou uma revista, organizou uma coluna para adolescentes perdidos, dirigiu um grupo de discussão psicoanalítica, e publicou seus próprios estudos de psicanálise. O contraste entre estas diversas atividades e as limitadas possibilidades de realização profissional que existiram antes da Revolução revela a fonte fundamental da forte identificação de Alexander Romanovich com esta Revolução, e com o partido que a organizou. Um ativista da cabeça aos pés foi libertado pela Revolução. Ela lhe deu vida. Em retorno, ele empregou toda sua energia na realização das esperanças e dos ideais que haviam sido libertados em outubro de 1917.

A situação que Alexander Romanovich encontrou em Moscou representava um desafio. Kornilov, que havia conseguido desbancar em 1923 o diretor pré-revolucionário do Instituto de Psicologia, parecia estar muito comprometido com a formação de uma psicologia marxista, soviética. A semelhança entre os usos que Kornilov e Luria faziam dos experimentos de tempo de reação deu-lhes razão para crer que iniciavam uma longa e frutífera colaboração.

Em Moscou Alexander Romanovich retomou sua pesquisa do ponto em que havia deixado em Kazan. O trabalho procedia em duas frentes. Primeiro, deu início a uma grande série de experimentos destinados a um aperfeiçoamento do método motor combinado, para o diagnóstico das maneiras pelas quais as emoções organizam ou desorganizam o comportamento voluntário. A ousadia deste empreendimento era impressionante, no contexto da experimentação psicológica da época. Em nenhum lugar encontramos um relato de como o jovem Luria, vinte e um anos, e o igualmente jovem Alexey Leontiev seu companheiro, conseguiram permissão para tirar da fila os estudantes que aguardavam o interrogatório oral das autoridades universitárias. Talvez o tenham feito informalmente. Ainda mais enigmática é a maneira pela qual conseguiram que o promotor criminal permitisse que eles interrogassem suspeitos de assassinato.

Uma ironia deste trabalho era sua ingênua boa-fé quanto ao resultado benigno da pesquisa. Quando Horsely Ganut traduziu o *A Natureza dos Conflitos Humanos* de Alexander Romanovich, se referiu ao interrogatório de estudantes da Universidade de Moscou por parte das autoridades como uma "limpeza". Só em meados da década de 30 o procedimento em questão foi considerado um expurgo. A sombra desta palavra era muito distante quando Alexander Romanovich empreendeu seu trabalho. Ao invés, à sua frente pairava a noção de uma ciência unificada do homem, em que a distinção entre o laboratório e a vida cotidiana fosse tornada irrelevante.

Para criar uma tal ciência, ele precisava desenvolver suas bases teóricas em conjunto com o desenvolvimento de técnicas experimentais. Alexander Romanovich viu numa versão experimental da psicanálise a promessa de uma abordagem que transpusesse o vão entre a pesquisa experimental e objetiva, mas árida, da psicologia estrutural alemã, e a psicologia descritiva humanista de Dilthey. Mas o que faltou a suas formulações, e que era o que Moscou à época exigia, era uma maneira de ligar as teorias psicológicas e sócio-históricas, como sugeria a obra de Marx e Angels. Fossem quais fossem os pontos fortes e os pontos fracos de uma teoria psicológica, sua eventual aceitação dependia muito de questões de "metodologia". No jargão soviético, "metodologia" se refere às premissas e à lógica da abordagem geral a um determinado tema. Nenhuma teoria psicológica que não tomasse o Marxismo como ponto de partida poderia obter sucesso.

No inverno de 1924, num artigo intitulado "A Psicanálise como uma Teoria de Psicologia Monística", Alexander Romanovich realizou sua primeira contribuição ao debate sobre como criar uma psicologia propriamente marxista. A psicanálise e o Marxismo, ele sugeriu, compartilhavam de quatro importantes suposições. Em primeiro lugar, ambos sustentavam ser o mundo um sistema único de processos materiais, dos quais a vida humana, e os processos psicológicos em particular, seriam apenas uma das manifestações. Em segundo lugar, ambos sustentam que os princípios filosóficos e científicos que se aplicam ao mundo material se aplicam também ao homem. Como colocou Alexander Romanovich, tanto a psicanálise quanto o materialismo dialético exigem que se "estude objetivamente ... as verdadeiras relações entre os eventos perceptíveis; e isto significa não os estudar em abstrato, mas como são na realidade". Ambas as abordagens exigem também que os eventos sejam estudados "de maneira que o conhecimento que adquirimos nos permita exercer uma influência ativa sobre eles". E, finalmente, ambas as abordagens exigem que os eventos sejam estudados dinamicamente no processo de mudança: "as influências interagentes do homem sobre seu ambiente e do ambiente sobre o homem devem ser mantidas à vista" (Luria, 1925, pp. 8-10).

No mesmo artigo, Alexander Romanovich definia a maior limitação da psicanálise com sua incapacidade de considerar a influência do ambiente social na conformação dos processos psicológicos individuais. Embora tenha se comprometido a retomar este ponto novamente, esta promessa não se realizou por duas razões principais. Em primeiro lugar, em 1924 ele encontrou Vygotsky, que tinha uma visão muito mais ampla da psicologia como uma ciência social e natural do que Alexander Romanovich já tivesse imaginado. E em segundo lugar, na União Soviética as ideias psicanalíticas eram crescentemente consideradas antimarxistas.

Os cientistas americanos conservaram por longo tempo o estereótipo de que os artigos de psicólogos soviéticos começam com uma homenagem obrigatória a Marx, Engels, e talvez Pavlov, e então entram na real substância do assunto. O que está implícito é que uma tal estrutura filosófica é irrelevante para o trabalho do cientista. Em determinados períodos da história da União Soviética, isto realmente aconteceu. Mesmo Alexander Romanovich não era imune às pressões para que suas visões se conformassem a exigências políticas e filosóficas, sendo que a linha divisória entre filosofia e policiamento político, na ciência soviética, por vezes se fez muito tênue. No entanto, seria um engano interpretar a inclusão do Marxismo na psicologia soviética dos anos 20 como reflexo de uma pressão política. O espírito exatamente oposto parece ter motivado aqueles que se engajaram no multifacetado debate a respeito das direções futuras da psicologia soviética. Havia incerteza e havia profundos desacordos, mas havia também entusiasmo e otimismo.

Na psicologia, as primeiras discussões do Marxismo na década de 20 foram caracterizadas por aquilo que eu chamo de uma abordagem "conjuntiva". Cada cientista inclusive Chelpanov, cuja orientação wundtiana o tornava um candidato improvável - expunha como sua linha de psicologia era coerente com os princípios marxistas, e aqui incluo Alexander Romanovich. Apontavam-se os pontos de contato entre o Marxismo e a teoria psicológica, fosse esta a reactologia de Kornilov, a reflexologia de Bekhterev, ou a psicanálise de Luria, e argumentava-se acerca de sua interdependência. Mas todas as discussões tinham um caráter *ad hoc,* porque não estava claro se o casamento entre alguma teoria psicológica em particular e o Marxismo seria capaz de gerar novas formas de pesquisas, que se diria da formação de uma base para uma abordagem totalmente nova da psicologia. Foi neste ponto que a abordagem de Vygotsky à psicologia e ao Marxismo se distinguia das outras. Ele sustentava que uma nova psicologia poderia ser *derivada* de princípios marxistas.

O volume *Psicologia e Marxismo,* editado por Kornilov em 1925, revela as diferenças entre as abordagens de Luria e de Vygotsky, na época. O Marxismo de Luria se baseava nos escritos periféricos do Marxismo com implicações psicológicas óbvias, como o *Teses sobre Feuerbach* de Marx ou o *Anti-Duhring* de Engels. Vygotsky partia do *Das Capital.* Quando surgiu o *Dialética da Natureza* de Engels, em 1925, Vygotsky imediatamente incorporou-o a seu pensamento. Quaisquer que fossem as outras limitações do pensamento de Vygotsky, o uso oportunístico do Marxismo não se incluía entre elas. Como ele mesmo observou: "Não quero descobrir a natureza da mente pela colagem de um conjunto de citações. Quero saber como a ciência deve ser construída, para abordar o estudo da mente tendo aprendido todo o método de Marx" (Vygotsky, 1978, p. 8).

Não obstante suas diferenças iniciais quanto à ênfase, Alexander Romanovich foi atraído a Vygotsky em parte porque ele possuía uma visão mais abrangente da relação entre o Marxismo e a psicologia. A abordagem de Vygotsky apontava em direção a um estudo globalizante do homem na natureza e na sociedade, que compreendia todo o trabalho prévio de Alexander Romanovich. Embora tivesse sempre atento às forças sociais mais amplas que organizam os processos psicológicos do indivíduo, Alexander Romanovich só havia conseguido desenvolver técnicas para o estudo das ações e motivações individuais. Na sua modificação do método psicanalítico pelo uso do método motor combinado, ele talvez tenha descoberto um meio de transpor a complexidade do laboratório e a precisão clínica. Mas a sociedade fazia-se visivelmente ausente de seu trabalho. Ele reconheceu esta limitação quando prometeu explorar as aplicações da teoria psicanalítica aos problemas do determinismo social. A abordagem, de Vygotsky, que lhe proporcionou uma tal análise, e derivada do Marxismo, era um presente que não poderia ser recusado.

Alexander Romanovich, Vygotsky e Leontiev passaram a se encontrar com regularidade em meados da década de 20, para elaborar a nova psicologia soviética. Seu programa era desenvolvido simultaneamente em diversas frentes. No nível da teoria, reviram os maiores desenvolvimentos ocorridos nos cinquenta anos precedentes na psicologia, na sociologia e na teoria biológica. Vygotsky e Luria liam em alemão, inglês e francês. Leontiev só lia em francês, e se tornou especialidade no grupo. Sobre o que liam, também escreviam. Luria e Vygotsky eram escritores prolíficos. Publicaram muitos artigos que sumarizavam linhas importantes de trabalho estrangeiro, em fins da década de 20 e princípios da de 30. Também promoveram a tradução de livros, para os quais escreviam prefácios que interpretavam as ideias estrangeiras.

Além da análise de autores da Europa Ocidental e dos Estados Unidos, estudaram os grandes pensadores russos pré e pós-revolucionários, nas áreas social e biológica.

Tanto o linguista A. A. Potebnya quanto o biólogo V. A. Vagener influenciaram Vygotsky e, através deste, Alexander Romanovich, que se referiu a Potebnya em seu último trabalho sobre a linguagem e o cérebro. Na década de 20 nenhum psicólogo soviético podia ignorar Pavlov, embora este ainda não portasse o papel de árbitro supremo da psicologia soviética, que viria a adquirir na década de 50. Ao invés, a "troika" - como Luria, Vygotsku e Leontiev chamavam a si mesmos - conferia a Pavlov um papel restrito no que tocava à teoria psicológica, e temerariamente questionavam a generalidade de sua teoria fisiológica, aplicada ao comportamento integrado. Esta atitude crítica transparecia claramente no A *Natureza dos Conflitos Humanos,* onde Alexander Romanovich rejeitou a analogia do cérebro como uma "mesa de distribuição telefônica", que ele identificava a Pavlov, em favor de uma abordagem de "sistemas", identificada a Karl Lashley. Ao mesmo tempo, a contribuição de Pavlov a uma teoria fisiológica da mente era reconhecida, e seus estudos experimentais do conflito e da neurose foram importantes para o pensamento de Alexander Romanovich. De início, a "troika", alocada no Instituto de Psicologia, emprestou algumas ideias da reactologia de Kornilov. Mas aquela estreita estrutura não poderia contê-los. Conforme se ramificavam suas ideias, também eles se ramificavam. Em 1927-1928, ainda mantendo suas posições no Instituto de Kornilov, a "troika" associou-se ao laboratório de psicologia do Instituto de Educação Comunista, e Vygotsky começou a elaborar o Instituto de Defectologia, onde se estudava o desenvolvimento de crianças anormais.

Além de estudar e criticar as escolas existentes de psicologia, a "troika" passou a treinar estudantes segundo seu próprio estilo de pensamento e pesquisa. Levados à conclusão de que sua nova teoria necessitava de novos métodos, eles utilizaram um pequeno, mas animado grupo de estudantes para testar suas ideias. Foram reforçados pela "pyatorka", ou grupo de cinco, que incluía L. I. Bozhovich, R. E. Levina, N. G. Morozova, L. S. Slavina e Alexander Zaporozhets. Estes estudantes, diversos dos quais assumiriam papéis proeminentes na psicologia soviética do pós-guerra, realizavam seu trabalho sob a orientação direta de Luria. Mais tarde me relataram que Luria, Vygotsky e Leontiev reuniram-se para discutir um conjunto de temas e especular acerca da criação de modelos experimentais para eles. Alexander Romanovich interpretaria a discussão para os estudantes, que por sua vez conduziriam estudos piloto. Este trabalho visava principalmente à construção de modelos concretos da ideia de que o pensamento adulto é mediado por "instrumentos de pensamento" culturalmente elaborados. Os experimentos de Vygotsky realizados a partir da ideia de que a linguagem é o meio principal da mediação do pensamento adulto produziram os resultados mais conhecidos daquele período, apresentados em primeira mão na sua introdução ao *Linguagem e Pensamento da Criança,* de Piaget. Passou-se um ano inteiro estudando a crescente capacidade das crianças representarem o pensamento por figuras esquemáticas. O próprio Luria conduziu estudos sobre atividades de protoescrita, mostrando como as crianças muito novas já entendem a natureza mediada da memória, utilizando marcas sobre o papel muito antes de aprenderem a utilizar o código escrito formal da linguagem falada.

Embora centrada na psicologia, a curiosidade de Alexander Romanovich pela natureza humana não tinha limites. Ele e Vygotsky, por exemplo, encontravam-se regularmente com Sergei Eisenstein, para discutir como as ideias abstratas que estavam no coração do materialismo histórico poderiam ser incorporadas em imagens visuais projetadas sobre uma tela de cinema. Por acaso, Alexander Zaporozhets, que havia sido ator na Ucrânia antes de ir a

Moscou, e havia sido recomendado a Sergei Eisenstein, tornou-se psicólogo. Ao final da década de 20 ele tinha o papel de "olheiro" da psicologia no mundo do cinema, frequentando as discussões de Eisenstein, que ele então relatava a Vygotsky e Luria. Eisenstein utilizou a ajuda de seus amigos psicólogos não só para resolver o difícil problema da tradução de conceitos verbais e visuais, mas também para resolver o problema empírico da avaliação do sucesso. Com sua ajuda, ele elaborou questionários que apresentava à sua audiência, composta de trabalhadores, estudantes e camponeses, para determinar se eles entendiam suas imagens como ele havia pretendido. É uma medida da extensão de seus interesses que, para Alexander Romanovich, a relação entre modos de representação de ideias e modos de pensamento não tenha sido menos importante no cinema que no laboratório.

Durante a última metade da década de 20, Alexander Romanovich continuou a estudar adultos, elaborando as aplicações do método motor combinado como uma técnica de sondagem das energias do comportamento complexo. Mas suas próprias energias se dirigiam mais e mais para a investigação do surgimento do comportamento organizado na história humana e individual. Simultaneamente, começou a explorar a dissolução do comportamento sob as condições do trauma e da doença. E durante tudo isto, ele cada vez mais tinha que defender seu trabalho contra as acusações de que se baseava acriticamente em fontes não soviéticas.

Pouca coisa do pensamento de Luria deste período está disponível em inglês. Lido de maneira adequada, *A Natureza de Conflitos Humanos* é uma fonte única de informação; mas, se lido isoladamente do artigo de 1925 sobre a psicanálise, ou dos primeiros artigos que Luria escreveu sobre a influência de Vygotsky, este livro torna-se opaco devido a suas muitas posições teóricas. Três artigos, um de cada um, por Vygotsky, Leontiev e Luria, que foram enviados ao *American Journal of Genetic Psychology* em 1928, contêm formulações de suas teorias já naqueles primeiros tempos, em conjunto com descrições dos procedimentos experimentais.

Particularmente importante, à luz das controvérsias posteriores, vem a ser o fato de que eles viam uma relação significativa entre o desenvolvimento cognitivo da criança, ao qual eles se referiam como o desenvolvimento cultural da criança, e a evolução da cultura humana. Esta mesma noção pode ser encontrada no *A Natureza dos Conflitos Humanos,* onde Luria cita o costume de rufar tambores como um acompanhamento ao trabalho agrícola de grupos primitivos para mostrar como as pessoas, num estado anterior da cultura, dependem de um mediador externo para segurar sua atenção, da mesma maneira em que os adultos das sociedades "civilizadas" mantêm a atenção de suas crianças. Esta analogia entre a evolução cultural e o desenvolvimento individual era principalmente uma parte da psicologia do desenvolvimento dos primeiros anos do século 20. Estava explícita na obra de Lucien Levi-Bruhl, que influenciou Piaget e o psicólogo alemão do desenvolvimento Heinz Werner, ambos os quais eram conhecidos por Luria em meados da década de 20. Esta analogia era também compatível com a ideia, que a "troika" vinha investigando, de que o desenvolvimento é caracterizado por formas cada vez mais complexas de comportamento mediado. Explorações posteriores da analogia do desenvolvimento foram feitas no *Estudos sobre a História do Comportamento,* por Vygotsky e Luria. publicado em 1930. Os perigos de uma interpretação forte da analogia do desenvolvimento foram deixados bem claros por um crítico: "Estes autores consideram um primitivo como um ser ainda não-humano... Canibais, índios, etc., não são primitivos segundo nosso ponto de vista, mas sim pessoas cuja cultura não é reflexo de capacidades biológicas (como dizem Vygotsky e Luria) mas sim o resultado de meios específicos de produção" (Frankel, 1930). Frankel prosseguia, afirmando de forma enganosa que a teoria sócio-histórica implicava que uma vez uma criança houvesse transposto o estado análogo ao do chimpanzé, progrediria ao estágio do homem primitivo, cujo analfabetismo e memória "fraca" seriam resultado de capacidades biologicamente determinadas.

As outras linhas de pesquisa a que Luria foi levado na segunda metade da década de 20 eram extensões naturais das ideias que se desenvolviam a partir da abordagem sócio-histórica ao estudo dos processos psicológicos. Os estudos do desenvolvimento, fossem de uma única criança ou de todo um grupo cultural, eram apenas um aspecto da concepção geral. Igualmente importantes eram os estudos da dissolução dos processos psicológicos, uma vez que as doenças e traumatismos desfazem aquilo que a evolução e a experiência cultural ajudaram a construir. Neste ponto, a tradição familiar de Alexander Romanovich o sintonizava especialmente com as possibilidades teóricas de problemas que de outra maneira poderiam ter sido considerados puramente médicos.

Uma das suas primeiras afirmações a respeito da possibilidade de uma interação frutífera entre a psicologia e a medicina apareceu em 1929 no artigo "A Psicologia e a Clínica". Neste ele revia a psicologia contemporânea, incluindo não só o trabalho de Pavlov sobre as neuroses experimentais, e seu próprio trabalho com o método motor combinado, mas também o trabalho de europeus como os de Jung, Freud e Adler sobre os distúrbios psicogênicos, o de Binet acerca da psicologia diferencial, e o de Piaget sobre o desenvolvimento do pensamento. Uma de suas mensagens centrais era a possibilidade de utilização de métodos clínicos para a realização de pesquisa científica sobre o comportamento humano. Assim, ao mesmo tempo em que duvidava das possibilidades terapêuticas dos psicoterapeutas ou da base das teorias alternativas da personalidade, ele via nos ataques feitos aos métodos clássicos de laboratório um movimento comum e sadio em direção a uma psicologia que seria ao mesmo tempo científica e relevante para a prática médica: "Pouco a pouco a psicologia abstrata e estatística de Wundt tem renascido de maneira fundamental; aproximou-se das tarefas concretas da vida e, por vontade própria ou não, começou a superar a natureza mecanicista das ciências naturais anteriores. Com o novo conteúdo, vieram novos princípios e um novo método" (Luria, 1929, p. 51).

As investidas da "troika" contra os problemas da dissolução do comportamento procediam-se em diversas frentes. Leontiev realizava estudos com sujeitos mentalmente retardados, usando primeiro o método motor combinado e depois as tarefas de memória mediada, que foi uma das primeiras técnicas experimentais padrão concebidas pela escola sócio-histórica. O interesse de Vygotsky pelos deficientes vinha desde seus primeiros tempos como professor escolar. Trabalhando com seu colaborador L. S. Sakharov, ele desenvolveu uma formação de conceitos que utilizou em estudos de sujeitos mentalmente retardados e esquizofrênicos.

Em algum momento destas investigações, Alexander Romanovich obteve uma cópia das clássicas descrições de Henry Head das desordens de pensamento associadas à afasia. Não só o fenômeno geral como também sua terminologia pareciam adequar-se perfeitamente à noção de Vygotsky de que o pensamento é crucialmente medido pela linguagem, de modo que uma perda de linguagem acarreta uma regressão de pensamento a um estado "pré-linguagem, não-mediato". De acordo com Head, em afasia a percepção direta da semelhança entre duas figuras é "complicada pela incapacidade de registrar sua similaridade por meio de um nome", enquanto que nas pessoas normais "o poder de registrar a semelhança e a diferença por meio de um símbolo expande enormemente a potência do pensamento conceituai, e subjaz a todas as classificações científicas" (Head, 1926, p. 525). O grande potencial que os distúrbios cerebrais reservavam à sua abordagem do estudo da mente fez com que Luria e Vygotsky ingressassem na escola de medicina, somando os estudos clínicos a suas agendas já repletas.

O período compreendido entre 1925 a 1930 caracterizou-se por inacreditáveis entusiasmo e excitação. Todos os que participavam do movimento psicológico nascente sentiam-se como parte de uma vanguarda. Longe de experimentar uma resistência, a reação mais comum que encontraram era a indiferença. Talvez, a principal exceção tenha sido as reações à psicanálise. Durante este período, as revistas teóricas e o *Pravda* publicavam artigos críticos da teoria freudiana. Este criticismo vinha dos amigos e colegas de Luria como Sapir, e também de seus antagonistas. Dessa maneira, Alexander Romanovich renunciou em 1927 do cargo de secretário que ocupava na Sociedade Psicanalítica Soviética.

A despeito destas pressões, Alexander Romanovich, cujas razões para aderir a renúncia à teoria freudiana poderiam vir dos resultados de seu próprio trabalho teórico, não se engajou nas denúncias. Ao invés, restringiu suas referências à pesquisa psicanalítica a temas puramente metodológicos e empíricos. Por exemplo, seu desenvolvimento do método motor combinado, que domina o *A Natureza dos Conflitos Humanos,* foi concebido como uma reconciliação experimental neo-freudiana entre as abordagens experimental-explicativa e clínica-descritiva ao estudo da mente e da emoção. Embora Freud e Jung quase não sejam mencionados neste livro, não se trata de um pomposo desdém, mas, considerando as pressões para que estes nomes fossem completamente expurgados, trata-se de uma teimosa insistência em que o registro histórico não fosse completamente destruído.

Esta mesma característica da literatura de Alexander Romanovich tornou-se evidente uma década depois, quando contribuiu com um artigo sobre a psicanálise para o volume 47 da *Grande Enciclopédia Soviética*. Numa descrição mais ou menos direta dos grandes conceitos e da história da psicanálise, ele afirma que o método psicanalítico de estudo dos impulsos inconscientes é uma grande contribuição. Sua maior crítica à psicanálise como um sistema geral é que ela erra ao conferir um peso grande demais aos impulsos biológicos como determinantes do comportamento, relegando a um segundo plano o significado dos fatores culturais historicamente desenvolvidos. Estas ideias, aparentes em seu pensamento desde pelo menos 1925, eram totalmente coerentes com o ponto de vista que ele havia desenvolvido em conjunto com Vygotsky.

Por volta de 1930, a atenção do público voltou-se subitamente para o campo da psicologia, incluindo a até agora desconhecida escola de Vygotsky. Como resultado, muitas restrições foram feitas aos trabalhos em progresso. Em discussões promovidas por organizações de pesquisa educacional e científica por todo o país, todas as escolas existentes de psicologia, e os membros que delas faziam parte, foram colocados sob escrutínio. A pesquisa psicológica era avaliada segundo sua contribuição a metas do Marxismo científico.

A atitude de Alexander Romanovich e de seus colegas com relação a esta controvérsia não é clara. No começo, podem tê-la visto como continuação do debate sobre o curso de ciência soviética, que já existia desde o começo de suas carreiras. Com certeza não abandonaram as posições que haviam adotado, ainda que existem evidências de que não eram insensíveis àquilo que era visto como crítica severa. Em resposta à situação, Vygotsky continuou refinando seu entendimento das anormalidades do desenvolvimento e dos métodos para lidar com elas, ao mesmo tempo em que o tratamento básico que ele conferia ao comportamento mediado, em especial sua visão da relação entre os signos e o significado, passava por uma importante mudança. De sua parte, Alexander Romanovich manteve seu papel de coletor de dados, embarcando em dois projetos que se propunham testar, talvez pela primeira vez, as implicações da teoria sociocultural. Estas foram as expedições à Ásia Central, e o gigantesco estudo dos papéis da cultura e da hereditariedade na conformação do desenvolvimento mental em gêmeos.

Talvez a reação institucional mais clara às variadas pressões tenha sido o esforço do grupo em fundar seu próprio departamento de psicologia em 1930. Incapazes de encontrar uma instituição moscovita que aceitasse todo o grupo e permitisse que montassem um currículo e um programa de pesquisa, aceitaram o convite do Instituto Psiconeurológico da Universidade de Kharkov para formar um novo departamento de psicologia sob seus auspícios. Luria, Leontiev, Vygotsky, Zaporozhets e Bozhovich mudaram para Kharkov. Mas o grupo não se manteve unido por muito tempo. Alexander Romanovich logo estava de volta a Moscou, onde levou a termo vários estudos sobre desenvolvimento. Vygotsky viajou regularmente entre Kharkov, Moscou e Leningrado, até sua morte por tuberculose em 1934. Só Leontiev, Zaporozhets e Bozhovich ficaram lá, formando uma escola distinta de psicologia. Com o tempo, notáveis novos elementos juntaram-se ao grupo como P. I. Zinchenko e P. Y. Galperin. Mas o sonho de um departamento unificado nunca chegou a se concretizar.

Na primavera de 1931, Alexander Romanovich e alguns membros da equipe do Instituto de Psicologia de Moscou viajaram a Samarkhand, onde realizaram um seminário de dois meses com os membros do Instituto de Pesquisa

Uzbek, para elaborar uma expedição às áreas remotas do Uzbequistão. O propósito da expedição, explicado num artigo na revista americana *Science* após a primeira viagem no verão de 1931, era "investigar as variações de pensamento e outros processos psicológicos de pessoas que vivam num ambiente econômico e social muito primitivo, e registrar as mudanças que se desenvolvem como efeito da introdução de formas de vida econômica mais complexas e superiores, e da elevação do nível cultural geral". Grande variedade de tópicos foram investigados, entre eles diversas formas de atividade cognitiva, a percepção de material impresso, a formação da personalidade e a autoanálise. Uma expedição semelhante foi programada para o verão seguinte, "para dar continuidade ao mesmo trabalho. Terá um caráter internacional, pois está planejado o convite a psicólogos estrangeiros para que participem" (Luria, 1931, pp. 383-384). Quando a segunda expedição partiu, contava entre seus membros o psicólogo da Gestalt Kurt Koffka. Embora Koffka tenha ficado seriamente doente logo após a chegada na Ásia Central e tenha tido que retornar para casa, Alexander Romanovich e seus colegas completaram o segundo verão de experimentações. Este trabalho que começou com altas esperanças e ideais, acarretou em consequências muito mais perigosas e complexas que qualquer um, naquela época, poderia ter antecipado.

O entusiasmo de Alexander Romanovich pela pesquisa era enorme. Ele e Vygotsky estavam particularmente ansiosos por demonstrar que os princípios gestaltianos de percepção não eram resultado de características intrínsecas do cérebro, mas sim de modos de percepção intimamente ligados ao significado culturalmente transmitido dos objetos. Um dos primeiros experimentos demonstrou a ausência quase total das ilusões visuais clássicas, o que levou Alexander Romanovich a telegrafar em entusiasmo a seu amigo e professor Vygotsky: "Os uzbekes não têm ilusões!». O prazer com que ele antecipou a comunicação desta descoberta a seus colegas alemães pode ser facilmente imaginado.

Infelizmente, o trabalho de Alexander Romanovich demonstrou ser problemático. O tema central do debate em 1932-1933, esboçado na reação de Frankel ao *Estudos da História do Comportamento*, estava ligado ao conceito de cultura e à natureza da ligação entre a cultura e o desenvolvimento individual. Nas descrições que Alexander Romanovich fez de sua expedição, assim como em todos seus outros escritos daquele período, o uso que fez do termo *cultura* era derivado de uma tradição do pensamento europeu, especialmente do alemão, do século dezenove. A cultura, na tradição dos românticos alemães, era associada à progressiva acumulação das melhores características da raça humana e na ciência, na arte e na tecnologia, todas as realizações que refletissem o crescente controle da humanidade sobre a natureza, e sua libertação da dominação dos reflexos, do instinto e do hábito cego. Este significado de cultura, ainda existente, ordena as sociedades humanas numa escala evolutiva. As sociedades que possuem sistemas de escrita e tecnologias avançadas são consideradas mais cultas ou mais avançadas que as sociedades que não possuem tais ferramentas. Como a escola cultural-histórica sustentava que o desenvolvimento dos processos psicológicos superiores procedia de acordo com os meios culturalmente organizados de atividade intelectual, entre os quais a escrita era considerada primária, a consequência seria a existência de diferenças qualitativas entre adultos "cultos" e "incultos", no que dissesse respeito a suas funções psicológicas superiores.

Dependendo da concepção que se fizesse do desenvolvimento cultural e de como se imaginasse que os instrumentos culturais de pensamento se tornassem instrumentos individuais, este tipo de teorização poderia ser utilizado para justificar uma série de conclusões acerca do *status* cultural e mental dos camponeses da Ásia Central no período cerca de 1930. O trabalho de Alexander Romanovich tinha uma dupla ênfase. Por vezes ele reforçava o fato de que tradições culturais diferentes levavam a diferenças qualitativas nas funções psicológicas superiores das pessoas. Mas, de maneira geral, seus escritos enfatizavam o *status* "melhorado" das pessoas depois do advento da alfabetização e da tecnologia moderna.

Por uma combinação de razões, que incluíam a possibilidade de leitura de julgamentos negativos de valor em seu trabalho, e uma vaga identificação de seus métodos de pesquisa e testes "burros" de Q.I., os estudos de Alexander Romanovich enfrentaram forte, para não dizer ácida, oposição quando os resultados foram publicados. Fosse qual fosse a justificativa científica para as críticas da teoria cultural-histórica, esta mistura de críticas científicas e políticas tinha em 1934 consequências profundas. Por exemplo, não pude encontrar qualquer registro dos resultados da expedição à Ásia Central que datasse de antes do final da década de 60, a não ser um resumo no *Journal of Genetic Psychology*.

Pouco entendendo a respeito deste passado, mas conhecendo a existência dos dados da Ásia Central, comecei a discuti-los com Alexander Romanovich no verão de 1966. Naquela época, havia conduzido alguns experimentos cognitivos transculturais na Libéria, e estava interessado em saber se os fenômenos que ele havia registrado poderiam ser replicados. Em uma hora por dia, durante um período de dois meses, percorremos nosso caminho através de suas meticulosas anotações. Tomando conhecimento do volume de dados que ele havia coletado, e percebendo que eles desapareceriam para sempre caso ele não os organizasse e registrasse, incentivei-o a publicar uma monografia sobre aquela velha pesquisa. Ele relutava muito em discutir o assunto, sentindo que ainda não era chegada a hora. Mas em 1968 ele publicou um pequeno artigo sobre a pesquisa, num volume sobre história e psicologia. Encorajado pelas reações que este artigo produziu, ele penetrou em seus arquivos e produziu uma pequena monografia sobre o assunto, que ele sentiu estar à altura dos padrões correntes da pesquisa científica. Nas condições do início da década de 70, este trabalho foi aceito como uma contribuição positiva à ciência soviética.

Quase à mesma época da década de 30 em que estava engajado em controvérsia acerca de seu trabalho na Ásia Central, Alexander Romanovich participava de outro ambicioso empreendimento que lançaria ainda mais nuvens sobre sua carreira. Em 1925, foi fundado em Moscou um instituto médico-biológico, cuja tarefa seria a aplicação da moderna ciência biológica, a genética em particular, a problemas de medicina. O instituto era dirigido por S. G. Levit, um acadêmico de porte internacional, antigo simpatizante do partido bolchevique. O instituto incluía em seu plano de pesquisa um estudo de desenvolvimento de gêmeos idênticos e fraternos. A controvérsia sobre a teoria genética, que viria a inundar a biologia soviética, não havia se conformado, mas a natureza altamente política da pesquisa do instituto, direcionada à demonstração de mecanismos que pudessem ser utilizados na criação do cidadão soviético do futuro, não precisava da existência de um Lisenko para a tornar aparente.

O ponto de vista que Alexander Romanovich utilizou neste trabalho foi conformado diretamente pela teoria cultural-histórica. Ele não esperava encontrar a dominância isolada de fatores genéticos ou sociais em seu estudo de gêmeos; na verdade, esperava que a "natureza" e a "criação" interagissem segundo um padrão que levaria ao eventual domínio da "criação", na forma de funções psicológicas superiores, culturalmente organizadas. Poucos registros deste trabalho chegaram até nossos dias. Alexander

Romanovich co-assinou dois ou três artigos para os registros do instituto em 1935-1936, e publicou um relato parcial na agora inativa revista americana *Character and Personality,* que era editada pelo psicométrico Charles Spearman. Mas, à exceção de uma antiga e breve reportagem numa revista da Geórgia, e outra igualmente breve no *Problems of Psychology* de 1962, as comparações de desenvolvimento, realizadas numa escala gigantesca, foram perdidas, junto com qualquer registro dos efeitos de diferentes tipos de experiências educacionais primárias no desenvolvimento posterior do indivíduo. Apenas uma pequena monografia, co-assinada por F. A. Yudovich, que não apareceu até 1956, nos fornece alguma visão das grandes metas e realizações pedagógicas do trabalho. Claramente, os dados obtidos com os gêmeos geraram muita controvérsia em 1935 e 1936. Esta controvérsia nunca pôde ser esclarecida, pois os trabalhos do instituto foram encerrados em 1936.

Na metade daquele ano, a psicologia soviética era, na prática, um campo minado de assuntos explosivos e teorias arruinadas. Cada um dos movimentos existentes havia sido examinado e considerado falho, inclusive o de Vygotsky. É claro que a psicologia soviética, como qualquer outra ciência, possuía sua cota de figuras medíocres. Além disso, enormes sacrifícios estavam sendo exigidos do povo soviético, e esperava-se da ciência que oferecesse sua contribuição. Nos primeiros tempos pós-revolucionários, em particular, tinha-se muita fé no poder da psicologia no que tocava à transformação das escolas e das clínicas, de maneira condizente com as aspirações dos líderes soviéticos.

Embora o clima político atual dos Estados Unidos forneça um confortante contraste em relação aos acontecimentos na União Soviética de meados da década de 30, a atitude de importantes nomes do governo americano em relação à ciência em geral e à psicologia em particular não é tão diferente a ponto de desafiar qualquer comparação. Considere-se, por exemplo, os ataques à pesquisa básica em ciências sociais, feitos por membros do Senado que questionam a aplicação de parte dos impostos na identificação da base comportamental do apego material ou das forças sociais que organizam a variação dialética. Em muitos casos similares, os pesquisadores em questão já comprovaram sua competência científica e profunda noção de compromisso social. Mas eles, como os psicólogos soviéticos dos anos 30, são vulneráveis à crítica por serem incapazes de atender as expectativas da sociedade em torno de seu trabalho. As pressões que conformam as receitas e as prioridades da ciência americana de hoje apresentam um notável parentesco com as pressões sofridas por Alexander Romanovich e por seus colegas muitos anos atrás.

Assim como foram postos sob escrutínio todos os diferentes movimentos que compunham a psicologia soviética de 1936, também o foi o trabalho de cada psicólogo, incluindo os membros da equipe do instituto. Nesta atmosfera altamente carregada, uma voz levantou-se contra a condenação maciça da psicologia soviética: "Deve ser dito que o professor Luria, como um dos representantes da teoria cultural-histórica, também não achou necessário admitir sua posição teórica errônea perante esta reunião" (G.F., 1936, p. 94). Ainda assim, não havia fórum na época para o ponto de vista de Alexander Romanovich. Os caminhos óbvios de abordagem aos problemas que o preocupavam estavam fechados, e não haveria nada a ganhar continuando-se a protestar contra o curso dos acontecimentos.

Foi em tais circunstâncias que Alexander Romanovich decidiu retornar à escola de medicina como estudante em tempo integral. Talvez por ter frequentado cursos de medicina com certa regularidade por quase vinte anos, completou rapidamente seu treinamento médico e foi trabalhar numa clínica neurológica. Tendo bloqueada sua tentativa de desenvolver ideias ligadas à psicologia do desenvolvimento e à pesquisa transcultural, ele retomou aquele fio de sua teoria cuja hipótese previa mudanças específicas como acompanhamento da perda da linguagem, e deu início ao que viriam a ser mais de trinta anos de pesquisas acerca da base cerebral daqueles processos psicológicos superiores que ele havia estudado em crianças. Esta não seria a última mudança das condições sociais, mas foi a mais oportuna. Quando foi deflagrada a Segunda Guerra Mundial, nenhum questionamento poderia ser colocado sobre a relevância da pesquisa neuropsicológica de Alexander Romanovich.

É praticamente impossível julgar quão importante para sua carreira futura foi a conversão de Alexander Romanovich à neuropsicologia. Não há dúvida de que desde o começo ele encarava esta atividade como mais um dos prolongamentos da teoria cultural-histórica, em direção a mais um domínio empírico. Mesmo quando estudava na escola de medicina e trabalhava como médico, continuou suas atividades na psicologia ao ponto em que tal coisa era possível, como no artigo sobre psicanálise com que contribuiu com a *Grande Enciclopédia Soviética*. Nesta época, final dos anos 30, a autocrítica era absolutamente essencial, mas mesmo assim Alexander Romanovich foi capaz de dizer tudo que considerava verdadeiro e ser autocrítico ao mesmo tempo. Cada parágrafo sobre colaboradores importantes à psicologia soviética contém um relato breve e factual das respectivas contribuições, cuidadosamente diferenciado da crítica. Quando ele se volta aos conceitos importantes da psicologia, seu próprio ponto de vista reluz claramente através das palavras.

A guerra lhe proporcionou um enorme armazém de dados ligados ao cérebro e a processos psicológicos, que ele registrou numa série de artigos e monografias. Quando Moscou não estava mais sob ameaça, ele voltou dos Montes

Urais, esperando dar continuidade à sua linha de pesquisa ao Instituto de Neurocirurgia. Por algum tempo continuou seu trabalho sem interrupções. Mas, novamente, a história interveio.

Em 1948, em plena Guerra Fria, a ciência soviética foi novamente chacoalhada por uma série de agitações das quais a mais conhecida foi a controvérsia sobre a genética. Menos conhecidos nos Estados Unidos foram os debates em muitos outros ramos de ciência soviética, incluindo a física e a linguística, que misturavam assuntos ligados às políticas nacional e internacional com a filosofia científica e as práticas científicas do dia-a-dia. No meio desta controvérsia, no começo de 1950, Alexander Romanovich foi dispensado do Instituto de Neurocirurgia.

Embora a situação parecesse cinzenta, ainda restavam esperanças. Como membro pleno da Academia de Ciências Pedagógicas, Alexander Romanovich tinha direito a um emprego em uma de suas instituições. Ele se recompôs quase imediatamente e retomou o trabalho de onde o havia deixado, proporcionando uma base empírica para a teoria de Vygotsky. Tendo bloqueados seus trabalhos com crianças, com iletrados e com pacientes de lesão cerebral, voltou-se para uma área mais próxima do coração de Vygotsky; os deficientes mentais. E não estava sozinho nesta empreitada. Diversos de seus estudantes da década de 20, incluindo Levina e Morozova, trabalhavam no Instituto de Defectologia, que se tornaria seu "lar" científico por quase uma década.

De diversas maneiras, a década compreendida entre 1948 e 1958 deve ter sido um dos períodos mais difíceis na vida de Alexander Romanovich. Não só trabalhava agora em terceira ou quarta área de especialização científica, como também enfrentava árduas restrições científicas e sociais. Aquela foi uma época em que se deu muita ênfase à ciência como um dos fatores modeladores básicos da sociedade soviética, e em que o trabalho de Pavlov era tido como um exemplo a ser seguido de maneira estrita. A situação foi particularmente difícil para Alexander Romanovich, porque ele concordava com grande parte do programa científico pavloviano, em especial quanto à necessidade de construírem-se teorias psicológicas sobre uma sólida fisiologia da atividade cerebral. Mas uma concordância quanto a tais princípios básicos não era suficiente. Uma medida de estreiteza mental e da força prática desta "revolução pavloviana a partir de cima" pode ser contemplada se compararmos as autocríticas de Alexander Romanovich de princípios da década de 50 com suas afirmações análogas em ocasiões similares nos anos 30. Era agora impossível apresentar cuidadosa exposição de suas ideias básicas, desvinculadas da avaliação crítica. Ele agora tinha que afirmar que seu trabalho sobre a afasia era falho devido a sua incapacidade de aplicar os ensinamentos de Pavlov, sem especificar qual o ramo da fisiologia pavloviana poderia ou efetivamente se aplicava. Também era obrigado a louvar o trabalho de pessoas como A. G. Ivanov-Smolensky, cuja interpretação do método motor combinado ele não poderia aceitar (e que ele criticou livremente mais tarde). Sua única liberdade era a de ser autocrítico quanto ao que menos importava. Assim, ele podia dizer de consciência limpa (pois isto representava suas mais altas aspirações) que "somente pela ajuda de uma detalhada análise fisiológica até dos fatos psicológicos mais complexos podemos construir uma teoria materialista dos processos psicológicos do homem; e isto se aplica tanto à psicologia médica quanto à psicologia geral" (Luria, 1950, p. 633).

Nesta atmosfera altamente carregada, Alexander Romanovich podia dar continuidade à sua pesquisa no Instituto de Defectologia, mas não podia seguir abertamente a linha de Vygotsky. A solução que deu a estas restrições foi engenhosa. Voltou ao método motor combinado, que tem a estrutura geral de um experimento de condicionamento, e conduziu uma pesquisa a respeito da transição das funções psicológicas elementares, que de acordo com sua teoria poderiam ser compreendidas dentro de uma estrutura pavloviana, para funções psicológicas superiores, que a teoria pavloviana existente era incapaz de abarcar. Além disso, concentrou-se no papel da linguagem na produção da transição de processos psicológicos elementares para superiores. Esta escolha de foco foi feliz, uma vez que Pavlov, já no fim da vida, havia começado a especular sobre as maneiras pelas quais os princípios de condicionamento poderiam ser ampliados para abarcar também a linguagem humana. Na época um homem já muito idoso, Pavlov deixou claro que nesta área sua teoria ainda precisava ser elaborada; não se tratava de *terra cognita*. Assim, qualquer um que desejasse lidar com ela poderia fazê-lo, com poucas necessidades de assegurar uma conformidade com a teoria fisiológica que Pavlov havia desenvolvido nos anos 20, com base em sua pesquisa com cachorros.

A leitura das publicações de Alexander Romanovich deste período é enervante para mim, hoje. Excelente estudante de línguas, utilizou o jargão pavloviano como um verdadeiro *expert*. Em alguns casos, tenho relativa certeza em afirmar que ele pensava ser este jargão urna maneira adequada de descrever e explicar os fenômenos, como em seus experimentos com crianças mentalmente deficientes. Mas em outros casos, como em seus estudos dos gêmeos que desenvolveram sua própria linguagem, ele com certeza considerava a teoria pavloviana inadequada. Nestes casos, é preciso traduzir o que ele dizia para sua própria linguagem teórica. Infelizmente, na década de 50, muitos jovens psicólogos soviéticos não foram capazes de realizar esta tradução, e eu também não o fui.

Quando minha esposa e eu chegamos a Moscou em 1962, estes acontecimentos já faziam parte do passado de Alexander Romanovich. A procura de uma psicologia marxista não havia deixado de ser assunto central, e nem os debates acerca das abordagens teórica e metodológica apropriadas estavam resolvidos. Mas agora eram assuntos de discussão normal, sem que qualquer um em especial ditasse um único caminho aceitável.

Em 1955, depois de um hiato de 20 anos, permitia-se à psicologia que tivesse sua própria revista, *Problems de Psicologia,* tendo Kornilov como editor. Alexander Romanovich e Leontiev faziam parte do conselho editorial. Então, em 1956, a primeira edição dos trabalhos compilados de Vygotsky foi publicada, com um longo prefácio escrito pelos dois membros restantes da "troika", tornando suas ideias disponíveis pela primeira vez a toda uma geração de estudantes que mal sabiam seu nome.

No final da década de 50, Alexander Romanovich voltou a viajar para o estrangeiro. A grande cristaleira da sala de estar de Lana Pimenovna ficou repleta de lembranças do Japão, da Inglaterra, da Europa Ocidental e dos Estados Unidos, complementando sua coleção de *souvenirs* soviéticos e da Europa do Leste. Para onde que fosse Alexander Romanovich, ele dava aula, com frequência na língua de seus anfitriões. Ele apareceu perante a comunidade psicológica mundial sob diferentes aspectos. No início, apareceu como um psicólogo do desenvolvimento na tradição pavloviana, um especialista em retardamento mental cujos experimentos de condicionamento acerca das propriedades do "sistema do segundo sinal" estavam sintonizados com a teorização então em progresso em diferentes laboratórios por todo o mundo. Mais tarde, quando retornou ao Instituto de Neurocirurgia, um outro Luria apareceu perante o cenário mundial, desta vez um afasiologista com técnicas singulares para a restauração das funções cerebrais perdidas, e portador de uma tipologia da afasia um tanto oblíqua em relação às ideias correntes sobre o tema que circulavam fora da URSS.

Tanto nas aulas que dava no estrangeiro quanto nas suas atividades editoriais em casa, Alexander Romanovich estava trabalhando para reconstruir e tornar disponível todo um conteúdo da psicologia soviética, que representava o trabalho de sua vida, mas que as flutuações do tempo haviam tornado inacessível. O gigantismo da tarefa produzia por vezes estranhas anomalias na ordem e no ritmo de suas publicações. Seu trabalho com os gêmeos e o da Ásia Central foram publicados em parte, respectivamente vinte e trinta anos depois de serem realizados. Tão logo apareceram em russo, traduções em inglês fizeram-se disponíveis. *Afasia Traumática* publicado na URSS em 1947, continha material que era parte da dissertação de doutorado de Alexander Romanovich, suplementado no início da década de 60. Como a fase pavloviana de seu trabalho que se seguiu a esta pesquisa foi resumida em aulas que ele proferiu em inglês, na Londres de meados dos anos 50, foi a primeira a tornar-se largamente disponível ao público que lia em inglês. Em nenhum momento Alexander Romanovich se deu conta das complexas restrições institucionais e ideológicas que haviam produzido suas várias carreiras de pesquisa, e que haviam conformado as condições pelas quais estas carreiras foram tornadas acessíveis a um grande público.

Para mim, os mal-entendidos causados por esta série de acontecimentos trouxeram sorte. A mensagem do trabalho que foi publicado em meados da década de 50 atraía, senão meu profundo entendimento, pelo menos meu interesse. Ela me trouxe a Moscou.

Ao longo do ano que passei na Universidade de Moscou, uma corrente constante de visitantes passava pelo laboratório para encontrar Alexander Romanovich. A não ser quando lhe faltava tempo, ou quando estava doente, Alexander Romanovich os atendia. Várias vezes por semana dava aula em alguma das diversas instituições a que ele era associado: a Universidade de Moscou, o Instituto de

Neurocirurgia e o Instituto de Psicologia. Também dirigia um grupo de discussão para estudantes estrangeiros, ao qual ele levava os visitantes e tomava parte ativa em atividades do partido.

De manhã cedo e tarde da noite ele leria e escreveria, arranhando uma correspondência volumosa e poliglota com uma velha caneta-tinteiro. Antes de sair para o trabalho, estaria ao telefone. Muitos diretores de departamentos e institutos por toda Moscou brincaram comigo, contando serem acordados cedo nos dias da semana, por Alexander Romanovich, que os lembrava de um serviço por fazer ou os participava de um tentador projeto a ser realizado.

Além de seus outros trabalhos, Alexander Romanovich dava continuidade ao hábito que manteve por toda a vida, de ler a última palavra na pesquisa psicológica internacional, e garantir que os artigos e monografias mais importantes fossem vertidos para o russo, muitas vezes com uma introdução de seu próprio punho. Era editor-consultivo de revistas estrangeiras e soviéticas, e, quando o permitiam as condições, escrevia artigos originais em inglês, francês, espanhol e alemão, para publicação no estrangeiro. Cioso de seus estudantes e colegas, promovia incansavelmente seus trabalhos, organizando traduções em russo para o inglês e outras línguas europeias.

Percebo agora que na época que cheguei a Moscou, Alexander Romanovich estava dedicando tanta energia à preservação do passado quanto ao trabalho contemporâneo e futuro. Não se admira que estivesse com tanta pressa. Havia muito a ser feito para que aquele passado sobrevivesse às pilhagens das épocas históricas pelas quais havia passado.

Minha maior tristeza é ter entendido tão pouco do trabalho de Alexander Romanovich por tanto tempo. Só no último ano de sua vida estava preparado para fazer-lhe as perguntas que deveria ter feito em 1962. Ele apreciou minhas perguntas - sobre Vygotsky, o raciocínio do método motor combinado, os acontecimentos relacionados a seu trabalho em defectologia. Mas respostas completas, uma discussão verdadeira, raramente apareciam. Havia passado então mais de quarenta anos desde seu primeiro encontro com Vygotsky, e ele não mais conseguia me dizer por que o homem o entusiasmara tanto. "Ele era um gênio", me disse repetidas vezes. A inclinação de Alexander Romanovich dos primeiros tempos em direção à psicanálise foi descartada como um capricho da juventude. Seu uso do método motor combinado foi reduzido a um caminho no qual ele tropeçou no protótipo do detector de mentiras. Verdadeiro, mas enganoso.

Quando cheguei ao fim de minha própria pesquisa acerca da vida de Alexander Romanovich, comecei a entender, e a lamentar, a maneira pela qual as ideias vivas de seu passado haviam sido reduzidas a fórmulas. No curso de uma única vida, ele havia visto necessidade de pensar em diversas línguas científicas, cada uma das quais codificava a mesma realidade de maneiras diferentes e aparentemente desconexas. Suas fórmulas-padrão não foram concebidas como disfarces, mas foram as marcas das diversas épocas pelas quais passou sua carreira. Nunca obteve completo sucesso na criação de uma linguagem unificada para o *corpus* completo de seu trabalho. O significado do todo só pode ser aprendido através de anos de aprendizado, e é de discernimento difícil, se não impossível, até que cada uma das partes seja entendida, colocando o tema de sua integração à parte precedente.

Meus quinze anos de aprendizado não foram suficientes para tornar-me um mestre. Mas me fizeram testemunha da complexidade e da abrangência dos assuntos que preocupavam Alexander Romanovich, de uma maneira geralmente inacessível a seus outros estudantes. Esta experiência abriu perante meus olhos uma imagem do entendimento integrado do trabalho de sua vida.

Um testemunho altamente pessoal da potência e da durabilidade das ideias que atraíram Alexander Romanovich à psicologia me foi dado no dia em que me sentei para escrever este relato. Num moderno edifício de psicologia no *campus* da Universidade da Califórnia, sete colegas e eu havíamos nos reunido para discutir um artigo recente, escrito por um dos líderes do ramo da computação conhecido como estudo da "inteligência artificial". Representávamos um panorama bem largo das ciências sociais antropologia, psicologia, comunicação, sociologia e linguística. Todos nós somos considerados competentes ao lidar com a tecnologia mais moderna de nossas ciências, incluindo a matemática, a modelagem por computadores e o *design* experimental. Mas nosso assunto, naquele dia, não dizia respeito a um método ou a um fato, concebido de forma estreita. Na verdade, estávamos juntos para discutir uma profunda abordagem da inteligência artificial, feita por um de seus principais praticantes. Seu tema: nossos modelos da mente são idealizações nomotéticas, que são incapazes de capturar a natureza verdadeira da experiência humana. Exortava-nos a encontrar novos métodos que transpusessem o vão entre nosso presente científico, tecnologicamente sofisticado, mas árido, e o futuro ainda inatingível, mas necessário, de uma psicologia que abarcasse toda a envergadura da experiência humana.

De fato, são as ideias que permanecem. Mas são os seres humanos que lhes dão vida.

BIBLIOGRAFIA
Trabalhos de Luria

Embora A. R. Luria tenha publicado extensivamente por um período de 50 anos, não existe uma bibliografia completa de seus trabalhos publicados. Muitas de suas publicações em russo não podem ser obtidas nos Estados Unidos, e são de difícil localização mesmo na URSS. Suas muitas publicações em outras línguas que não o russo, ainda precisam ser compiladas. Incluímos aqui, em ordem cronológica, seus principais trabalhos em inglês, suplementados por contribuições importantes em russo, suficientes para completar uma mostra significativa de seu trabalho.

Psychological Expedition to Central Asia. *Science* 74, no. 1920 (1931):383-384.

Psychoanalysis in Light of the Principal Tendencies in Contemporary Psychology. Kazan, 1922. (In Russian.)

Contemporary Psychology and Its Directions. Moscow, 1927. (In Russian.)

Language and Intellect in Child Development. Ed. A. R. Luria. Kazan: A. V. Lunacharskii poligrafskola, 1927.

The Problem of the Cultural Behavior of the Child. *Journal of Genetic Psychology* 35 (1928): 493-506.

Psychology and the Clinic. *Zhurnal psikhologii, pedologii i psi-khotkhnii* 2 (1929): 33-58.

Speech and Intellect among Rural, Urban, and Homeless Children. Moscow-Leningrad: Government Publishing House, 1930. (In Russian.)

Studies in the History of Behavior. With L. S. Vygotsky. Moscow, 1930. (In Russian.)

The Nature of Human Conflicts. 1932. Reprint New York: Liveright, 1976.

The Development of Mental Functions in Twins. *Character and Personality* 5 (1936-1937): 35-47.

Psychoanalysis. *The Great Soviet Encyclopedia,* 1940, vol. XLVII, cols. 507-510.

Psychology. With A. N. Leontiev. *The Great Soviet Encyclopedia,* 1940, vol. XLVII, cols. 511-548.

Summary of Remarks. *Trudie Akademiya Meditsinkikh Nauk:* Seriya Fiziologicheskaya, 1952, 203-207.

Summaiy of Remarks. *Nauchnaya Sessia Akademii MeditsinskikhNa.uk,* 1950, 629-634.

Speech and Development of the Mental Processes of the Child. With F. A. Yudovich. London: Staples Press, 1959.

The Role of Speech in the Regulation of Normal and Abnormal Behavior. New York: Irvington, 1961.

The Mentally Retarded Child. New York: Pergamon Press, 1963.

Restoration of Function after Brain Injury. New York: Pergamon Press, 1963.

Higher Cortical Functions in Man. New York: Basic Books, 1966.

Human Brain and Psychological Processes. New York: Harper and Row, 1966.

Speech Development and the Formation of Mental Processes. A Handbook of Contemporary Soviet Psychology, ed. Michael Cole and Irving Maltzman. New York: Basic Books, 1969.

Traumatic Aphasia: Its Syndromes, Psychology and Treatment. The Hague: Mouton, 1970.

Cognitive Development. Cambridge: Harward University Press, 1976.

Basic Problems of Neurolinguistics. The Hague: Mouton, 1976.

The Neuropsychology of Memory. Washington: Winston, 1976.

The Selected Writings of A. R. Luria. Ed. Michael Cole.

White Plains: Merle Sharpe, 1978. Esp. the chapters on "A Child's Speech Responses and the Social Environment," "The Development of Constructive Activity in the Preschool Child," "The Development of Writing in the Child," "Experimental Psychology and Child Development," "Paths of Development of Thought in the Child," and "Psychoanalysis as a System of Monistic Psychology."

Outras referências

Boring, Edwin G. *A History of Experimental Psychology.* 2nd ed. Englewood Cliffs: Prentice-Hall, 1950, p. ix.

Brett, George S. Associationism and "Act" Psychology: A Historical Perspective. In. *Psychologies of 1930.* ed. Carl A. Murchison. 1930. Reprint New York: Arno Press, 1973.

Frankel, A. Against Electicism in Psychology and Pedology. *Povesteniya Natsionalnostei,* 1930, no. 7-8.

G. F. On the Condition and Tasks of Psychological Science in the USSR. *Pod znamiem Marksizma* 9 (1963): 8799.

Graham, Loren R. *Science and Philosophy in the Soviet Union.* New York: Alfred A. Knopf, 1972.

Head, Henry. *Aphasia and Kindred Disorders of Speech.* Cambridge: Cambridge University Press, 1926.

Leontiev, A. N. The Development of Voluntary Attention in the Child. *Journal of Genetic Psychology* 40 (1932): 52-83.

Lenin, V. I. *Teachings of Karl Marx.* London: Lawrence and

Wishart, *1934, p. 14. Quoted in Jonh McLish, Soviet Psychology: History, Theory, Content* (London: Methuen, 1975), p. 88.

Rahmani, Levy. *Soviet Psychology: Philosophical, Theoretical and Experimental Issues.* New York: International Universities Press, 1973.

Razmyslov, P. On Vygotsky and Luria's Cultural-

Historical Theory of Psychology. *Kniga i proletarskaya revolutsia* 4 (1934):78-86.

Paths of Contemporary Psychology. *Estesvoznanie i Marksism* 23 (1930):63

Results of the Discussion of Reactological Psychology. *Sovetskaya psikhoteknika* 4-6 (1931): 387-391.

Vygotsky, L. S. The Problem of the Cultural Development of the Child. *Journal of Genetic Psychology* 36 (1929):415-434.

Vygotsky, L. S. *Mind in Society.* Ed. Michael Cole, Vera John-Steiner, Sylvia Scribner, and Ellen Souberman.

Cambridge: Harvard University Press, 1978.

https://www.iconeeditora.com.br